Egon Krenz

Wir und die Russen

Die Beziehungen zwischen Berlin und Moskau im Herbst '89

edition ost

Die faksimilierten Dokumente befinden sich ausnahmslos
im Archiv des Autors.

edition ost im Verlag Das Neue Berlin –
eine Marke der Eulenspiegel Verlagsgruppe Buchverlage

ISBN 978-3-360-01888-5

3. (korrigierte) Auflage 2019

Umschlaggestaltung: Verlag, Peter Tiefmann
unter Verwendung eines Fotos von imago images / Sven Simon
Druck und Bindung: buchdruckerei.de, Berlin

www.eulenspiegel.com

Inhalt

Zu diesem Buch und zum Titel

Ein knappes Jahr vor der Gründung der DDR, am 19. November 1948, erschien in der Zeitung *Neues Deutschland* ein aufsehenerregender Artikel unter der Überschrift »Über ›die Russen‹ und ›über uns‹«. Sein Autor: Chefredakteur der Zeitung Rudolf Herrnstadt. Der Mann kam zwar einige Jahre später mit seiner Partei, der SED, und seine Partei mit ihm in Konflikt, worauf ich hier nicht eingehen will. Aber das, was er schrieb, war in der Nachkriegssituation und der weit verbreiteten antirussischen Stimmung in Ost- wie in Westdeutschland geradezu sensationell.

Er äußerte sich nicht als Privatmann. Herrnstadt hatte niedergeschrieben, was in der obersten Etage der SED gedacht wurde.

»Es gibt [...] keine Überwindung der gegenwärtigen materiellen und ideologischen Schwierigkeiten«, schrieb er, »ohne richtige Einschätzung der Rolle der Sowjetunion, ohne rückhaltloses Bekenntnis zur Sowjetunion, ohne uneingeschränkte Unterstützung der Sowjetunion [...], ohne ein richtiges Verhältnis [...] zur Sowjetunion [gibt es] keine gesicherte Zukunft des deutschen Volkes«.

Manches in diesem Artikel ist inzwischen obsolet, die Ausdrucksweise seiner Zeit gemäß und die Argumentation für nachfolgende Generationen nicht immer plausibel. Doch der Grundgedanke dürfte auch in der Gegenwart unvermindert gelten: Ohne ein aufrichtiges Verhältnis der Deutschen zu den Russen »gibt es keine gesicherte Zukunft des deutschen Volkes«.

Dieser Leitgedanke gehörte vierzig Jahre zur Staatsdoktrin der DDR. Das war gut so. Das sicherte nicht nur unserem

Land den Frieden, sondern auch Europa. Als Russlands Präsident Jelzin und seine Satrapen die Sowjetunion aus der Weltgeschichte abmeldeten, änderte sich das. Ohne Sowjetunion wurden Kriege wieder führbar, wie etwa der gegen Jugoslawien. Auch mit deutscher Beteiligung!

Als die Sowjetarmee 1945 mit ihren Partnern in der Antihitlerkoalition Deutschland vom Faschismus befreite, war ich acht Jahre alt. In Erinnerung geblieben ist mir, dass die sowjetische Besatzungsmacht ein riesiges Plakat mit dem Bildnis Stalins kleben ließ, auf dem geschrieben stand: »Die Hitler kommen und gehen, das deutsche Volk, der deutsche Staat bleiben.«

Diese bemerkenswerten Worte wurden später nicht falsch, weil sie von Stalin stammten. Wer sie zitiert, muss nicht unbedingt Stalinist sein. Für mich sind es tiefgehende Äußerungen über das am Boden liegende Deutschland. Gedanken eines Siegers über ein Deutschland am Ende des fürchterlichsten Krieges aller Kriege, der seiner Heimat durch deutsche Schuld 27 Millionen Tote und verbrannte Erde hinterließ.

Mir sagen diese wenigen Worte, dass es der Sowjetunion nie um Rache, nicht um die Zerstückelung Deutschlands, nicht um die Unterjochung ging, sondern um ein einheitliches Deutschland ohne Nazis und als Friedensstaat im Zentrum Europas. Ja, es gab in all den Jahren Querelen, über die ich in diesem Buch berichte, aber für die Geschichte wird bleiben: Die DDR-Deutschen und die Russen, die Belorussen, die Ukrainer, die Balten, die Kasachen und die anderen über hundert Nationen des Vielvölkerstaates Sowjetunion hatten ein neues Verhältnis zueinander gefunden, das frei war von Hass und Zwietracht. Ich erinnere mich, mit welcher Leidenschaft wir als Kinder sangen: »Tausende Panzer zerwühlten das Land, / hinter sich Tod und Verderben, / Weiten sowjetischer Erde verbrannt, / Städte in Trümmer und Scherben. / Doch allen Hass, alle Not überwand / siegreich die Sowjetunion. Brüderlich reicht sie die helfende Hand / auch unserer deutschen Nation.«

Bei allem, was ich in meinem späteren politischen Leben auch an Auseinandersetzungen zwischen den Führungen der UdSSR und der DDR erlebt habe: Nichts kann mir diese grundlegende Überzeugung nehmen – kein Berija, kein Chruschtschow, kein Gorbatschow, kein Jelzin. Ich verwechsele nicht einzelne Politiker mit dem kollektiven Wollen der Völker der Sowjetunion. Wohl aber bin ich erschrocken, wie die heute Regierenden in Deutschland dabei sind, alles zu DDR-Zeiten schon Errungene im Verhältnis zu den Russen aufs Spiel zu setzen.

Mir sind aus meiner Kindheit zwei Dokumente in Erinnerung, die mir halfen, mich frühzeitig für die Sowjetunion und später auch für die DDR zu entscheiden. Zunächst das Telegramm des Vorsitzenden der sowjetischen Regierung zur Gründung der DDR. Er bezeichnete sie als einen »Wendepunkt in der Geschichte Europas«.[1] Ein Gedanke, den wir gern zitierten. Weniger erinnert wurde an den Schluss des Telegramms: »Es lebe und gedeihe das einheitliche, unabhängige, demokratische, friedliebende Deutschland!«[2] Moskaus Ziel war nie ein deutscher Separatstaat, sondern eine »parlamentarisch-demokratische Republik«, der »nicht das Sowjetsystem aufgezwungen« werden sollte. Diese Idee stand schon im Aufruf des Zentralkomitees der Kommunistischen Partei Deutschlands vom 11. Juni 1945[3], der mit Stalin abgestimmt worden war. Die Gründung der DDR am 7. Oktober 1949 war die Reaktion auf die spalterische Bildung der Bundesrepublik Deutschland am 23. Mai des gleichen Jahres. Wie eben der Beitritt der DDR zum Warschauer Vertrag 1955 erst erfolgt ist, nachdem die Bundesrepublik sich der NATO angeschlossen hatte.

Als in Berlin das erste Deutschlandtreffen der Jugend stattfand, telegrafierte Stalin am 2. Juni 1950 den 700000 Teilnehmern aus allen Gegenden Deutschlands: »Ich wünsche der deutschen Jugend, dem aktiven Erbauer des *einheitlichen, demokratischen und friedliebenden Deutschlands,* neue Erfolge bei diesem großen Werk.«[4] 1952 empfahl er die Vereinigung

Deutschlands durch einen Friedensvertrag, wenn die BRD auf Militärbündnisse verzichtete. Enthalten ist dieser Vorschlag in der inzwischen sprichwörtlich gewordenen »Stalin-Note« vom März 1952. Der Westen lehnte sie als Propaganda ab. Seriöse Historiker wussten immer: Die Note vom 10. März 1952 war aufrichtig gemeint, war keine Täuschung, sondern sowjetische Strategie für Deutschland. Die USA und mit ihr die Adenauer-Regierung schlugen 1952 die Chance für die deutsche Einheit aus. Sie orientierten sich an den Worten des amerikanischen Oberkommandierenden der NATO-Streitkräfte in Europa, Dwight D. Eisenhower: »Lieber das halbe Deutschland ganz, als das ganze Deutschland halb.«[5]

Als Vierzehnjähriger sammelte ich zusammen mit Freunden einige Tausend Unterschriften zur Unterstützung der sowjetischen Note durch die Bevölkerung, worauf der DDR-Ministerpräsident reagierte. Otto Grotewohl antwortete mir in einem Brief: »Du hast richtig erkannt, dass die Note der Sowjetregierung an die drei Westmächte für das deutsche Volk, für die Welt eine gewaltige Bedeutung hat. Tritt weiter so für den Frieden ein und denke immer daran, dass alles, was der Festigung unserer Deutschen Demokratischen Republik dient, dazu führt, den Frieden zu erhalten und die EINHEIT DEUTSCHLANDS zu verwirklichen.«[6]

So falsch und gehässig gegenüber der DDR hierzulande die Geschichte der Spaltung Deutschlands und des europäischen Kontinents dargestellt wird, so unrichtig und unmoralisch ist auch die Verteilung der Schuld. Während die Bundesrepublik für »Einigkeit, Recht und Freiheit« stehen soll, wird der DDR von der »Aufarbeitungsindustrie« alles Ungemach des Kalten Krieges in die Schuhe geschoben: Spaltung, Unrecht und Unterdrückung. So ist die Geschichte real aber nicht verlaufen. Solange die wahren Tatsachen der Spaltung nicht besprochen und anerkannt werden, solange wird es auch Probleme beim Zusammenwachsen von Ost und West geben.

Die DDR und ihre Politik können nicht verstanden werden, wenn nicht bewusst ist, wer Deutschland spaltete und welche Folgen das für die Ostdeutschen hatte. Aus einer bestimmten westlichen Sicht soll die DDR die Spalterin gewesen sein. Aber schon Zeitzeuge Konrad Adenauer hat bemerkenswerterweise ein anderes Urteil hinterlassen. »Was östlich von Werra und Elbe liegt«, hatte er geschrieben, »sind Deutschlands unerlöste Provinzen. Daher heißt die Aufgabe nicht Wiedervereinigung, sondern Befreiung. Das Wort Wiedervereinigung soll endlich verschwinden. Es hat schon zu viel Unheil gebracht. Befreiung ist die Parole.«[7]

Zur Bekräftigung seiner Haltung hatte Adenauer sich gegenüber dem Hohen Kommissar Frankreichs, André Francois-Poncet, selbst gelobt. »Vergessen Sie bitte nicht, dass ich der einzige Regierungschef bin, der die Einheit Europas der Einheit seines Landes vorzieht.«[8]

An der Wiege der DDR stand die Sowjetunion. Ohne ihre Hilfe hätte es die DDR nie gegeben, wäre sie weder ökonomisch noch politisch lebensfähig gewesen. Wir waren auf Gedeih und mit Gorbatschow auch auf Verderb mit der UdSSR verbunden. Unser kleines Land im Zentrum Europas – im Verhältnis zur Bundesrepublik von Anfang an auch immer das ärmere – stand in einem weltpolitischen Spannungsfeld. Diesen Platz hat sich die DDR nicht freiwillig ausgesucht. Er war ihr durch die Nachkriegsentwicklung zugewiesen worden. Es war das Spannungsfeld zwischen den Verbündeten im Osten, die nach dem Krieg noch ärmer waren als die Ostdeutschen, und den Gegnern im Westen, welcher von den USA zum Schaufenster des Kapitalismus gemacht wurde. Es war das Spannungsfeld zwischen Antifaschismus und Restauration, zwischen Ulbrichts »Deutsche an einen Tisch« und Adenauers Separatstaat, zwischen Honeckers »Koalition der Vernunft« und Kohls Unwillen, die Staatsbürgerschaft der DDR zu respektieren, zwischen Völkerfreundschaft und Hallsteindoktrin. Rückblickend denke ich manchmal, es grenzt an ein Wunder, dass die DDR angesichts dieser Bedingungen vierzig Jahre durchgehalten hat, ja mehr noch: Sie hinterlässt trotz Niederlage kommenden Generationen die Botschaft:

Es ist möglich, ohne Kapitalisten zu leben und eine ausbeutungsfreie Gesellschaft zu gestalten, in der der Mensch des Menschen Freund und nicht sein Wolf ist.

Ohne unsere eigenen Sünden zu verharmlosen: als die Sowjetunion auf dem Sterbebett lag, gab es für die DDR keine Chance mehr. Die zunehmende Schwäche des Hauptverbündeten manövrierte in den achtziger Jahren auch die DDR in eine existentielle Krise. Die Sowjetunion stand an der Wiege der DDR, aber auch an ihrem Sterbebett.

Die Politik beider deutscher Staaten war immer auch ein Anwendungsfall des Verhältnisses zwischen den USA einerseits und der UdSSR andererseits. War weltpolitisch Entspannung angesagt, dann durften sich auch die deutschen Staaten entspannen. Lagen die Großen im Streit, dann war das auch zwischen der BRD und der DDR so. Zwischen den deutschen Staaten gab es immer eine Politik der Aktion und der Reaktion. Beide führten den Kalten Krieg mit aller Härte, oft erbarmungsloser als die Großmächte selbst. Dem Wesen nach war der Kalte Krieg der Dritte Weltkrieg, ein kalter zwar, aber immer am Rande einer atomaren Katastrophe.

Wenn sich die DDR an die Regeln hielt, war ihr Verhältnis zum großen Bruder in Ordnung. Durchbrachen wir aus Moskauer Sicht die Gemeinsamkeit, dann gab es Schwierigkeiten bis hin zur Aufgabe der DDR. Zum Beispiel 1953, als Politbüromitglied Berija – nach Ministerpräsident Malenkow die Nummer Zwei in der sowjetischen Hierarchie – die DDR abstoßen wollte. Für zehn Milliarden Dollar sollte sie nach seinem Willen verscherbelt werden.[9]

Wie kompliziert die Situation auch in der SED war, schildert Rudolf Herrnstadt, damals Kandidat des Politbüros des ZK der SED. Er hatte einen Dialog im Politbüro mit dem sowjetischen Hohen Kommissar für Deutschland, der bis in die fünfziger Jahre hinein regelmäßig an den Sitzungen des Politbüros der SED teilnahm. Es ging um die Veröffentlichung eines Dokuments der SED-Führung, wofür Herrnstadt vierzehn Tage Zeit erbat. »Darauf«, so Herrnstadt, »antwortete

Genosse Semjonow sehr scharf: ›In vierzehn Tagen werden Sie vielleicht schon keinen Staat mehr haben.‹«[10] Berija hatte seine Geheimdienstleute überall, auch in der DDR. Dass Wilhelm Pieck, Otto Grotewohl und Walter Ulbricht sich gegen sie wehrten, führte 1953 zu ernsthaften Spannungen zwischen der jungen DDR und ihrem Geburtshelfer. Das hatte viel mit dem 17. Juni jenes Schicksaljahres zu tun.

Damals setzten sich in Moskau die Freunde der DDR durch. Berija wurde als »Provokateur in der deutschen Frage«[11] verurteilt. Er bezahlte seinen Verrat an der DDR und manch andere Verbrechen mit dem Leben. Immer gab es in sowjetischen Führungen besonders gute Freunde der DDR und manchmal leider auch solche, die die DDR als Verhandlungsmasse im Schacher mit den USA einsetzen wollten. Letztere hatten 1990 in Moskau Oberwasser.

Die sowjetische Besatzungszone und später die DDR hatten das Glück, dass an der Spitze der auf ihrem Territorium stationierten sowjetischen Einheiten nicht nur hervorragende Militärs standen, sondern Persönlichkeiten, die großes Verständnis für die Probleme der Deutschen hatten. Sie sind mir als gute Freunde der DDR in bester Erinnerung. Es waren die bekanntesten Heerführer der sowjetischen Armee, Marschälle wie Shukow, Sokolowski, Tschuikow, Gretschko, Sacharow, Jakubowski, Konew, Koschewoi, Kulikow und Kurkotkin sowie die Armeegeneräle Iwanowski, Saizew, Luschew und Snetkow. Anders als Gorbatschow und seine Gefährten hatten sie im Großen Vaterländischen Krieg ihr Leben nicht nur für die eigene Heimat, sondern auch für ein antifaschistisches Deutschland eingesetzt und dafür den Weg von den Schlachten bei Moskau, Stalingrad oder Leningrad nach Berlin zurückgelegt. Die DDR war ein Stück ihres Lebens. Deshalb waren die im Herbst 1989 noch aktiven Armeegeneräle Lushew und Snetkow auch nicht bereit, Gorbatschows Politik der Aufgabe der DDR zu unterstützen.

An der Seite der Kommandeure standen nach dem Krieg auch Polit-, Kultur- und Jugendoffiziere, die Entscheidendes bei der Bekämpfung der Naziideologie leisteten. Unter ihnen auch deutsche Patrioten, die in den Reihen der Sowjetarmee gekämpft hatten, wie der später international geschätzte DDR-Urologe Moritz Mebel, Verteidigungsminister Heinz Keßler oder der Präsident der Akademie der Künste der DDR Konrad Wolf. In einem Buch[12], das in diesem Verlag über den sowjetischen Kulturoffizier Sergej Tulpanow erschienen ist, fand ich einen bemerkenswerten Text Thomas Manns über seine Begegnung mit Tulpanow. »Der Chef der Informationsabteilung der sowjetischen Militäradministration, General Tulpanow, trägt auch den Professorentitel. Er spricht ein vorzügliches Deutsch. Wir fanden ein ergiebiges Gesprächsthema auf dem Gebiet des großen russischen Romans des neunzehnten Jahrhunderts – einer Literatur, der ich so viel von meiner literarischen Bildung verdanke. Als wir uns der Politik zuwandten, gab der General seiner Befriedigung über die Entwicklung in seinem Herrschaftsbereich Ausdruck, von der er sagte, sie verlaufe auf einem einigermaßen geraden Weg. Seitens der Besatzungsbehörde sei kaum noch Einmischung nötig. Die Volksdemokratie habe sich durchgesetzt, man könne den Deutschen jetzt erlauben, ihren Weg unabhängig fortzuführen.«[13]

Leonid I. Breshnew hatte in den siebziger Jahren auf einer Großkundgebung unter dem Beifall der Berliner gesagt: »Wir sind mit Ihnen doppelt verbündet – durch den Vertrag zwischen unseren Ländern und den Warschauer Vertrag.«[14] Diese beiden Verträge galten auch im Herbst 1989. Niemand, auch Gorbatschow nicht, hatte sie aufgehoben. Die sowjetischen Generäle Luschew und Snetkow haben dies in Gesprächen, die ich in jener Zeit mit ihnen hatte, ausdrücklich bestätigt.

Verteidigungsminister Heinz Keßler, sein Stellvertreter Fritz Streletz und ich standen in den kritischen Oktober- und Novembertagen ’89 in ständigem Kontakt mit dem Oberkommandierenden der Westgruppe der sowjetischen Streitkräfte. Am 4. November, als von interessierter Seite ein Durchmarsch am Brandenburger Tor geplant war, hatten wir eine Standleitung zwischen dem Oberkommandierenden in Wünsdorf und mir in Berlin geschaltet, um uns bei einem eventuellen Grenzdurchbruch abstimmen zu können. Ich komme darauf noch zurück. Einen Punkt aber muss ich schon an dieser Stelle richtigstellen, weil er entscheidend war für den gesamten Ablauf am 9. November 1989 und auch danach. Als die Massen auf die Grenze drückten, hätten die Grenzer, »wenn sie strikt nach Befehl und Dienstanweisung gehandelt hätten, das mit Waffengewalt verhindern müssen – eine andere Anweisung lag ihnen nämlich nicht vor«, meint Hans Modrow.[15] Das ist falsch. Richtig ist: Es gibt meinen Befehl 11/89 vom 3. November 1989.[16] Er regelte das Verhalten der DDR-Sicherheitskräfte bei Grenzdurchbrüchen und Demonstrationen im Grenzgebiet. Darin heißt es: »Die Anwendung der Schusswaffe im Zusammenhang mit möglichen Demonstrationen ist grundsätzlich verboten.« Dieser Befehl galt auch am Tage der Grenzöffnung und danach. »Es gibt einen Befehl von Krenz, der wiederholt, was von Honecker befohlen worden war«[17], sagte Hans Modrow an anderer Stelle. Nein, der Befehl vom 3. November war kein zweiter Aufguss des Honecker-Befehls vom 13. Oktober 1989. Bei jenem ging es um Verhinderung von Gewalt bei den Montagsdemonstrationen in Leipzig und darüber hinaus. Der zweite Befehl war eine Reaktion auf einen geplanten Grenzdurchbruch am Brandenburger Tor, der zu einem Blutbad hätte führen können, wenn wir nicht unsere Gegenmaßnahmen getroffen hätten. Es spricht für den volksverbundenen Geist in den Schutz- und Sicherheitsorganen der DDR, dass sich alle an diesen Befehl gehalten haben: die Staatssicherheit, die Grenztruppen, die Nationale Volksarmee und die Deutsche Volkspolizei. Die Gewaltlosigkeit im Herbst '89 gehört zum Erbe der DDR, das nichts, aber auch gar nichts mit Kohl oder Gorbatschow zu tun hat.

Die Sowjetunion ist bekanntlich nicht durch eine Volksbewegung zerbrochen. Sie wurde von oben, von verschiedenen Fraktionen der Kommunistischen Partei, zerschlagen. Ihr Ende ist in vielem die Ursache dafür, dass die Welt danach durcheinandergeraten ist, dass es in den internationalen Beziehungen Chaos gibt, dass Wettrüsten und die Kriegsgefahr ständig wachsen. Das in den achtziger Jahren existierende militärstrategische Gleichgewicht war gewiss ein »Gleichgewicht des Schreckens«. Das Wissen auf beiden Seiten, dass jener als Zweiter sterben würde, der als Erster auf den Knopf drückte, hat aber zur Vernunft bei den Handelnden in der Politik maßgeblich beigetragen. Die notwendige Diplomatie hat zu einem System kollektiver Sicherheit und damit zur Erhaltung des Friedens beigetragen. Mit der Zerschlagung der Sowjetunion ist das Weltgleichgewicht zerbrochen.

Frau Merkel wird in Medien oft mit den Worten zitiert, Russland habe gegen die Nachkriegsgrenzen verstoßen. Ich frage mich: Wie kann eine kluge Frau, die die DDR-Schule besucht und auch in der DDR studiert hat, zu einer so falschen Einschätzung kommen? Hat sie wirklich vergessen, dass die Siegermächte in Jalta, auf der urrussischen Krim, nicht nur mit der Unterschrift Stalins, sondern auch mit der des amerikanischen Präsidenten Roosevelt und des britischen Premierministers Churchill die Welt in eine östliche und eine westliche Einfluss-Zone aufgeteilt hatten? Die Nachkriegsgrenzen in Deutschland existierten, als Angela Merkel noch DDR-Bürgerin war. Es war die Grenze zwischen NATO und Warschauer Vertrag, die ganz Europa durchtrennte. Sie war zugleich die erste Verteidigungslinie der Sowjetarmee, an der sich auch ihre Atomwaffen befanden. Wie eben auch Nuklearwaffen der NATO in der Bundesrepublik lagen und im Fliegerhorst Büchel noch immer liegen.

Und heute? Wo steht die NATO? An den Grenzen Russlands, die Bundeswehr gar als Speerspitze! Gerade das sollte aus Sicht der Russen nie wieder passieren. Nie wieder sollten ausländische Truppen so nahe der heimatlichen Grenze stehen wie an jenem 22. Juni 1941, als Nazideutschland die Sowjetunion überfiel. Das war ein gegenseitiges Versprechen von Generationen sowjetischer Bürger. Ich habe während meines Studiums in Moskau in russischen Familien diesen

Tag erlebt und weiß daher, was ihnen gesicherte Grenzen bedeuten. Deutschland sollte mindestens in diesem Punkt etwas mehr Fingerspitzengefühl und auch Demut zeigen. Worte wie »Bestrafungen« und »Sanktionen« aus dem Munde deutscher Politiker an Russlands Adresse sind nicht nur geschichtsvergessen, sie sind eine Anmaßung gegenüber einem Volk, das für Deutschlands Freiheit vom Faschismus sein Herzblut gegeben hat.

Es ist ein Märchen, dass es den USA 1989 um die deutsche Einheit gegangen sei. Die Mitwirkung an der Herstellung der »deutschen Einheit« durch Präsident George Bush sr. diente einzig der Verwirklichung der seit 1945 verfolgten US-amerikanischen Strategie, die Sowjetunion und deren Streitkräfte aus dem Zentrum Europas zu verdrängen. Der Warschauer Vertrag wurde einseitig aufgehoben. Die NATO blieb. Die russischen Streitkräfte zogen aus Mitteleuropa ab. Die USA schickten und schicken über deutsche Straßen und Flughäfen ihre Truppen an die russische Grenze. Sie haben in Deutschland nach wie vor Atomwaffen stationiert. Condoleezza Rice, von 2005 bis 2009 Außenministerin der USA, bekannte freimütig: Mit dem vereinten Deutschland, eingebettet in die NATO, war »Amerikas Einfluss in Europa gesichert«.[18]

In diesem Buch gibt es viel Widersprüchliches, manchmal gar Gegensätzliches über Gorbatschow. Er ist eine in sich gespaltene Persönlichkeit. Im Westen als einer der »Väter der deutschen Einheit« hochgejubelt, in Russland nicht selten »Symbol des Niedergangs« und bei früheren Bewunderern hierzulande meist ein »Wandler vom Hoffnungsträger zum Renegaten«. Das Tragische: Die NATO nutzte seine Politik eiskalt aus. Sie zog ihn über den Tisch mit dem Resultat, dass ihre Truppen heutzutage annähernd dort stehen, wo sie sich befanden, als der Große Vaterländische Krieg begann.

Ich hatte das Privileg, Gorbatschow am 12. März 1985, nur wenige Stunden nach seiner Wahl zum Generalsekretär, in Moskau persönlich zu treffen. Seitdem erlebte ich ihn bis einschließlich 4. Dezember 1989 auf allen Beratungen der

Staaten des Warschauer Vertrages auf höchster Ebene und bei seinen DDR-Reisen. Ich kenne seine Vorzüge und charakterlichen Schwächen aus eigenem Erleben. Ich vergesse ihm nicht, dass er mir den Rücken stärkte, als ich auf der Anklagebank saß. Er hat damals sowohl gegenüber der deutschen Justiz wie auch dem Europäischen Gerichtshof für Menschenrechte die Verfolgung von DDR-Amtsträgern als »Hexenjagd«, als »politische Abrechnung« und als »Fortführung des Kalten Krieges« verurteilt. Ich mache mir mein Urteil über ihn nicht leicht. Es hat gedauert, bis ich Weggefährten verstand, die ihn einen Verräter nennen. Ich habe ihm vertraut. Heute weiß ich: viel zu lange.

Als 1992 bekannt wurde, dass der Berliner Senat ihn zum Ehrenbürger der Stadt beruft, hatte ich ihm geschrieben: »Ich bitte Dich, nicht zuzulassen, dass mit Deinem Namen die Namen anderer überschrieben werden, die den Grundstein für die Lebensfähigkeit dieser Stadt legten. Du stehst vor einer wichtigen Gewissensentscheidung.«[19] Der Anlass für mein Schreiben: Kurz vor seiner Ehrung wurden verdienstvolle sowjetische Heerführer und sowjetische Politiker, die für die Befreiung Berlins ihr Leben eingesetzt hatten, von der Liste der Ehrenbürger gestrichen, auf die Gorbatschow nun gesetzt worden war. Er hatte damit zugelassen, dass mit seinem Namen selbst die Ehrenbürgerschaft der Rotarmisten Jegorow und Kantaria überschrieben wurde, die am 30. April 1945 die Siegesflagge auf dem Reichstag gehisst hatten.

1987 sagte mir ein sowjetischer Freund, den ich seit über 20 Jahren kannte und der seinerzeit zum Arbeitsstab von Außenminister Schewardnadse gehörte: »Gorbatschow gibt es in Varianten.« Ich fand diese Aussage ungerecht, denn ich sah damals in Gorbatschows Politik den mutigen Versuch, die Stagnation in der UdSSR zu überwinden und den Sozialismus von seinen Entstellungen zu befreien. In dem Maße aber, wie er im Innern des Landes nichts zustande brachte und außenpolitisch einen faulen Kompromiss nach dem anderen schloss, wuchs die Zahl der Rätsel, die er auch mir aufgab.

Honecker geriet mit Gorbatschow viel früher in Konflikt als ich. Besonders in zwei Fragen waren beide grundsätzlich anderer Meinung. Zum einen: Honecker suchte trotz Zuspitzung der Gegensätze den Ausgleich mit der BRD. Gorbatschow sah es mit Misstrauen und stellte dieser Politik jahrelang viele Hindernisse in den Weg. Zum anderen: Honecker brach das Eis in den Beziehungen zur Volksrepublik China, was ebenfalls Gorbatschows Missfallen erregte.

Gorbatschow passte sich dem machtpolitisch Opportunen an. An die Stelle Marxscher Dialektik setzte er sein »Neues Denken«, obwohl die NATO zu keinem Zeitpunkt bereit war, in den Kategorien der Entspannung *neu* zu denken. Diffuse »allgemein-menschliche Werte« bekamen einen höheren Stellenwert als die Werte und Ideale des Sozialismus. Er umgab sich mit fragwürdigen Leuten wie Alexander N. Jakowlew und Eduard A. Schewardnadse, die alles andere als geradlinige Mitstreiter waren. So verlor sich rasch der Geist des Aufbruchs in Richtung sozialistischer Erneuerung, den auch viele in der DDR an Gorbatschow schätzten und weshalb sie in ihm einen Hoffnungsträger sahen.

Verrat gibt es ja nicht nur aus Berechnung. Es gibt ihn auch aus Eitelkeit, aus Missgunst, Unwissen, aus Schwäche, Unentschlossenheit, Selbstüberschätzung, Eigenliebe und manch anderem. Doch objektiv bleibt es Verrat. Die Zerschlagung der Sowjetunion und mit ihr des europäischen Teils des sozialistischen Weltsystems beeinflusste Millionen und Abermillionen Schicksale auf negative Weise. Wohl auch deshalb nannte Russlands Präsident Wladimir W. Putin den Untergang der UdSSR die größte globalpolitische Katastrophe am Ende des vergangenen Jahrhunderts.

Friedrich Engels schrieb 1851 in seiner Schrift »Revolution und Konterrevolution in Deutschland«: »Wenn man nach den Ursachen der Erfolge der Konterrevolution forscht, so erhält man von allen Seiten die bequeme Antwort, Herr X oder Bürger Y habe das Volk verraten. Diese Antwort mag zutreffen oder auch nicht […], aber unter keinen Umständen erklärt sie auch nur das Geringste, [...] wie es kam, dass das Volk sich verraten ließ.«[20]

Wir können uns also nicht auf den Verrat eines Einzelnen zurückziehen.

Eine umfassende marxistische Analyse der Ursachen der weltpolitischen Vorgänge von 1989 bis 1991 liegt auch dreißig Jahre später meines Wissens noch nirgendwo vor. Vielleicht auch deshalb nicht, weil manch linke Partei sich der pauschalen Verurteilung des realexistierenden Sozialismus durch dessen damalige und heutige Gegner kritiklos anschließt. Sie grüßen mit gebeugtem Rücken den Gesslerhut, statt selbstbewusst und durchaus selbstkritisch mit diesem Erbe als ihrem eigenen umzugehen.

Dadurch versperren sie sich den Weg zur Erkenntnis, wie man es besser, klüger und erfolgreicher machen könnte, als wir es seinerzeit taten.

In seiner Autobiografie berichtete Gregor Gysi von einem Telefongespräch, das er mit dem KPdSU-Generalsekretär am 11. Dezember 1989 geführt hatte.[21] Gorbatschow, so Gysi, habe ihn beschworen, die SED auf keinen Fall aufzulösen. Geschähe dies, so sei dies zwangsläufig mit einem Ende der DDR und auch der Sowjetunion verbunden. Gysi macht daraus eine Anekdote und meint, dass für einen »kleinen Berliner Advokaten« diese Last zu schwer gewesen sei. Er war aber zu jenem Zeitpunkt schon nicht mehr nur der »kleine Berliner Advokat«, sondern auch Vorsitzender der einst führenden Partei der DDR. Was Gorbatschow ihm am Telefon gesagt hatte, gehörte zu unseren Verfassungsgrundsätzen. Die DDR verstand sich immer als europäischer Vorposten der sozialistischen Staatengemeinschaft. Man muss kein Militär sein, um zu ahnen, was mit dem Hinterland passiert, wenn der Vorposten fällt.

Nach wie vor belastet mich daher auch die Frage, inwieweit die Ereignisse von 1989/90 in der DDR eine, wenngleich nachgeordnete Ursache für das Verschwinden der Sowjetunion von der politischen Landkarte gewesen sind.

Mehr als ein Körnchen Wahrheit ist an Gysis Auffassung, die DDR sei an sich selbst gescheitert. Wir können jedoch bei weitem nicht alle Ursachen für ihren Niedergang auf innere Faktoren reduzieren, wie das faktisch seit fast drei Jahrzehnten überwiegend geschieht. Es wird höchste Zeit, die DDR und ihre Entwicklung in den Kontext der Geschichte des 20. Jahrhunderts einzuordnen. Mindestens zwei Problemkreise spielen dabei eine Rolle.

Erstens: Die DDR war ohne Sowjetunion nicht lebensfähig. Wie die letzte sowjetische Führung das 1989/90 ausnutzte, hat Insider Walentin Falin bisher am klarsten formuliert: Gorbatschow habe die DDR für ein Butterbrot weggegeben. Seine Absprache mit Kohl sei »eine Variante des Münchener Abkommens«[22] gewesen, sagte der erfahrene Deutschlandpolitiker. »Wir haben über den Kopf der DDR alles ausgehandelt, wir haben dieses Land verraten.«[23]

Zweitens: Die Herrschenden in der BRD wollten die DDR vom ersten Tag ihrer Existenz an liquidieren. Als es die DDR noch gar nicht gab, wussten die Väter des Grundgesetzes der späteren Bundesrepublik schon, dass jeder, der sich dem westdeutschen Anspruch auf ganz Deutschland nicht unterwirft, »als Hochverräter zu behandeln [...] ist«.[24]

Was sie beim Verfassungskonvent 1948 nur andeuteten, formulierte nach Herstellung der staatlichen Einheit einer ihrer Ideologen sehr plastisch: Die DDR habe »fast ein halbes Jahrhundert die Menschen verzwergt, ihre Erziehung, ihre Ausbildung verhunzt«, schrieb dieser Arnulf Baring 1991 und gab es wiederholt zum Besten. »Ob sich heute dort einer Jurist nennt oder Ökonom, Pädagoge, Psychologe, Soziologe, selbst Arzt oder Ingenieur, das ist völlig egal: Sein Wissen ist auf weite Strecken unbrauchbar [...] Wir können den politisch und charakterlich Belasteten ihre Sünden vergeben, alles verzeihen und vergessen. Es wird nichts nutzen; denn viele Menschen sind wegen ihrer fehlenden Fachkenntnisse nicht weiterverwendbar. Sie haben einfach nichts gelernt, was sie in eine freie Marktwirtschaft einbringen können.«[25]

Die Folge: Hunderttausende der Geschmähten verloren Arbeit und Brot. Nach solchen Vorgaben fand ein Elitenwechsel statt, der jeden Respekt vor den Lebensleistungen von DDR-Bürgern vermissen lässt. Wen wundert es da, dass es noch viele im Osten gibt, die sich als Bürger niederer Klasse fühlen.

Nachdem ich mich seit vielen Jahren mit den inneren Ursachen des Niedergangs der DDR beschäftigt habe, versuche ich mit diesem Buch das Dreiecksverhältnis UdSSR, DDR und BRD in den Auseinandersetzungen der zweiten Hälfte des 20. Jahrhunderts zu beleuchten, wie ich es in meinen Funktionen erlebt habe.

Gerade weil ich vieles aus eigenem Erleben und nicht vom Hörensagen kenne, folge ich nicht jenen, die die DDR von Anfang an als Schacherobjekt zwischen der UdSSR und den USA sehen wollen. Was in der Endphase der DDR zweifellos so war, trifft keineswegs auf alle DDR-Jahre und jede sowjetische Führung zu. Ohne die flexible Außenpolitik der DDR hätte es weder 1970 den Moskauer Vertrag mit der BRD noch 1971 das Vierseitige Abkommen gegeben. Die Bundesrepublik profitierte vom guten Verhältnis der DDR zur Sowjetunion, indem beispielweise Pieck und Ulbricht – und eben nicht nur Adenauer – die letzten deutschen Kriegsgefangenen aus der Sowjetunion holten. Dass 1955 der Bundeskanzler öffentlich diese Zusage bekam, war der Beitrag der DDR zur Aufnahme der diplomatischen Beziehungen der UdSSR zur Bundesrepublik. Die DDR-Führung hoffte damals, allerdings vergebens, dass diese Geste helfen könnte, die Hallstein-Doktrin[26] zu vermeiden.

Wenn ich mich zu Widersprüchlichkeit und Unentschlossenheit Gorbatschows äußere, dann nicht nur, weil inzwischen viele Unwahrheiten über die DDR und die Sowjetunion verbreitet werden. Auch nicht deshalb, um Erinnerungen an beträchtliche Differenzen, die ich mit Erich Honecker hatte, zu relativieren. Ich habe die Auseinandersetzung darüber viel zu spät und zu inkonsequent geführt. Gewiss, es gab objektive Schranken, aber eben auch subjektive Fehleinschätzungen.

Heute weiß ich: Selbst die beste Konzeption hätte damals nichts genutzt. Wir hatten das Vertrauen großer Teile des Volkes verloren.

Was immer meine Fehler waren: Die Initiative zur Absetzung Honeckers gehört nicht dazu. Das hat aber damals nicht geheißen und heißt heute erst recht nicht, dass in der Auseinandersetzung mit Erich Honeckers Politikauffassung jene Momente verloren gehen, die sich positiv auf die Entwicklung der DDR und ihres Verhältnisses zur übrigen Welt ausgewirkt haben. Und die gab es ohne jeden Zweifel. Mehr als um die Vergangenheit, geht es mir um die Zukunft.

Die Mutter von Heinrich Graf von Einsiedel, der als Leutnant bei Stalingrad abgeschossen wurde, in sowjetische Kriegsgefangenschaft kam und danach dem Nationalkomitee »Freies Deutschland« angehörte, schrieb am 25. Januar 1947 einen Brief an den Russen Tulpanow, den ich aus mehreren Gründen insbesondere der deutschen Bundeskanzlerin und ihrem Außenminister zur Lektüre empfehle. Er enthält das außenpolitische Vermächtnis des »Eisernen Kanzlers«: »Es schreibt Ihnen die Enkelin des bedeutenden Staatsmannes Bismarck, dessen Vermächtnis immer ein ewiger und unzerstörbarer Frieden mit Russland war. Sogar auf dem Sterbebett, nachdem Wilhelm II. unter dem Einfluss finsterer Mächte meinen Großvater in den Ruhestand gezwungen hatte, hat dieser wiederholt: ›Nie gegen Russland!‹«[27]

Ein gutes Verhältnis zu den Russen ist eine Schicksalsfrage für die Deutschen. Wer nicht versteht, dass es auch eine Frage der Vernunft ist, mit Russland zusammenzustehen, der verstößt gegen elementare deutsche Interessen. Die Mehrheit der Bürger der DDR sind im Herbst '89 nicht auf die Straße gegangen, damit deutsche Truppen wieder an Russlands Grenzen stehen und Bundeswehrsoldaten zu Auslandseinsätzen befohlen werden.

Egon Krenz,
Dierhagen im April 2019

Jahresauftakt 1989: Diplomaten geben der DDR ein langes Leben

Beim traditionellen Neujahrsempfang für das Diplomatische Korps im Staatsrat überboten sich die Botschafter der NATO-Länder mit Lob für die DDR und ihr Staatsoberhaupt. Als stünden sie im Wettbewerb um die innigste Sympathiebekundung für Erich Honecker. Der US-Botschafter und mit ihm der Leiter der BRD-Vertretung in der DDR interessierten sich ausschließlich für eine Frage: Wird Honecker 1989 die USA besuchen? Sowjetbotschafter Wjatscheslaw I. Kotschemassow, ein guter Freund, erkundigte sich bei mir, ob wir hinter »dem Rücken von Gorbatschow« ein Gipfeltreffen mit dem US-Präsidenten vorbereiteten.

Obwohl ich in der Regel mehr als offen zu ihm war, musste ich in dieser Sache schweigen. Honecker hatte mich vergattert. Ich hätte Kotschemassow gern reinen Wein eingeschenkt, weil ich zu diesem Zeitpunkt immer noch davon überzeugt war, dass Gorbatschow sich gegenüber der DDR aufrichtig und ehrlich verhielt, weshalb wir es eben auch sein sollten. Der erste Mann in Moskau sollte genau wissen, welche Intentionen Washington in Bezug auf die DDR verfolgte, und die waren gewiss nicht auf die Förderung der Freundschaft zwischen Moskau und Berlin ausgelegt.

Doch ich war zum Schweigen verpflichtet, »kein Wort!« hatte Honecker gesagt, nicht einmal zu den eigenen Genossen. So blieb ich gegenüber Kotschemassow wortkarg. »Es könnte sein.«

Allein diese drei Worte gaben Moskaus Misstrauen Nahrung. Ein Treffen mit Reagan ohne Absprache mit Gorbatschow – wie es Honecker bei seinen Reisen 1986 in die Volksrepublik China und 1987 in die Bundesrepublik gehalten hatte – wäre aus der Sicht des Kreml ein weiterer Skandal. Aus unserer Perspektive allerdings die endgültige Weihe der Souveränität. Die meisten NATO-Staaten hatte Honecker bereits besucht. Die DDR war international anerkannt und hochgeschätzt. Außenpolitisch standen wir kurz vor einem Gipfel, innenpolitisch jedoch ging es bergab. In den Führungsetagen des Westens frohlockte man, wie leicht wir es ihnen machten, die zwischen Moskau und Berlin existierenden Meinungsverschiedenheiten anzuheizen.

Der Besuch Honeckers in den USA schien zum Greifen nahe. Klaus Gysi[28] war von seiner Funktion als Staatssekretär freigestellt worden, um seine Kontakte in den USA und speziell im Umfeld von Präsident Ronald Reagan dafür zu nutzen. Gysi hatte sich Honecker für diese Aufgabe angeboten, nachdem er als Gast am Neujahrsempfang im Weißen Haus teilgenommen hatte. US-Präsident Reagan hatte ihn gebeten, herzliche Grüße an »Präsident Erich Honecker« zu übermitteln, was als Signal interpretiert worden war. Die Mission war so geheim, dass vermutlich Klaus Gysi selbst seinem Sohn Gregor gegenüber Stillschweigen wahrte. Der jedenfalls erwähnt in seiner Autobiografie nichts davon. Ich traf gelegentlich mit Klaus Gysi im Vorzimmer von Honecker zusammen, wenn er von unserem gemeinsamen Chef kam, dem er über den Fortgang der konspirativen Mission berichtet hatte. Ich ertappte die beiden gewissermaßen »auf frischer Tat«, was Honecker wohl veranlasste, mich bei dem Thema auf dem Laufenden zu halten. Dabei erinnerte er mich, dass die US-Administration mich 1985 eingeladen hatte, das Land zu besuchen. »Die wollten dich kennenlernen, aber du wolltest ja damals nicht«, scherzte er.

Im Sommer 1985 hatte eine DDR-Delegation am New Hampshire Symposium in Conway teilgenommen. Dort, auf dem Campus der University of British Columbia in Vancouver, trafen sich seit 1975, also seit der Helsinki-Konferenz, regelmäßig Geistes- und Sozialwissenschaftler insbesondere aus den USA und den beiden deutschen Staaten, um sich jeweils sieben Tage lang mit der DDR zu beschäftigen. Die Initiatoren sahen in dem formellen und informellen Austausch von Ideen einen Beitrag zur Sicherung des Weltfriedens durch ein besseres gegenseitiges Verständnis, womit sie gewiss nicht irrten, und weshalb die DDR regelmäßig daran teilnahm. Nach der Rückkehr vom 11. Symposium in New Hampshire berichtete Prof. Dr. Karl-Heinz Röder aus der DDR-Delegation: »Es bestehe großes Interesse daran, Egon Krenz zu einem Besuch in den USA zu bewegen. Über Egon Krenz als zweiten Mann und mutmaßlichen Nachfolger Erich Honeckers wisse man in Washington wenig. Zugleich wisse auch Egon Krenz nichts über die USA, die er noch nie gesehen habe. Egon Krenz kenne zwar die Sowjetunion und andere sozialistische Länder, sei aber nicht aus eigener Anschauung mit den westlichen Ländern vertraut. Das sei ein Hindernis für die Entwicklung langfristiger Beziehungen zwischen der DDR und den USA.«[29]

Honecker wusste genau, warum ich diesem Vorschlag nicht nähergetreten war: Moskau hatte grundsätzliche Bedenken gegen meine Reise. Die Reagan-Administration wolle, so hieß es, nur einen Keil zwischen die Sowjetunion und die DDR treiben. KPdSU-Generalsekretär Konstantin Tschernenko hatte ihm schon im Sommer 1984 unmissverständlich gesagt: »Es darf nicht der Eindruck erweckt werden, dass der harte Kurs der Reagan-Administration gegen die sozialistischen Länder durch die DDR noch belohnt wird.«

Der weltpolitische Blick aus dem Kreml auf die USA war in der Regel ein anderer, sachkundiger als er etwa aus der DDR sein konnte.

Dieser indirekten Einladung an mich war bereits eine ähnliche Offerte an Honecker vorausgegangen. Ex-Präsident Jimmy Carter hatte »Seine Exzellenz Erich Honecker« wissen lassen, dass er mit Ex-Präsident Gerald Ford eine Beratung über internationale Sicherheit und Rüstungskontrolle im Carter Center der Emery Universität in Atlanta abhalten und leiten werde. Eine Delegation aus der DDR sei herzlich willkommen.[30]

Was im Herbst '89 an die Oberfläche kam, hat seine Vorgeschichte

Diese Einladung vom 28. Februar 1985 muss man im zeitlichen Kontext sehen, um ihre Bedeutung zu verstehen. KPdSU-Generalsekretär Tschernenko war noch im Amt, aber gesundheitlich nicht mehr voll handlungsfähig. Der Westen hatte in der sowjetischen Führung keinen kompetenten Ansprechpartner mehr. Von vielen Regierungschefs und Politikern aus westlichen Ländern wurde Honecker als Mittler zwischen Moskau und dem Westen betrachtet. Von Anfang bis Mitte der achtziger Jahre war er der begehrteste Gesprächspartner des Westens im Osten. Selbst bei Papst Johannes Paul II. in Rom, im April 1985 hatte Honecker den Vatikan besucht. Man sprach schon von einer internationalen Pendeldiplomatie. Bundesdeutsche Politiker buhlten um Gesprächstermine bei Honecker. Nachwuchspolitiker aus der SPD, der CDU, der Grünen und der FDP wandten sich an mich, damit ich solche Gespräche vermittelte. Gerhard Schröder, damals Spitzenkandidat der SPD für die Landtagswahl in Niedersachsen und später Bundeskanzler, schrieb mir nach einem Treffen mit Honecker, das ich arrangiert hatte: »Die Gespräche in der DDR waren offen und informativ. Besonders war ich von Erich Honecker beeindruckt. Durchhaltevermögen, das Du mir wünschst, brauche ich in diesem arbeitsreichen Wahlkampfjahr ganz bestimmt. Aber auch Du wirst für Euren Parteitag[31] und die Volkskammerwahlen[32] sicher viel Kraft und vor allem Gesundheit benötigen. Beides wünsche ich Dir von ganzem Herzen.«[33]

Der damalige Bundesminister Wolfgang Schäuble, heute Präsident des Deutschen Bundestages, verschob extra seinen

Ablage

46

Genossen
E. Honecker
mit der Bitte um
Kenntnisnahme.
7.2. / Krenz

- 7. Feb. 1986 / 1173

47

5300 Bonn 1
Bundeshaus
Fernruf (0228) 16 31 84

Die Wahl dieser Rufnummer vermittelt den gewünschten Hausanschluß.
Kommt ein Anschluß nicht zustande, bitte Nr. 161 (Bundeshaus-Vermittlung) anrufen.

1020 Berlin

Hannover, 31. Januar 1986

Lieber Egon Krenz,

für Deinen freundlichen Willkommensgruß bedanke ich mich sehr herzlich. Es war schade, daß wir uns nicht persönlich treffen konnten. Aber das läßt sich sicher bei einer anderen Gelegenheit nachholen.

Die Gespräche in der DDR waren offen und informativ. Besonders war ich von Erich Honecker beeindruckt.

Durchstehvermögen, das Du mir wünschst, brauche ich in diesem arbeitsreichen Wahlkampfjahr ganz bestimmt. Aber auch Du wirst für Euren Parteitag und die Volkskammerwahlen sicher viel Kraft und vor allen Dingen Gesundheit benötigen. Beides wünsche ich Dir von ganzem Herzen.

Mit freundlichen Grüßen

Gerd Schröder

Westdeutsche Politiker bemühten sich um gute Kontakte, hier Gerhard Schröder im Jahr 1986

DDR-Besuch, weil Honecker wegen kurzfristig angesetzter internationaler Verpflichtungen den Gesprächstermin mit dem Bonner Gast nicht wahrnehmen konnte. Der CDU-Politiker brauche, so wurde unserem Außenministerium mitgeteilt, für seinen Bundestagswahlkampf unbedingt ein Foto mit Honecker, im Januar 1987 sollte ein neuer Bundestag gewählt werden. Gute persönliche Beziehungen zur DDR galten damals offenkundig für westdeutsche Politiker als Empfehlung.

Solcherart Honecker-Sympathie bei der politischen Elite im Westen trug ihm merklich Schwierigkeiten bei unseren sowjetischen Freunden ein. Diese verfolgten misstrauisch alles, was ein »gesamtdeutsches Denken« befördern konnte. In verschiedenen BRD-Medien gab es Bemerkungen, die Moskaus Argwohn gegenüber Honecker objektiv nährten, vielleicht war das sogar gewollt. Man fragte immer häufiger: Ist Honecker ein deutscher Kommunist oder ein kommunistischer Deutscher? Für Altbundeskanzler Helmut Schmidt war Honecker kein »Funktionär Moskauer Prägung«. Er charakterisierte seinen Gesprächspartner vom Werbellinsee[34] mit den Worten: »Seine Hoffnung auf Entspannung und Abrüstung war echt. Je älter er wurde, desto deutscher wurde sein Empfinden.«[35] Bonns Vertreter in der DDR, Klaus Bölling, meinte: »Es gibt in der Führung der SED kaum einen Kommunisten, der deutscher wäre als er.«[36] Nicht nur Kommunist, sondern auch deutscher Patriot sei er, meinte Bundespräsident Karl Carstens.[37] Der konservative Alfred Dregger von der CDU äußerte, als deutscher Demokrat habe er viel Gemeinsames mit dem deutschen Kommunisten Honecker.[38] Willy Brandt sagte über Honecker: »Das ist der letzte Gesamtdeutsche. Die nachkommen, sind DDR-Deutsche.«[39]

Ähnlich äußerte sich auch das Hamburger Magazin *Stern*: »Hat sich der gebürtige Saarländer Honecker noch eine gefühlsmäßige Bindung an den Westen Deutschlands bewahrt, ist Krenz, dessen pommersche Geburtsstadt heute zu Polen gehört, frei von gesamtdeutschen Mentalitäten. Für ihn ist die DDR sein sozialistisches Vaterland.«[40] Das traf zu und wurde von diesem Blatt im Jahr 1984 als nachteilig für die Einheit Deutschlands interpretiert.

Honecker als »Gesamtdeutscher«: Das klang in Moskau nicht gut. Erst recht nicht, was Klaus Bölling – einst Regierungssprecher in Bonn und Ständiger Vertreter der BRD bei der DDR – über ihn gesagt hatte: »Entscheidend scheint mir zu sein, dass er kein sowjetischer Kommunist geworden ist, der die Geschichte der eigenen Nation einfach verdrängt hat.« Solche Bemerkungen sorgten in der sowjetischen Führung für keine gute Stimmung. Und auch Honecker selbst bewegte sich manchmal auf ganz dünnem Eis, wenn er nicht nur am sowjetischen Partner, sondern nicht selten auch am Politbüro vorbei handelte. Mir fällt da der 3. Mai 1983 ein. Kurz vor der Regierungserklärung des neuen Bundeskanzlers Helmut Kohl[41] am 4. Mai 1983 hatte der CSU-Chef, Bayerns Ministerpräsident Franz Josef Strauß, den Rivalen aus Oggersheim öffentlich auf eine Konfrontation mit der DDR festgelegt. Ein westdeutscher Transitreisender hatte bei einer Vernehmung durch DDR-Zöllner einen Herzinfarkt erlitten, was Strauß wider besseren Wissens, aber mit politischer Absicht zu einem »Mordfall« machte, der von den einschlägigen Medien aufgeblasen wurde. In Springers *Welt* hieß es, der Mann sei »regelrecht totgeschlagen worden«.[42]

Die DDR stand vor der Frage: Wie auf die Hetze reagieren? Das wurde umso dringender, weil UdSSR-Botschafter Pjotr A. Abrassimow bei Honecker vorstellig geworden war und diesen aufgefordert hatte, mit aller Härte auf die Bonner Ausfälle zu reagieren. Honecker sagte daraufhin den für 1983 vereinbarten Besuch in der Bundesrepublik ab.

Er tat es aber etwas doppelbödig.

In der Zeitung *Neues Deutschland* erschien ein von Honecker redigierter scharfer Grundsatzartikel zu den Beziehungen zwischen der DDR und der Bundesrepublik. In ihm wurden die bekannten Geraer Forderungen[43] für die Normalisierung der Beziehungen zwischen beiden deutschen Staaten erneuert. Leonid I. Breshnew hatte sie Honecker im Sommer

1980 bei ihrem Treffen auf der Krim ins Arbeitsbuch diktiert. Ihre neuerliche Betonung war die Ouvertüre für seinen am gleichen Tag begonnenen mehrtägigen Besuch mit einer Partei- und Staatsdelegation in Moskau. Soweit war alles eindeutig. Was Honecker dem Politbüro aber nicht gesagt hatte: Über seine Kanäle hatte er eine persönliche Mitteilung von Strauß aus München erhalten. Darin bedauerte der CSU-Vorsitzende, dass er den »natürlichen Tod eines Transitreisenden zum Mordfall erklärt« habe. Honecker sah nun die Stunde gekommen, die Differenzen zwischen Kohl und Strauß zu nutzen, indem er alternativ zur gestörten Beziehung Berlin-Bonn eine funktionierende Gesprächslinie Berlin-München aufbaute. Er setzte dabei sehr viel aufs Spiel. Ohne Wissen des Politbüros und des sowjetischen Partners schickte er am Tag seiner Reise nach Moskau Staatssekretär Alexander Schalck-Golodkowski als Emissär nach Bayern.

Zur gleichen Zeit, als Honecker mit Jurij W. Andropow, dem neuen Generalsekretär der KPdSU, im Kreml konferierte und in Bonn über Kohls Regierungserklärung gestritten wurde, plauderten Strauß und Schalck in München, als wäre dies die natürlichste Sache der Welt.

Bald danach wurde ein in Ost und West irritierender Vorgang bekannt: Franz Josef Strauß hatte eine Kreditvereinbarung zwischen Banken der DDR und der Bundesrepublik eingefädelt. Sein Motiv war keineswegs, wie bestimmte Leute bis in die Gegenwart behaupten, der DDR helfen zu wollen. Honecker glaubte zu wissen, dass Strauß Kohl für unfähig hielt, Bundeskanzler zu sein. Er wollte diesem nicht allein die Beziehungen zur DDR überlassen. Es war also auch ein interner Streit in der Union um die Oberhoheit über die Kontakte zur DDR. Durch seine Geheimdiplomatie hatte Honecker erreicht, die beiden Konkurrenten Kohl und Strauß zum Vorteil der DDR auseinanderzudividieren.

So jedenfalls sah er es selbst.

Der Milliardenkredit war lediglich eine vertrauensbildende Geste, ein Signal an die internationalen Banken, dass die DDR kreditwürdig sei. Mehr nicht. Im Übrigen lag der Betrag bis zum Schluss gleichsam auf der hohen Kante, er wurde nie abgerufen. 1990 hat die BRD die Summe auf Heller und Pfennig zurückbekommen. Für unsere Beziehungen zu Moskau blieb der Kredit allerdings bis zum Schluss ein Ärgernis. Gorbatschow tat so, als würde der Kredit den Untergang der DDR bedeuten.

Die zunächst geheimen Kontakte zu Strauß wurden am 24. Juli 1983 öffentlich, als sich Honecker am Werbellinsee in der Nähe von Berlin mit Strauß traf. Die Begegnung wurde von heftigen sowjetischen Protesten begleitet. Strauß, der zuvor auch Polen und die ČSSR besucht hatte, war dort lediglich wie ein Tourist behandelt und von keinem hochrangigen Politiker zum Gespräch empfangen worden. Das, so kam es aus Moskau, erwarte man auch von der DDR. Honecker ignorierte diese Warnungen und begrüßte Bayerns Ministerpräsidenten wie ein Staatsoberhaupt. Auch auf die Ehefrau von Strauß machte die Begegnung hörbar Eindruck. Danach erklärte sie nämlich: »Was für ein Mannsbild, dieser Honecker. Schade nur, dass der Kommunist ist.«

Dass sich ausgerechnet zwischen Franz Josef Strauß und Erich Honecker – trotz gegensätzlicher politischer Auffassungen und Lebensläufe – fast so etwas wie eine Männerfreundschaft entwickelte, rief in der sowjetischen Führung Unverständnis hervor: Der Konservative und aus der Sicht vieler auch Kalte Krieger Strauß hatte Honecker öffentlich Realitätssinn, Glaubwürdigkeit und Zuverlässigkeit bescheinigt.

Als Strauß 1988 verstarb, überlegte Honecker allen Ernstes, an den Trauerfeierlichkeiten in München teilzunehmen. Ich gehörte damals zu jenen im Politbüro, die davon abrieten. Heute denke ich: Hätte er es mal getan! Die Bilder darüber wären der Öffentlichkeit in Erinnerung geblieben. Ich bin mit Ministerpräsident Strauß nicht sehr oft zusammengetroffen, doch seit meiner Begegnung 1985 bin ich überzeugt: Er hätte sich an der Hatz auf Honecker und die anderen Amtsträger der DDR vermutlich nicht beteiligt.

Dass Strauß und Honecker gut miteinander konnten, dafür zahlte die DDR einen hohen politischen Preis. Diese Beziehung zerstörte in Moskau viel Vertrauen. Das wurde auch nicht dadurch repariert, dass Gorbatschow einige Jahre später – auch auf wiederholte Fürsprache von Honecker – Strauß in Moskau empfing.

Auch im eigenen Land konnten viele diesen Schwenk nur schwer nachvollziehen. Strauß galt vor einigen Monaten noch als das lebendige Symbol des Kalten Krieges, nun erklärten wir ihn plötzlich zum Entspannungsfreund. Honecker übernahm später von Strauß auch dessen Slogan im Raketenstreit: »Je kürzer die Raketen, umso deutscher die Toten.«[44]

Als Honecker mich im Dezember 1983 in mein Aufgabengebiet als Sekretär des Zentralkomitees einwies, offenbarte er mir seine Motive, warum er im Vormonat auf der 7. Tagung des Zentralkomitees weder die Hauptrede noch das Schlusswort gehalten, sondern lediglich zur Diskussion gesprochen hatte, was eigentlich unüblich war: Schließlich hatte der Generalsekretär immer das letzte Wort. Aber auch aus inhaltlichen Gründen hätte er referieren müssen. Honecker hatte der Bundesrepublik Deutschland eine »Koalition der Vernunft« angeboten, was angesichts der konkreten politischen Lage ein wahrlich historischer Schritt war.

»Hätte ich Referat oder Schlusswort gehalten«, klärte er mich auf, »hätte ich den Entwurf meiner Rede dem Politbüro zur Bestätigung vorlegen müssen. Das gehört zu unserer Ordnung. Dann wäre der Text aber wenige Stunden später in Moskau gewesen, und ich hätte ihn nach deren Vorstellungen ändern müssen.«

»Wie das?«, erkundigte ich mich arglos.

Im Politbüro gebe es eine »Moskau-Fraktion«, klärte mich Honecker auf. Sie sorge dafür, dass jeder unserer Schritte durch die KPdSU-Führung be- und/oder verurteilt werden würde.

Damals hatte ich keine Ahnung davon. Drei Jahre später zählte Honecker auch mich zur Moskau-Fraktion. Wenn er damit meinte, dass ich meine sowjetischen Gesprächspartner immer offen und wahrheitsgemäß über unsere Situation informierte, hatte er sogar Recht. Einer Fraktion aber fühlte ich mich nie zugehörig.

Ich war für faire Spielregeln mit unseren Freunden. Wenn beispielsweise der BFC Dynamo ein Heimspiel hatte, saß auf der Ehrentribüne zu meiner Rechten stets Generalleutnant Wassilij T. Schumilow, später sein Nachfolger Generalmajor Gennadij F. Titow, Chef der Vertretung des Komitees für Staatssicherheit (KfS/KGB) beim MfS der DDR. Manchmal bemerkte ich nicht einmal das Ende des Fußballspiels, weil unsere Gespräche so intensiv waren. Ich führte sie als überzeugter Freund der Sowjetunion. Die Genossen erfuhren alles über uns, was ich mit Freunden teilen konnte und wollte. Dass sie nicht mit gleicher Fairness spielten, fiel mir leider erst 1989 auf. Ich war immer davon ausgegangen, dass zwischen Freunden Offenheit herrschte. Das war ein Irrtum, wahrscheinlich auch naiv. Die Enttäuschung war groß. Im November 1989 sagte mir Gorbatschow, er sei über die ökonomische Situation in der DDR schlecht informiert gewesen. Da fragte ich mich, warum ich im Laufe der Jahre so viel Zeit geopfert hatte. Vielleicht aber war er im Bilde und schützte Unwissen nur vor.

Damals aber, 1983, als Honecker mir gegenüber die vermeintliche Moskau-Fraktion erwähnte, bedrückte mich diese Mitteilung sehr. Dass Honecker, an dessen positiver Haltung zur Sowjetunion ich nie gezweifelt hatte, von einer »Moskau-Fraktion« im Politbüro sprach, erinnerte mich stark an im Westen gebräuchliche Lesarten. Ich hatte diese Information noch nicht verdaut, da folgte die nächste Überraschung. »In Moskau hat man sich noch nicht endgültig entschieden, wie auf die Stationierung der amerikanischen Mittelstreckenraketen in Europa reagiert werden soll«, erklärte mir Honecker. »Das müssen wir ausnutzen, um Fakten zu schaffen. Wir brauchen eine starke und zielklare Friedensbewegung gegen die Raketen. Niemals würde man in Moskau meinen Vorschlag akzeptieren: ›Jetzt erst recht – alles gegen die Raketen!‹«

Mit »den Raketen« meinte er nicht nur die der NATO, sondern auch die sowjetischen, die inzwischen in der DDR und in der ČSSR stationierten worden waren. Er nannte sie alle »Teufelszeug«, was weg müsse von deutschem Boden. Den Begriff »Teufelszeug« hatte er von Willy Brandt übernommen.

Honecker teilte 1983/84 etliche Entscheidungen des KPdSU-Politbüros nicht. Dort hatte Gorbatschow Sitz und Stimme, er vertrat den darniederliegenden Generalsekretär Tschernenko. In jener Zeit entstanden die bis dahin folgenschwersten Meinungsverschiedenheiten zwischen den Führungen unserer Parteien und Staaten, die mir aus eigenem Wissen bekannt sind. Die Atmosphäre war frostig, die Distanz deutlich. Im Nachhinein bin ich sogar überzeugt: Gorbatschow und Honecker haben sich politisch davon nie mehr erholt. Dieser Dissens hatte nichts mit Perestroika und Glasnost, nichts mit einem stürmischen Reformer namens Gorbatschow und einem notorischen Dogmatiker mit Namen Honecker zu tun. Diese kurzschlüssige Interpretation ist bei genauer Prüfung der Fakten auch sachlich unzutreffend – das Gegenteil ist der Fall: Honecker bewies in der Raketenfrage 1983 weltpolitischen Weitblick, während Gorbatschow damals ganz im Stile gehabter Einschränkungen der Souveränität der DDR wichtige Entwicklungen eher zu verlangsamen oder gar zu verhindern suchte.

Das auszusprechen und festzuhalten empfinde ich als nötig, um dem seit dreißig Jahren undifferenziert gescholtenen Honecker, welchem selbst der eine oder andere Weggefährte jedes strategische Denken absprach, Gerechtigkeit angedeihen zu lassen. Gewiss, als einfacher Bergmannssohn hatte er nur die Volksschule und keine Universität besucht. Als seine Altersgefährten höhere Schulen besuchten, kämpfte er – unter Anleitung seines KPD-Genossen Herbert Wehner[45] – im Saarland gegen Hitler und saß anschließend im Gefängnis der Nazis. Er ging 1935 mit dem Ruf »Es lebe Stalin!« in den Brandenburger Knast, aus dem ihn und seinesgleichen 1945 Rotarmisten befreiten. Dass ihn die Haft stärker geprägt hat, als ein bürgerliches Gymnasium es je vermocht hätte, verstehe ich. In der Haft hatte er offensichtlich alle in der Gefängnisbibliothek noch vorhandenen seriösen Bücher verschlungen. Als in der DDR studierter Lehrer konnte ich es jedenfalls in preußischer Geschichte und klassischer deutscher Literatur nicht mit ihm aufnehmen. Sein Faktenwissen und das Repertoire auswendig gelernter Texte waren erheblich größer als das meine. Mancher seiner Weggefährten aus der SED redete später Honecker klein, um sich selbst zu erhöhen.

Bundeskanzler Schmidt bemerkte nach den Gesprächen am Werbellinsee 1981, das alles, was ihm seine Mitarbeiter an Fakten aufgeschrieben hätten, damit er es im Gespräch verwenden konnte, Honecker im Kopf gehabt habe. Willy Brandt zeigte sich nach seinem Treffen mit Honecker 1985 ebenfalls von diesem angetan. Auf einer internationalen Pressekonferenz erklärte er, dass er »als Person und in seiner politischen Arbeit nur gewinnen würde, wenn der Meinungsaustausch zwischen Erich Honecker und ihm auch eine Fortsetzung finden könnte. Das wäre angesichts der Rolle der DDR in Europa und angesichts der Bedeutung und der Erfahrungen Erich Honeckers von großem Gewicht.«[46]

Die Frage, ob das alles immer auch ehrlich gemeint war oder nur Pfeile in Richtung Moskau waren, um dort Zweifel an der Bündnistreue der DDR zu schüren, kann nur spekulativ beantwortet werden, was ich aber nicht möchte.

Ich liebe den Begriff nicht, aber Honecker verfügte über eine bestimmte Bauernschläue. Er hat stets bestritten, dass es einen Zusammenhang zwischen dem von Strauß eingefädelten Kredit und dem Abbau der Minen am bayerischen Teil der Außengrenze der Warschauer Vertragsstaaten gab. Was er tatsächlich mit Strauß vereinbart hatte, wussten nur die beiden selbst. Einen Dolmetscher brauchten sie ja nicht. Das Politbüro vertraute in dieser heiklen Angelegenheit Honecker.

Die sowjetische Führung unterstellte ihm, nicht die Wahrheit zu sagen. Die sowjetischen Militärs waren erzürnt, dass Honecker mit Vertretern des potenziellen militärischen Gegners über den Abbau von Grenzsicherungsanlagen an der Trennlinie der beiden Militärbündnisse ohne Moskauer Mandat verhandelt habe. Schließlich ging der pioniermäßige und technische Ausbau der Grenze auf den Befehl des Oberkommandierenden der Gruppe der sowjetischen Streitkräfte in Deutschland, Marschall Iwan S. Konew, vom 14. September 1961 zurück. Konew, ein erfahrener Heerführer des Zweiten Weltkrieges, war 1961/62 von Nikita S. Chruschtschow für die Realisierung der Maßnahmen um den 13. August in die DDR geschickt worden. Honecker habe, so die sowjetischen Militärs, nicht nur eigenmächtig gehandelt, sondern auch gegen die Regeln im Bündnis verstoßen.

Aus meiner Sicht hatten die sowjetische Führung und ihre Militärs Recht.

Die Grenzsicherung war eine Bündnisfrage, die nur durch einen gemeinsamen Beschluss aller Partner hätte modifiziert werden können. Die sowjetische Seite widersetzte sich auch lange der Absicht Honeckers, die Minen an der Grenze zu Bayern zu räumen. Der Sekretär des Nationalen Verteidigungsrates der DDR, Fritz Streletz, musste wiederholt zwischen Berlin und Moskau pendeln, um im Auftrag Honeckers die sowjetische Seite zu überzeugen, dem DDR-Vorschlag zu folgen. Das war für den Generaloberst eine schwierige Aufgabe.

Die NVA der DDR war seit 1956 immer ein »Musterschüler« im Warschauer Vertrag, wie die Bundeswehr bei der NATO. Plötzlich begann die DDR – auf deren Territorium sich die stärkste sowjetische Gruppierung mit annähernd 500 000 Soldaten befand – eigenmächtig und ohne vorherige Abstimmung mit der Sowjetunion gemeinsame militärstrategische Entscheidungen zu korrigieren. Und das auch noch mit Strauß! Verteidigungsminister Dmitri F. Ustinow, Generalstabschef Nikolai W. Orgakow und Wiktor G. Kulikow, Oberkommandierender der Vereinten Oberkommandos des Warschauer Vertrages, brachten gegenüber Streletz in scharfen Worten die Missbilligung der sowjetischen Führung zum Ausdruck.

Erich Honecker hatte in dieser Angelegenheit viel gewagt und gewonnen, aber bei den sowjetischen Militärs an Autorität verloren. Erst fast fünf Monate nach dem Treffen Honeckers mit Strauß meldete Verteidigungsminister Heinz Hoffmann am 12. Dezember 1984: »Die Sperranlagen mit Splitterminen sind auf einer Länge von 450 km vollständig abgebaut worden. 38 km Erdminensperren wurden geräumt.«[47]

Der politische Streit darüber, dass Honecker angeblich nicht die Wahrheit gesagt habe, flackerte noch einmal 1987 auf, nachdem veröffentlicht worden war, was Strauß in München zu Honecker bei dessen Staatsbesuch in der BRD gesagt hatte: »Die Signale der DDR für guten Willen, so die großzügigen Reisegenehmigungen, die Amnestie für Straftäter, die Abschaffung der Todesstrafe, zu der sich noch nicht einmal Frankreich habe entschließen können, seien verstanden worden. Die Grenzlage sei weiterhin ruhig, die Grenzabfertigung korrekt und zügig, auch die Grenzsperranlagen seien verändert worden.«[48]

Eine dramatische Konfrontation im Sommer 1984

Im Juni 1984 tagten in Moskau die Spitzen aller Mitgliedsstaaten das Rates für Gegenseitige Wirtschaftshilfe (RGW). Honecker hatte mich in die kleine DDR-Delegation aufgenommen. Der Umstand, dass ich am Konferenztisch rechts neben ihm saß, obwohl ich nach dem Alphabet dort gar nicht hingehörte, ließ die westlichen Medien mich zu Honeckers »Kronprinzen« erklären.

Als wir in den Georgij-Saal des Kremls geführt worden waren, hatte mich ein beklemmendes Gefühl übermannt. Die Atmosphäre wirkte gespenstisch. Einige Delegationen saßen bereits um den großen viereckigen Verhandlungstisch. Sie blieben auch sitzen, als sie uns sahen. Es erfolgte keine Begrüßung, kein Händeschütteln. Ich konnte mich nicht erinnern, jemals eine solche Steifheit erlebt zu haben. Aus der DDR war sie mir unbekannt.

11.30 Uhr öffneten sich die großen Flügeltüren des Sitzungssaales. Das Politbüro der KPdSU erschien. Tschernenko konnte kaum allein gehen, Gorbatschow und Ministerpräsident Tichonow stützten ihn. Nachdem die sowjetische Delegation ihre Plätze am Konferenztisch eingenommen hatte, setzten auch wir uns. Tschernenko rang um Luft, er war sichtlich krank und hinfällig. Fahrig suchte er etwas in seinen Akten, vermutlich seine Begrüßungsrede.

Etliche Blätter segelten zu Boden, Gorbatschow bückte sich und sammelte sie ein.

Honecker schaute mich betroffen an. Auch ihm schien dies alles unangenehm zu sein. Nachdem wir uns gesetzt hatten, beugte er sich zu mir und flüsterte: »Peinlich, nicht wahr?«

Ich nickte.

»Du musst unbedingt aufpassen«, mahnte er, »dass uns Ähnliches niemals passiert.« Als Honecker in eben jenem Alter war und zudem krank, hatte er seine Mahnung offensichtlich vergessen.

In einer Sitzungspause kam Marschall Ustinow auf mich zu. Er gehörte als Verteidigungsminister der UdSSR dem Politbüro an. Der 75-Jährige – in der Zeit des Großen Vaterländischen Krieges war er Rüstungsminister – lud mich zu einem Glas Tee ein. Ich freute mich.

»Also, Genosse Krenz«, begann der Marschall das Gespräch, »Sie sind im Politbüro der Jüngste. Sie müssen einmal das Erbe übernehmen. Sehen Sie nicht, dass Ihr Chef schon alles verspielt?«

Ich war konsterniert. Worauf wollte er hinaus? Wenn es eine Prüfung meiner Loyalität zu Honecker sein sollte, war diese unnötig. Oder wollten mich die Freunde ins Vertrauen ziehen? Ich hatte in Moskau studiert, sprach einigermaßen Russisch, die Sowjetunion war meine zweite Heimat. Als ich Sekretär des Zentralkomitees geworden war, hatte mir Honecker die Routinekontakte mit dem sowjetischen Botschafter in Berlin übertragen. Fast jeden Sonnabend kam Kotschemassow zu mir nach Hause. Ich informierte ihn über jede Sitzung des Politbüros. Die Situation in unserer Parteiführung war dadurch in Moskau bestens bekannt. Ich war also durchaus ein Mann Moskaus, jedenfalls im ideologischen Sinne. Doch die Frage des Marschalls irritierte mich völlig.

Ustinow, vier Jahre älter als Honecker, musterte mich aufmerksam und nippte an seinem Teeglas. Dann legte er nach: »Meinen Sie nicht, dass die Zeit Ihres Generalsekretärs abgelaufen ist? Wollen Sie dies nicht in Ihrem Politbüro besprechen?«

Nun wurde mir einiges klar: Sie wollten Honecker loswerden! Mich überraschte diese Direktheit. Auf ein solches Thema war ich nicht vorbereitet. Diplomatisch antwortete ich: »Erich Honeckers Autorität ist groß. Ich kenne niemanden im Politbüro oder im Zentralkomitee, der ihm das Vertrauen entziehen würde.« Honecker stand 1984 tatsächlich im Zenit seiner politischen Laufbahn. Selbst wenn ich und andere es gewollt hätten (was damals im Übrigen nie in Erwägung gezogen wurde) – er wäre nicht zu stürzen gewesen.

Ustinow war von meiner Antwort erkennbar enttäuscht und verabschiedete sich bald mit den Worten: »Denken Sie über unser Gespräch nach.«

Das tat ich. Es kostete mich mehrere Nächte, in denen ich kein Auge zubekam. Ich konnte schließlich mit niemandem außer mit meiner Frau Erika darüber sprechen.

Unmittelbar nach dem Gespräch mit Ustinow traf ich auf dem Flur Honecker. Er kam von einem Gespräch mit Parteichef Tschernenko. Dieser habe ihm unter vier Augen gesagt, dass die Sowjetunion ihre Rohstofflieferungen an die DDR in den Jahren 1985 bis 1990 auf dem bisherigen Niveau fortsetzen werde, berichtete mir Honecker. Das war für uns eine lebenswichtige Entscheidung.

Um eine Vorstellung von der Bedeutung dieser Zusage zu bekommen, nenne ich hier die Fakten, die hinter dieser Mitteilung standen. Die DDR sollte in den nächsten fünf Jahren jährlich erhalten: 17,1 Millionen Tonnen Erdöl (in den siebziger Jahren waren es noch 21 bzw. 19 Millionen Tonnen gewesen), 7,9 Milliarden Kubikmeter Erdgas, 2,2 Millionen Tonnen Walzstahl, 0,9 Millionen Tonnen Roheisen, 1,3 Millionen Kubikmeter Schnittholz, 1,8 Milliarden Kilowattstunden Elektroenergie, 105 000 Tonnen Aluminium, 39 500 Tonnen Kupfer, 66 000 Tonnen Ferrolegierungen, 12 500 Tonnen Blei, 98 000 Tonnen Zellstoff, 103 000 Tonnen Papier, 85 000 Tonnen Baumwolle. Ferner würden wir aus der Sowjetunion Lkw, Pkw, Flugzeuge, Maschinen und Ausrüstungen, elektrotechnische und elektronische Erzeugnisse und Waffen bekommen. Nicht geschenkt, sondern bezahlt mit hochwertigen Waren, auch Konsumgütern.

Ich freute mich über diese Mitteilung, Honecker hingegen gab sich zurückhaltend. Tschernenko habe ein Junktim hergestellt: Die Rohstofflieferungen seien an unsere Zusage gebunden, keine ungerechtfertigten Zugeständnisse an die BRD zu machen. Tschernenko habe erklärt, es sei ihm unverständlich, dass sich die DDR gegenüber revanchistischen und nationalistischen Tendenzen in der BRD neutral verhalte. Er sehe keinen Grund für eine »gesamtdeutsche Koalition der Vernunft«. Außerdem verstehe die sowjetische Führung nicht, dass er, Honecker, seinen 1983 abgesagten Besuch in der Bundesrepublik nun in diesem Jahr nachholen wolle, und habe ihn aufgefordert, davon Abstand zu nehmen.

Und?

Honecker hob die Achseln. Er machte auch in der Folgezeit keine Anstalten, den Freunden entgegenzukommen. Die Situation spitzte sich zu.

Nachdem wir wieder in Berlin waren, ließ er im Politbüro beschließen, dass ich ihn während seines Urlaubs vertrete und an seiner Stelle die Sitzungen der Parteigremien und des Staatsrates leiten solle.

Ausgerechnet jetzt!

Nicht unerwartet kam aus Moskau die sowjetische Reaktion auf Honeckers Kompromisslosigkeit. Vom *Allgemeinen Deutschen Nachrichtendienst* (ADN), der DDR-Nachrichtenagentur, erhielt ich die Mitteilung, dass am 27. Juli in der *Prawda*, dem Organ des ZK der KPdSU, ein Artikel mit der Überschrift »Im Schatten amerikanischer Raketen« erschienen sei. Er enthalte scharfe Attacken gegen die revanchistische Politik der BRD, in Wirklichkeit aber richte sich der Angriff an die Adresse der DDR. Das für Medien zuständige Politbüromitglied lehnte auf Nachfrage die Veröffentlichung in der DDR ab. Ich rief daraufhin Honecker in seinem Urlaubsort an, er hatte aber schon – was ich nicht wusste – mit

Joachim Herrmann besprochen, dass der Artikel in unseren Zeitungen *nicht* veröffentlicht werde.

Das sei nicht gut, sagte ich, nachdem er mich seine Ablehnung hatte wissen lassen.

»Wieso?«, fragte Honecker.

»Viele bei uns können Russisch«, antwortete ich, »Sie lesen den Artikel im Original. Sie werden nicht verstehen, dass sie ihn nicht im *Neuen Deutschland* finden, wo wir doch sonst alle wichtigen Beiträge nachdrucken.«

Honecker verstummte. Ich hatte wiederholt schon bemerkt: Wenn er sich einer Sache nicht ganz sicher war, schwieg er zunächst und stieß dann innerhalb von Sekunden eine bereits getroffene Entscheidung um.

»Wenn du meinst, es sei richtig, das dumme Zeug zu veröffentlichen, dann veranlasse es.«

Dummes Zeug? Das überhörte ich geflissentlich und war froh, mich in der Sache durchgesetzt zu haben.

Bundeskanzler Kohl missdeutete den Artikel auf ganzer Linie, er verstand ihn als sowjetische Kampagne gegen die Bundesrepublik. Journalisten der *Washington Post* zeigten sich jedoch klüger als der westdeutsche Regierungschef. Am 28. Juli schrieben sie: »Obwohl der Artikel als scharfe Kritik an der Regierung Kohl kaschiert ist, haben Diplomaten hier eine klare Missbilligung der ostdeutschen Bemühungen entdeckt, in einer Zeit anhaltender Ost-West-Spannungen die Entspannung zwischen beiden deutschen Staaten zu fördern.« Und weiter hieß es: »Einige Analytiker gehen davon aus, dass die verbesserten Beziehungen Ostdeutschlands zu Bonn wegen der Auswirkungen auf andere Staaten des Sowjetblocks echte Besorgnis in Moskau hervorrufen.«

Nachdem der Artikel im *Neuen Deutschland* veröffentlicht worden war, gab es in der Öffentlichkeit ein ziemlich kontroverses Echo. Bei Bürgern, die gelernt hatten, auch zwischen den Zeilen zu lesen, überwog Kritik an der SED-Führung. Soweit sei es nun gekommen, hieß es, dass sich die DDR und die Sowjetunion öffentlich in die Haare kriegten.

Das entsprach bei vielen nicht dem idealisierten Bild von der Sowjetunion und unseren »brüderlichen Beziehungen«, welches wir verbreiteten.

Die erste Aufregung hatte sich noch nicht gelegt, als die *Prawda* einen zweiten, noch schärferen Artikel nachschob.

Honecker rief mich am frühen Morgen an. Freundlich, aber bestimmt sagte er im Vorgriff: »Diesmal hast du bei mir kein Glück. Ich werde nicht wieder in die Knie gehen. Diese Unverschämtheit aus Moskau wird bei uns nicht veröffentlicht!«

Trotzdem wurde auch dieser Beitrag bekannt. Im Westen waren beide Artikel bzw. die Kernbotschaften verbreitet worden. Die DDR-Bürger holten sich ihre Informationen täglich aus den elektronischen bundesdeutschen und in diesem Falle – sofern sie russisch konnten – auch aus sowjetischen Medien. Die Situation spitzte sich derart zu, dass Honecker eine Aussprache mit dem KPdSU-Politbüro forderte, um die Meinungsverschiedenheiten beizulegen.

Bevor Honecker nach Moskau flog, rief er Günter Mittag und mich zu sich. Er übergab uns den Entwurf seiner Ausführungen für die Aussprache in Moskau, die sein persönlicher Mitarbeiter Frank-Joachim Herrmann vorbereitet hatte. Zu dritt saßen wir in seinem Arbeitszimmer und überarbeiteten das Manuskript. Danach eröffnete er uns, wer ihn nach Moskau begleiten werde: Hermann Axen, Kurt Hager, Erich Mielke und einige Fachleute. »Eigentlich wollte ich euch beide mitnehmen, doch ihr müsst hier die Arbeit machen.« Und dann legte er nach: »Ihr seid nicht kampferprobt genug!«

Was meinte er damit?

Honecker klärte uns auf. »Axen hat die Hölle von Buchenwald und Auschwitz durchlebt, Hager unter Einsatz seines Lebens in Stuttgart verhindert, dass Hitler auf einer Großkundgebung reden konnte, und Mielke kennen sie bestens. Ihnen können sie nicht vorwerfen, wir würden vor dem Gegner in die Knie gehen.«

In Moskau kam es zu einer äußerst scharfen Konfrontation, die ohne Beispiel war. Den schwerkranken Generalsekretär Tschernenko hatten sie aus einem Sanatorium von der Krim nach Moskau geholt. An seiner Seite saßen sein Stellvertreter Gorbatschow, Verteidigungsminister Ustinow, KGB-Chef Tschebrikow und ZK-Sekretär Russakow. Tschernenko trug eine von Deutschlandpolitikern der KPdSU ausgearbeitete Erklärung vor, die an Deutlichkeit nichts zu wünschen übrigließ. Darin wurde Honecker beschuldigt, die gemeinsam abgestimmte Politik der Warschauer Vertragsstaaten verlassen zu haben.[49]

Wie kritisch die Situation war, sollen einige Auszüge aus der Rede des sowjetischen Generalsekretärs zeigen. »Die hier *(gemeint ist Europa – E. K.)* in militärischer, ökonomischer und ideologischer Hinsicht wirkende Hauptkraft ist die BRD, der Vollstrecker der Politik Reagans auf unserem Kontinent. Die Doppelzüngigkeit und die militärische Tendenz in der Politik der BRD stellen alles in den Schatten, was in Bonn unter Adenauer getan wurde. Bonn und Washington handeln in voller Übereinstimmung. Die USA stationieren neue Raketen in Europa, rufen einen Kreuzzug gegen den Sozialismus aus, stellen die Realitäten der Nachkriegsentwicklung in Frage. Bonn erklärt die deutsche Frage für offen und fordert offiziell die Grenzen von 1937, spricht von besonderen gesamtdeutschen Beziehungen. Es verstärken sich die Aktionen, die darauf gerichtet sind, die sozialistische Ordnung in der DDR zu unterminieren.«[50]

An anderer Stelle warnte Tschernenko: »Wie sich die Beziehungen zwischen der DDR und der BRD gestalten, […] berührt direkt die Interessen der Sowjetunion und der sozialistischen Gemeinschaft.«[51]

Die Zugeständnisse der DDR an Bonn – Erleichterungen im Besucherverkehr, darunter Einreisen von Kindern aus der BRD – seien vom Standpunkt der inneren Sicherheit der DDR zweifelhaft. Und schließlich: »Was Ihren Besuch in der BRD betrifft, Genosse Honecker, möchten wir Ihnen sagen, dass die sowjetischen Kommunisten es positiv aufnehmen würden, wenn Sie in der entstandenen Lage von dem Besuch Abstand nehmen.« Wenn es wirklich zu einer Annäherung mit der BRD käme, würde das allen sozialistischen Ländern großen Schaden zufügen. Das würde die »Sicherheit der Sowjetunion und der gesamten sozialistischen Gemeinschaft« berühren.

Marschall Ustinow sprach Honecker direkt an: »Ich möchte eine Sache hier offen – damit nichts unausgesprochen bleibt – sagen: Es fehlt Ihnen an Härte in den Beziehungen mit der BRD.« Und er legte nach: »Wir möchten darauf aufmerksam machen, dass mit den größeren Möglichkeiten des Zutritts von Bürgern der BRD zur DDR die Gefahr der Spionage steigt. Wir fragen Sie, ob, wenn man das Tor weiter aufmacht, keine Auswirkungen auf die Soldaten entstehen?«[52]

Honecker reagierte auf die Vorhaltung. »Es gibt nur wenige Bürger der DDR, die keine Verwandten in der BRD haben. Das muss man sehen, und was die Kinder aus der BRD betrifft, die zu uns kommen, so werden die uns nicht umschubsen, und die Rentner, die von uns nach drüben fahren, kommen alle wieder zurück.«[53] Und was seine Reiseplanungen beträfe: »Es ist Sache der SED über (meinen) Besuch in der BRD zu entscheiden.«[54]

Wenn man über das Verhältnis von Gorbatschow und Honecker nachdenkt, darf man nicht außer Acht lassen, wie sich der zweite Mann in der KPdSU-Führung in dieser speziellen und auffallend harten Auseinandersetzung über die Entspannungspolitik 1984 verhielt. Nicht nur an diesem Tisch. Er war persönlich auch für die beiden *Prawda*-Artikel verantwortlich.

Gorbatschow forderte Honecker zum Einlenken auf, »damit keine Risse entstehen, denn solche sucht der Gegner«.[55] Und er verwies auf westliche Quellen. »Selbst der italienische Botschafter in Washington hat aus seinen Gesprächen im State Department die Schlussfolgerung abgeleitet, dass in

Osteuropa im Zusammenhang mit dem Besuch des Genossen Honecker in der BRD sich neue Prozesse vollziehen«, erklärte Gorbatschow, »dass die Politik der Differenzierung Ergebnisse zeigt. [...] Bönisch erklärte in der *Bild*-Zeitung, dass die deutsche Frage offen sei.« Schließlich meinte er: »Als die Raketen aufgestellt wurden, die Sozialdemokraten der Stationierung zustimmten, haben wir erklärt, dass, wenn nichts geschieht, ein neues Moment in der Lage entsteht und dass es nicht so weitergehen kann wie vorher. [...] Und was geschieht jetzt? Die Kontakte werden erweitert, Ihr Besuch wird vorbereitet, es werden Kredite gewährt. Das vereinbart sich nicht mit unseren Erklärungen.«

Der fast zwei Jahrzehnte jüngere Gorbatschow nannte diese Form der Zurechtweisung des älteren Honecker verharmlosend einen »Uhrenvergleich«.

Honecker hingegen hatte sich gerade von Gorbatschow Unterstützung für seinen Kurs der »Schadensbegrenzung« erhofft. Die Unterstützung war ausgeblieben. Mehr noch: Gorbatschow hatte sich als Wortführer der Kritiker zu erkennen gegeben. Das führte zum Vertrauensbruch zwischen beiden, den Honecker nie mehr verwinden sollte. Für ihn war es mehr als eine Zumutung, dass ein sowjetischer ZK-Sekretär sich bei einer deutschen Boulevard-Zeitung bediente, um die deutsche Frage zu erörtern.

Fehldiagnosen in der Bundesrepublik

Eben jenes Massenblatt hatte nach dem zweiten Artikel in der *Prawda* in großen Lettern gefragt: »Stürzt Honecker, bevor er uns besucht?«[56] Die *Bild* sah Anzeichen, dass »die Falken im Kreml Egon Krenz als Nachfolger des 71-jährigen Honecker durchsetzen wollen«. Der »Kreml-Experte« Prof. Wolfgang Leonhard analysierte: »Der kränkelnde Parteichef Tschernenko hat das Heft nicht fest in der Hand. Die Falken – von Außenminister Gromyko und Verteidigungsminister Ustinow geführt – fürchten eine deutsch-deutsche Annäherung. [...] Honecker setzt auf die gemäßigten Kräfte um Ministerpräsident Tichonow und Politbüromitglied Gorbatschow. Sie wollen den Ost-West-Konflikt mildern. Sie befürworten den Honecker-Besuch.«

Damit lag Leonhard nun wirklich daneben. Mich hingegen beunruhigte die Bemerkung, dass mich »die Falken im Kreml« angeblich zu Honeckers Widerpart gemacht hatten oder dieses vorhätten. War da in Moskau jemand vorlaut gewesen? Gab es Leute, vielleicht sogar beim KGB, die bundesdeutschen Diensten durchgestochen hatten, was Ustinow vor einigen Wochen mit mir beim Tee über die Causa Honecker besprochen hatte?

Was da hinter den Kulissen geschehen war, werde ich vermutlich nie erfahren – es sei denn, ich darf irgendwann meine Akten beim BND, beim Verfassungsschutz oder dem ehemaligen KGB einsehen.

Die Analyse von Leonhard war in manchen Punkten weit weg von der sowjetischen Realität. Tschernenko war tatsächlich schwerkrank und befand sich zur Erholung auf der Krim. Er hatte vorab keine Kenntnis von den *Prawda*-Artikeln, auch Tichonow und Gromyko hatten sie erst in der Zeitung gelesen. Eine »Fraktion«, die Honeckers Deutschland-Politik unterstützt hätte, gab es zu jener Zeit in Moskau nicht. Den Vorsitz in Politbüro und Sekretariat des ZK der KPdSU führte schon damals Michail S. Gorbatschow, er allein verantwortete darum beide Artikel. Und niemand in der Moskauer Führung, da irrte Leonhard auch, befürwortete den Besuch Honeckers in der BRD. Im Sommer 1984 gab es im dortigen Politbüro keine »gemäßigten Kräfte«, auf die sich Honecker hätte stützen können. Es existierte eine geschlossene Front, die gegen die Verbesserung der Beziehungen zwischen der DDR und der BRD stand.

Die Abkanzelung im Kreml traf Honecker tief. Verstanden und angenommen hat er die Kritik nie. In der Bewertung der Situation lagen beide Seiten nicht einmal auseinander. Das eigentliche Problem war, wie wir aus der Falle, die die NATO mit der Raketenstationierung gestellt hatte, herauskommen konnten – und da existierten unterschiedliche Überlegungen, die jedoch nicht diskutiert wurden. Das alles hatte sehr viel mit der Stagnation in der Sowjetunion zu tun. Als Breshnews Beauftragter Konstantin W. Russakow uns 1982 die Nachricht übermittelte, dass von der zwischen unseren Staaten vereinbarten Erdölmenge mindestens zwei Millionen Tonnen gestrichen werden müssten, erwiderte Honecker, dies säge am Lebensnerv der DDR. Der ZK-Sekretär Russakow antwortete, Breshnew habe geweint, als er den Beschluss über die Kürzung unterschrieben habe. In der Sowjetunion sei es zu einem großen Unglück gekommen. Man sei jetzt in einer Situation wie 1918 Sowjetrussland. 1918 ging es bekanntlich um Sein oder Nichtsein der Sowjetmacht. Um welches »Unglück« es sich Anfang der achtziger Jahre handelte, wurde weder erläutert noch nachgefragt. War's eine Metapher, oder hatte es tatsächlich eine Katastrophe gegeben, was war damit gemeint? Niemand von uns im Politbüro wollte damals wahrhaben, dass es wirklich so schlecht um die Sowjetunion stünde.

Wenn ich heute die umfangreichen Notizen analysiere, die ich während meiner Tätigkeit im Politbüro anfertigte, komme ich zu dem Schluss: Beide Seiten hatten Angst, dass die deutsche Karte gespielt werden könnte. Gorbatschow misstraute Honecker, dass er hinter dem Rücken der Sowjetunion mit der BRD kungelte. Und Honecker misstraute Gorbatschow, dass die DDR Opfer sowjetischer Großmachtinteressen werden könnte. Honecker lebte in einem tiefen Konflikt, den nur er allein hätte lösen können. Er war einerseits stark mit der Sowjetunion verbunden, wusste, was Deutschland ihr zu danken hatte, achtete Breshnew und Andropow und glaubte an die Freundschaft unserer Völker. Gleichzeitig aber hatte er von der Bevormundung durch bestimmte sowjetische Partner genug. Mit zunehmender Amtszeit wehrte er sich dagegen, ohne die Frage in Moskau jemals direkt anzusprechen.

Ein ähnliches Problem, mit anderen Vorzeichen, hatte er mit der Bundesrepublik. Er hat nie daran gezweifelt, dass sie lieber heute als morgen die DDR schlucken würde, weshalb er die Abgrenzungspolitik gegenüber dem westdeutschen Staat begründete. Eben deshalb empfand er die ständigen Forderungen aus dem Kreml nach verstärkter Abgrenzung als überzogen und anmaßend.

Diese innere Zerrissenheit führte zu vielen Missverständnissen zwischen Berlin und Moskau, die vor allem Honecker zu verantworten hatte.

Der verlorene Kampf um die Olympischen Spiele

Zu allem Unglück kam ausgerechnet 1984 noch ein weiteres Thema auf die Tagesordnung, das von der Grundsatzdebatte nicht zu trennen war. Es war das Jahr der Olympischen Spiele. 1980 hatten die USA, die Bundesrepublik und andere westliche Staaten die olympischen Spiele in Moskau boykottiert.[57]

Das war nicht nur eine bittere Enttäuschung für die Sportler, die nicht teilnehmen durften. Für Moskau, erstmals Gastgeber einer Olympiade, war dies eine Demütigung, die die Sowjetbürger nie vergaßen. Honecker hatte mich damals mit einem großzügigen Angebot nach Bonn geschickt: Die DDR sei bereit, einen Jugendaustausch zwischen der DDR und der Bundesrepublik in nie gekanntem Umfang zu realisieren, wenn die Bundesrepublik an den Olympischen Spielen in Moskau teilnehmen würde. Juso-Chef Gerhard Schröder und ich veranstalteten in Bonn eine Pressekonferenz, auf der er die Sportler der Bundesrepublik zur »Zivilcourage und zur Teilnahme an der Olympiade in Moskau« aufforderte. Dafür steckte er viel Medienschelte ein. Egon Bahr, Bundesgeschäftsführer der SPD und Vertrauter von Bundeskanzler Helmut Schmidt, teilte mir im Namen seines Regierungschefs mit: Der Olympiaboykott sei für die Bundesrepublik gegenüber dem Boykottpaket der USA das vorteilhafteste und billigste Entgegenkommen. Die USA verlangten nämlich auch den ökonomischen Boykott Moskaus. Dem wolle sich Schmidt aber nicht anschließen, das käme die Bundesrepublik zu teuer. Im Widerstand gegen einen ökonomischen Boykott war Bundeskanzler Schmidt wesentlich mutiger als

Angela Merkel heute.[58] Sein Herz für die Sportler dagegen war eng. Ich fand zwar die Begründung zynisch, vor allem auch deshalb, weil man verhinderte, dass Tausende Jugendliche ins Nachbarland hätten reisen können. Wieder einmal ein Beispiel, dass Menschenrechte unerheblich sind, wenn sie nicht ins politische Kalkül passen. Es war für mich eine Lektion. Bahr hatte deutlich gemacht: Wir würden gern fahren, aber die Amerikaner erlauben es uns nicht. Die Bundesrepublik hatte sich 1980 den USA in Treue gebeugt und damit die olympische Charta verletzt.

In eine solche Situation wollten wir vier Jahre später auf keinen Fall kommen.

Die DDR-Sportführung fürchtete, dass sich der sowjetische Sportverband 1984 ähnlich verhalten könnte wie die USA 1980. Anfang 1984 hatte sie deshalb den sowjetischen Sportchef nach Berlin eingeladen. Wir wollten erfahren, wie er über die Teilnahme an den Olympischen Spielen in Los Angeles dachte. Ich bekam den Auftrag des Politbüros, mit Moskaus Vertreter darüber zu sprechen. Kurz vor Beginn des Gesprächs hatte mir Honecker einen von ihm handschriftlich verfassten Zettel ins Verhandlungszimmer reichen lassen. Darauf stand: »1. Die DDR hält jeden Missbrauch des Sports für politische Zwecke für schädlich. 2. Die DDR wird nach Los Angeles fahren. 3. Ein Boykott der Spiele stellt die Zukunft der Olympischen Bewegung in Frage.«

Nachdem wir schon bei den Winterspielen im jugoslawischen Sarajevo mit jeweils neun Gold- und Silber- sowie sechs Bronzemedaillen Platz 1 der Nationenwertung belegt hatten, wollten wir nun auch bei den Sommerspielen die USA auf eigenem Territorium überholen.

Der Gast aus Moskau antwortete auf meine Frage, niemand in der Sowjetunion denke daran, die Spiele in den USA zu boykottieren. Die sowjetischen Sportler würden sich siegessicher in die »Höhle des Löwen« begeben.

Doch Anfang Mai 1984 schickte das Zentralkomitee der KPdSU an Honecker ein formloses Fernschreiben, das von niemandem unterschrieben worden war. Die lapidare Mitteilung lautete: »Das Nationale Olympische Komitee der Sowjetunion hat beschlossen, dass die Teilnahme der sowjetischen Sportler an der XXIII. Sommerolympiade in den USA aus Sicherheitsgründen nicht möglich ist.« Angefügt war ein moralischer Appell: Die sowjetischen Sportler hätten in der Vergangenheit immer mit dem DDR-Sport Solidarität geübt. Nun erwarte man Gleiches von der DDR.

Genau dieser Satz brachte manchen von uns in Gewissensnöte, denn: Die Solidarität auch mit den sowjetischen Sportlern stand bei uns außer Frage. Der DDR-Sport wäre ohne die jahrzehntelange Unterstützung durch die Sowjetunion undenkbar gewesen. Dessen waren wir uns bewusst.

Honecker erklärte mir nach dem Telegramm, er wisse von Nicolae Ceausescu, dass Rumänien trotzdem nach Los Angeles fahren werde. »Der macht es richtig.«

Er ließ sich in meiner Anwesenheit über seinen WTsch-Apparat[59] direkt mit dem rumänischen Staats- und Parteichef verbinden. »Ja, wir fahren!«, versicherte Ceausescu. Und Honecker antwortete: »Wir auch.«

Mir war nicht wohl. Mit Rumänien gegen Moskau? Das war nach meiner Ansicht nicht gut. »Erich«, fragte ich vorsichtig, »halten wir das wirklich durch?«

Er parierte die Frage mit der zutreffenden Feststellung: »Du bist Sekretär des ZK der SED und nicht der KPdSU.«

Ich widersprach nicht, schlug aber vor, dass der Leiter der Abteilung Sport im ZK, der Präsident des DTSB und ich alle Argumente zusammentrügen, die gegen den Boykott der Spiele sprachen, um dann ein entsprechendes Schreiben an Tschernenko zu entwerfen. Ich hatte immer noch, weiß Gott warum, die heimliche Hoffnung, die sowjetische Führung könne sich angesichts des Drucks aus mehreren Ländern und mit unseren guten Argumente noch umstimmen lassen. Außerdem vertraute ich auf Gorbatschow, in dessen Zuständigkeit auch der Sport gehörte. Noch war die sowjetische Absicht, *nicht* an den Olympischen Spielen in Los Angeles teilzunehmen, nicht öffentlich, also eine Korrektur ohne Gesichtsverlust möglich.

Am Abend des gleichen Tages übergab Honecker in der Pause der Festveranstaltung zum Tag der Befreiung in der Deutschen Staatsoper das von uns ausgearbeitete Positionspapier an Sowjetbotschafter Kotschemassow. Es war eine solide Begründung dafür, dass es aus sportlichen wie politischen Gründen falsch sei, den Spielen fernzubleiben. Der Botschafter versprach, dass dieses Papier trotz des Feiertages in Moskau anderntags auf den Schreibtischen von Tschernenko und Gorbatschow liegen würde.

Die Zeit verstrich. Am 22. Mai passierte etwas, was ich bis dahin für unmöglich gehalten hatte: Aus Moskau kam ein Schreiben. Aber nicht etwa von Honeckers Kollegen Tschernenko. Es war auch keine direkte Antwort auf unsere Stellungnahme. Es handelte sich – ohne Anschreiben oder Bezug auf unseren Einwand – um die Kopie eines Briefes des KPdSU-Generalsekretärs an den Generalsekretär der Kommunistischen Partei Frankreichs, George Marchais. Dieser hatte, wie zu erkennen war, die sowjetische Führung ebenfalls gebeten, ihre Entscheidung noch einmal zu überdenken.

In seiner Antwort teilte der sowjetische Staats- und Parteichef dem französischen Genossen mit, dass die USA die Olympische Charta verletzten, die olympischen Traditionen missachteten und Terror gegen die Sportler aus der Sowjetunion und anderen sozialistischen Ländern schürten. Die Olympiade wäre Bestandteil des Kreuzzuges gegen den Kommunismus, der von der Reagan-Administration verfolgt würde. Unter den Bedingungen dieser antisowjetischen Psychose könnten sowjetische Sportler an den Olympischen Spielen nicht teilnehmen.[60]

Für Honecker war klar: Das war nicht der Stil von Tschernenko, sondern der von Gorbatschow. Wie ich später erfuhr, hatte er mit seiner Vermutung Recht.

Wir teilten in einigen Punkten die sowjetische Sorge. Schließlich hatte selbst die gesetzgebende Versammlung des

US-Bundesstaates Kalifornien beschlossen, alles zu tun, damit sowjetischen Sportlern die Teilnahme verwehrt würde. Zudem hatte US-Präsident Reagan zuvor die Sowjetunion »als Reich des Bösen« bezeichnet und zur Liquidierung des Sozialismus aufgerufen: »Wir werden ihn abschließen als ein trauriges, bizarres Kapitel der Geschichte, dessen letzte Seiten eben geschrieben werden. Wir werden uns nicht damit abgeben, ihn anzuprangern, wir werden uns seiner entledigen.«[61]

Das war nun wahrlich keine Einladung zum friedlichen sportlichen Wettstreit.

Wir wollten offensiv reagieren und die USA im eigenen Land sportlich schlagen. Wir wollten nicht Gleiches mit Gleichem vergelten. Wir waren 1980 aktiv *gegen* einen Boykott der Spiele in Moskau gewesen. Genauso wollte die DDR auch 1984 gegen einen Boykott in den USA sein.

Um uns nicht gänzlich vor den Kopf zu stoßen, gab es einen Kompromiss. Keinen sportlichen. Auch keinen fairen. Aber ein verlockendes Angebot. Kurz bevor unser Politbüro beschließen sollte, dass die DDR trotz Fernbleibens anderer Staaten nach Los Angelas fahren würde, brachte Günter Mittag die Information aus Moskau mit: Man habe noch einmal nachgedacht, ob man der DDR die seit langem zusätzlich gewünschte Menge von zwei Millionen Tonnen Erdöl liefern könne. Unter großen Schwierigkeiten wäre dies wahrscheinlich möglich. Es gebe da aber noch die Bitte: Die DDR möge sich mit den sowjetischen Sportlern solidarisieren. Solidarität gegen Erdöl – das war kein sportlicher Vergleich, es entsprach auch nicht den sozialistischen Idealen. Es war eine Entscheidung gegen unsere Sportler, die sich gern dem friedlichen Wettstreit mit der Sportjugend der Welt gestellt hätten.

Auch wenn die DDR den Spielen in L. A. 1984 fernblieb: Das Internationale Olympische Komitee belohnte Honeckers Engagement. Juan Samaranch, Präsident des Internationalen Olympischen Komitees (IOC), kam 1985 nach Berlin und verlieh ihm als erstem deutschen Staatsoberhaupt die höchste Auszeichnung des IOC, den »Olympischen Orden« in Gold.

Hoffnungsträger gewählt

Am 11. März 1985 kam ich wie an jedem Tag gegen 7.40 Uhr in mein Büro am Werderschen Markt. Schon im Vorzimmer hörte ich, dass mein WTsch-Apparat klingelte. Es meldete sich Erich Mielke, der Minister für Staatssicherheit. Er atmete tief und war merklich erregt. »Genosse Tschernenko ist verstorben.«

Ich antwortete etwas ungeschickt: »Der Westen hat aber noch nichts berichtet.«

»Dafür sage ich dir das. Er ist bereits gestern Abend verschieden. Sobald alle ZK-Mitglieder informiert und in Moskau eingetroffen sind, wird die offizielle Mitteilung veröffentlicht.«

Mielkes Genossen vom KGB hatten ihn also vorab ins Bild gesetzt, noch bevor das Zentralkomitee und die ausländischen Parteiführungen offiziell informiert worden waren.

Mir blieben noch knappe 90 Minuten, ehe Honecker im Haus sein würde. Ich bereitete eine Vorlage für eine bei solchen Anlässen übliche Sondersitzung des Politbüros vor. Als mein Chef sein Büro betrat, wartete ich bereits im Vorzimmer mit dem Entwurf eines Nachrufes für den Verstorbenen.

Honecker war noch ahnungslos. Als ich ihm berichtete, zeigte er sich betroffen. Ich hatte damit gerechnet, dass er gelassener, gleichgültiger reagieren würde. Schließlich hatten uns die beschränkte Handlungsfähigkeit und die Sprachlosigkeit, die seit Jahren in Moskau herrschten, in arge innen- und außenpolitische Schwierigkeiten gebracht. Ich hatte jedoch vergessen, dass Honecker nur ein knappes Jahr jünger war als der Verstorbene. Möglicherweise wurde ihm in diesem Moment bewusst, dass es auch ihn jeden Tag treffen könnte.

Als er sich gefasst hatte, sagte er leise: »1982 Breshnew, 1984 Andropow und nun Tschernenko. Innerhalb von nur drei Jahren drei Generalsekretäre zu verlieren, das wird auch die KPdSU nicht verkraften.«

Ich ahnte in diesem Moment nicht, wie Recht er haben sollte. In den Jahren der Stagnation unter Breshnew wurde das Land faktisch nicht geleitet, nicht einmal gut verwaltet, seither blieb es in der Entwicklung zurück.

Bevor Honecker und ich zur eilig einberufenen Sondersitzung des Politbüros gingen, entschied er, dass ich ihn zu den Trauerfeierlichkeiten in Moskau begleiten sollte. Einen Tag später saß ich innerhalb nur eines Jahres zum zweiten Mal in einem Sonderflugzeug, das uns zur Beisetzung eines Generalsekretärs der KPdSU flog. Als wir in Berlin starteten, hatten wir keine Ahnung, wer der Neue im Kreml sein würde. Das hatte selbst Mielke nicht herausbekommen. Ein Zeichen, dass die Sache offenbar noch nicht entschieden war. Honecker ließ sich auf keinerlei Spekulation ein.

Als ich nach einer Stunde Flug in die Kabine der uns begleitenden außenpolitischen Experten ging, erlebte ich dort eine hitzige Diskussion. Im Gespräch für eventuelle Kandidaten waren der Moskauer Parteisekretär Grischin, Ministerpräsident Tichonow, Außenminister Gromyko, der 1. Sekretär des Leningrader Gebietes Romanow und der Ukrainer Stscherbitzki. Niemand hatte Gorbatschow auf dem Zettel. Er schien wohl allen zu jung für diese Funktion zu sein.

Später, in Moskau, hörte ich gerüchteweise, Gorbatschow habe es sehr eilig mit der Einberufung des ZK-Plenums gehabt – noch bevor Wladimir Stscherbitzki von seiner Auslandsreise aus den USA zurückgekehrt war, sollte entschieden werden. Der ukrainische Parteichef hätte gute Chancen gehabt, gewählt zu werden, hieß es. Als wir im Landeanflug waren, kam über Funk die Nachricht: Gorbatschow ist zum Generalsekretär gewählt worden.

Ich kehrte zurück in Honeckers Kabine und überbrachte ihm die Neuigkeit. Dabei schaute ich ihm ins Gesicht und entdeckte keinerlei emotionale Regung. »Hoffentlich geht das gut«, sagte er. Mehr nicht.

Meine Mitarbeiter hatten mir vor dem Abflug aus Berlin eine Mappe mit den Biografien aller sowjetischen Spitzenpolitiker übergeben. Ich griff also in meine Aktentasche, nahm den Lebenslauf Gorbatschows heraus und las vor, was ich über den Neuen in den Akten hatte.

Gorbatschow hatte eine makellose Entwicklung genommen. Leitende Funktionen im Jugendverband Komsomol und bis 1978 Parteisekretär der Region Stawropol am Rande des Kaukasus. 1978 holte ihn Breshnew persönlich als hoffnungsvollen Kader nach Moskau, wo er eine besondere Förderung durch KGB-Chef Andropow erfuhr. Im Sekretariat der KPdSU trug er zunächst die Verantwortung für die Landwirtschaft. Schon wenige Monate später wurde er Kandidat und 1980 Mitglied des Politbüros der KPdSU, dem er nunmehr unter drei Generalsekretären angehört hatte. In dieser Zeit wurden die folgenschweren Entscheidungen für den Einmarsch in Afghanistan und den Kriegszustand in Polen getroffen. Erinnert wurde an Gorbatschows Besuch in Großbritannien im Dezember 1984. Obwohl nur ein Mitglied des Politbüros (von elf) wurde er im Vereinigten Königreich wie der Staatschef der Sowjetunion empfangen. Über das Fernsehen kam ein neuer Typ sowjetischer Politiker in die Wohnstuben von Millionen Menschen. Das offensichtliche Charisma dieses Mannes lenkte die Aufmerksamkeit der Welt wieder stärker auf Vorgänge in der Sowjetunion.

Auf dem Flugplatz in Moskau wartete an der Gangway Außenminister Andrej A. Gromyko. Er begrüßte uns herzlich, informierte, dass er Gorbatschow für die Funktion vorgeschlagen habe und das Plenum seinem Vorschlag gefolgt sei. Dann machte er eine Pause, wir bildeten einen Kreis um ihn herum, und er sprach ganz leise, flüsterte: »Eigentlich hätte man auch mich wählen können.« Doch, so der 75-jährige Politiker, der schon mit Stalin 1945 in Potsdam am Tisch gesessen hatte, er habe uns nicht zumuten wollen, in einem

Jahr schon wieder zu einer Beerdigung nach Moskau kommen zu müssen.

Willi Stoph, einer der Treuesten der Treuen der Sowjetmacht, sagte in seiner trockenen Art: »Hast du das gehört? Der hat uns gerade erzählt, dass nicht der Beste, sondern der Jüngste gewählt worden ist.«

So hatte ich Gromyko zwar nicht verstanden, aber ich gebe zu: so konnte man es auch interpretieren.

Gromyko hatte fast dreißig Jahre lang in verschiedenen Funktionen gedient. Von Stalin bis Tschernenko. In seiner Rede vor dem ZK hatte er Gorbatschow einen »Menschen von starken kommunistischen Überzeugungen« und einen »Mann mit klarem und tiefem Verstand« bezeichnet, der das »Pulver trocken halten« würde. Ich war voller Hoffnungen und auf der Seite Gorbatschows. Heute weiß ich: Nicht nur ich habe mich in diesem Mann getäuscht. Gromyko würde sich wohl im Grabe umdrehen, erführe er, dass die Sowjetunion sechs Jahre nach seinem Eintreten für Gorbatschow nicht mehr existierte. Doch das steht schon auf einem anderen Blatt.

Für mich begann der erste Amtstag Gorbatschows mit einem inneren Konflikt. Zwar verstand ich die sowjetischen Positionen, weil ich in meiner Moskauer Zeit auch gelernt hatte, ein wenig wie ein Russe zu denken. Doch ich war in einer Funktion, in der DDR-Interessen den Vorrang hatten. Als sich die Wagenkolonne, die uns vom Flugplatz zur Residenz auf den Leninbergen bringen sollte, in Bewegung setzte, sprangen zwei Männer in mein Auto.

Generalsekretär Gorbatschow habe erfahren, hob einer der Zugestiegenen an, dass sich Helmut Kohl und Erich Honecker in Moskau treffen würden.

Ich war überrascht, wie schnell sich das herumgesprochen hatte. Dabei wussten doch nur die Mitglieder unserer Delegation, dass der Bundeskanzler am Vortag Honecker angerufen und um ein Gespräch gebeten hatte. Kohl begründete seinen Vorschlag damit, dass niemand in Deutschland verstehen würde, wenn er und Honecker sich in der sowjetischen

Hauptstadt aus dem Weg gingen. Das klang vernünftig und logisch.

Nun hatte ich aber ein Problem in Gestalt dieser beiden Emissäre, welche von mir erwarteten, Honecker davon zu überzeugen, sich mit Kohl nicht zu treffen. Man dürfe nicht so tun, als herrsche zwischen den beiden deutschen Staaten Normalität, erklärten sie das Ansinnen. Kohl dürfe nicht dafür belohnt werden, dass er die Geschäfte der USA in Europa besorge. Wenn er mit Honecker reden wolle, dann solle er in die DDR fahren. Außerdem habe der gerade gewählte Generalsekretär Gorbatschow noch keine Konzeption, wie es in der deutschen Frage weitergehen solle. Bevor ein solches Konzept nicht vorliege und mit der DDR abgestimmt sei, wäre ein Treffen zwischen Kohl und Honecker in Moskau nicht gewünscht.

Gorbatschows Bote schloss mit Nachdruck: Im Zentralkomitee der KPdSU rechne man mit meiner Unterstützung, dass Honecker das Treffen mit Kohl absagt.

Was der Mann gerade sagte und Gorbatschow offensichtlich dachte, fand ich durchaus nachvollziehbar. Jedoch: Honecker hatte gegenüber Kohl einem Treffen bereits zugestimmt – da konnte er wohl kaum noch absagen.

Ich fragte: »Und mit welchen Argumenten, Genosse, soll ich meinen Generalsekretär überzeugen?«

Ich notierte mir die dann folgenden Hinweise noch am gleichen Tage in Moskau, so dass ich sie korrekt wiedergeben kann. »Wir haben im ZK der KPdSU noch unter Genossen Andropow die Beziehungen zwischen der BRD und der DDR analysiert. Eure Aktivitäten gegenüber Westdeutschland sind mit den Interessen der Sowjetunion nicht immer identisch. Ihr geht immer öfter eigene Wege, die wir nicht mehr verstehen. Ihr baut eure Beziehungen zu Westdeutschland aus, ohne klare politische Forderungen an Bonn zu stellen. Hat sich denn Bonn etwa bewegt in der Anerkennung der Staatsbürgerschaft der DDR? Nein. Trotzdem geht ihr Kohl auf den Leim. Ihr verfolgt gegenüber der BRD egoistische Interessen.

Offiziell redet ihr von Abgrenzung, tatsächlich aber rückt ihr immer näher an die BRD. Ihr sagt, dass ihr das deutsch-deutsche Verhältnis aus internationalen Krisen heraushalten wollt. Wahr ist aber, dass amerikanische Raketen von deutschem Boden die Sowjetunion erreichen können. Ihr seid dabei, unsere abgestimmte Politik aufzugeben. Die BRD verstärkt ihre nationalistischen Töne, was letztlich die Grundlagen der Existenz der DDR in Frage stellt. Eure Politik der Öffnung bringt dem Westen mehr Vorteile als euch.«

Das waren im Wesentlichen die Vorhaltungen, die uns in den vergangenen Jahren immer wieder – gewiss mit unterschiedlichen Worten – von Breshnew, von Andropow und von Tschernenko gemacht worden waren. Es gab also erkennbar Kontinuität.

Gegen 15.30 Uhren trafen wir in unserem Quartier ein. Die Residenz befand sich am Stadtrand von Moskau, unweit der berühmten Lomonossow-Universität. Die Partei- und Staatschefs der anderen sozialistischen Staaten stiegen ebenfalls hier ab. Kaum dass ich meinen Mantel ausgezogen hatte, bat mich Honecker, in Berlin nachzufragen, ob es neue Nachrichten gebe. Ich nahm den Hörer seines WTsch-Apparats ab und verlangte die Zentrale. Dort herrschte offensichtlich Chaos, ich hörte nur Stimmengewirr. Plötzlich war Gorbatschow in der Leitung, den ich nicht verlangt hatte. Eilig reichte ich den Hörer an Honecker weiter. Ein Dolmetscher am anderen Ende übersetzte, was Gorbatschow sagte: »Ich begrüße, umarme und küsse Sie brüderlich, Genosse Honecker. Ich möchte Ihnen sagen, dass sich unser ZK entschieden dafür ausgesprochen hat, unseren politischen Kurs konsequent weiterzuführen. Die KPdSU verfügt über ein einheitliches Zentralkomitee mit einem einheitlichen Kern, dem Politbüro, sowie über die einmütige Unterstützung ihrer Politik durch alle Werktätigen. Das Plenum unterstrich die Kontinuität der politischen Linie, des strategischen Kurses der Partei.«[62]

Diese inhaltlichen Aussagen gefielen Honecker. Er versicherte in seiner Entgegnung der KPdSU und ihm, Gorbatschow, die Solidarität der SED. Gorbatschow entgegnete: »Vielleicht sollten wir morgen nach der Beisetzung und nach dem Händeschütteln im Kreml ein Treffen der Führer der Parteien unserer Staaten durchführen. Ich betone das deshalb, damit wir auf diesem Treffen kurz, aber von einer prinzipiellen Position her, über die Frage des Warschauer Vertrages sprechen können.«[63]

Die Verlängerung des Vertrages[64] – er war im Mai vor dreißig Jahren geschlossen worden – schien offenkundig gegenwärtig sein wichtigstes Thema zu sein, keineswegs, wie Gorbatschows später behaupten sollte, die »Freiheit«, welche er den sozialistischen Ländern habe zurückgeben wollen.

Nach dem Telefongespräch informierte ich Erich Honecker über die Autofahrt und die Ansage der beiden Mitreisenden. Zu meiner Überraschung sagte er: »Die haben Recht!« Man solle Kanzler Kohl mitteilen, dass Gorbatschow ihn soeben und völlig überraschend zu einem Abendessen in den Kreml gebeten habe. Das würde die Gesprächsabsage legitimieren. »Wir können Gorbatschow jetzt nicht verstimmen. Er hat es schwer. Rede mit dem Protokollchef.«[65]

Der Zufall spielt uns allerdings einen bösen Streich.

Protokollchef Jahsnowsky teilte mir mit, dass Kohl schon auf dem Wege sei, er werde vermutlich gleich eintreffen.

Wie das, fragte ich irritiert, bis zum verabredeten Termin seien es doch noch zwei Stunden.

Genau das war mein Irrtum. Wir hatten auf unseren Uhren noch Berliner Zeit, und in Moskau war man bereits zwei Stunden weiter. Kohl und Honecker hatten 20 Uhr gesagt und Ortszeit gemeint. Es war bereits kurz vor 20 Uhr und keineswegs 18 Uhr, wie unsere Chronometer anzeigten. Das Treffen musste also stattfinden.

Die Freunde haben uns diese Erklärung nie wirklich abgenommen, sie hielten sie für eine Ausrede. Honecker habe die Initiative gegenüber der BRD übernehmen wollen, unterstellten sie, und darum Michail Gorbatschow nicht den Vortritt gelassen.

Als Kohl Honecker noch vertraute

Kohl war bester Stimmung, als er bei uns eintraf. Wüsste man nicht, um wen es sich handelte, konnte man meinen, da begegneten sich zwei alte Freunde, die Atmosphäre war von Anbeginn offen und freundlich. »Sie, Herr Honecker, habe ich als Partner kennengelernt, auf den immer Verlass ist. Seit meinem Amtsantritt habe ich eine Reihe von Schritten getan, an die meine Vorgänger nicht zu denken gewagt, geschweige denn unternommen hätten. Diese Entwicklung hat mir nicht geschadet, im Gegenteil.«[66] Kohl bescheinigte Honecker, nicht »raketensüchtig« zu sein. Wo auch immer man politisch stehe, ein Deutscher, der nicht den Verstand verloren habe, müsse nahe dem Ende dieses Jahrhunderts die Lektion der Geschichte begriffen haben. Die Frage sei, wie man sich unter verschiedenen ideologischen Verhältnissen, bei Respektierung des Standpunktes des anderen einrichten könne, um in einer menschlich vernünftigen Weise miteinander umzugehen. Jede Seite müsse für das Sicherheitsbedürfnis der anderen Seite Verständnis haben[67], erklärte Kanzler Kohl. Die Bundesrepublik Deutschland und die Deutsche Demokratische Republik hätten eine besondere Pflicht. Von deutschem Boden soll nie wieder Krieg, sondern Frieden ausgehen. Diesen Satz solle man ernst nehmen. »Ich glaube, wir beide tun das.«[68]

Während des Gespräches bereiteten wir eine Pressemitteilung über das Treffen vor. Kohl und Honecker gingen gemeinsam den Text durch. Von den 70 Zeilen blieben schließlich 37 übrig. Die hatten es aber, wie ich meine, in sich. Kohl und Honecker vereinbarten die Formel: »Die Unverletzlichkeit der Grenzen und die Achtung der territorialen Integrität aller Staaten in Europa in ihren gegenwärtigen Grenzen sind eine grundlegende Bedingung für den Frieden.«[69]

Es mag ein Treppenwitz der Geschichte sein: Zwölf Jahre später sollte eine Kammer des Berliner Landgerichts – bestehend aus drei jungen Richtern – eben diese Formel zum »ideologischen Schießbefehl« umdeuten und mich dafür sechseinhalb Jahre ins Gefängnis schicken. Sie hatten in 154 Verhandlungstagen den von ihnen so gewünschten ungesetzlichen »Schießbefehl« der DDR nicht finden können, weil es ihn nicht gab. Als Ersatz wählten sie die Formel aus dem Moskauer Treffen. Sollte das wirklich der »Schießbefehl« gewesen sein, dann hafteten Kohl und Honecker ebenfalls dafür: Sie hatten ihn schließlich gemeinsam formuliert.

Als sich am Abend des 12. März 1985 kurz nach 22 Uhr die beiden deutschen Spitzenpolitiker voneinander verabschiedeten, sah es ganz danach aus, als könnten die beiden gut miteinander. Entgegen den späteren Bekundungen Kohls nach 1990 schien er sich damals mit der Existenz der DDR abgefunden zu haben, weshalb er sich mit den Verhältnissen arrangierte. Darum war er erkennbar bemüht, zu Honecker ein gutes zwischenmenschliches Verhältnis aufzubauen und zu pflegen. Zeitweilig gelang dies auch. Kohl besuchte im Mai 1988 privat drei Tage die DDR, anschließend bedankte er sich bei Honecker für das Arrangement. Nach 1990 wurde die Gastfreundschaft der DDR in den Dreck gezogen. Übrig blieb, dass er von der Staatssicherheit rund um die Uhr überwacht worden sei – ohne zu erwähnen, dass der Personenschutz für ihn von der Sicherungsgruppe Bonn erbeten worden war.[70]

Die Folgen waren zwiespältig. Für die Beziehungen der DDR zu Bonn war das Treffen zweifelsfrei ein Gewinn. Es brachte Bewegung in die deutsch-deutschen Gespräche.

Für den neuen Mann im Kreml aber war es unverständlich, dass Honecker ihn nicht den ihm zustehenden Vortritt gelassen hatte. Die sogenannte deutsche Frage stand also von Anfang an zwischen Gorbatschow und Honecker.

Gorbatschow und die beschränkte Souveränität der Verbündeten

Nach den Trauerfeierlichkeiten lud Gorbatschow die Delegationsleiter aus den sozialistischen Ländern zu einer Zusammenkunft. Trotz des Anlasses, was fast makaber war, herrschte eine nahezu freudige und optimistische Stimmung. Alle schienen froh, dass mit Gorbatschow nach den Jahren des Stillstandes ein handlungsfähiger Politiker an die Spitze des Bündnisses gestellt worden war. Honecker teilte diese Erwartung und war erkennbar bereit, sich ungeachtet der persönlichen Kränkungen und früheren Meinungsverschiedenheiten vorbehaltlos auf den Neuen einzulassen. Gorbatschow tat auch alles, um von seinen Kollegen aus den sozialistischen Ländern angenommen zu werden. Er präsentierte sich als Gleicher unter Gleichen, weckte Vertrauen und wirkte sympathisch.

Allerdings zeigte er sich bei der Diskussion um die Verlängerung des Warschauer Vertrages wenig flexibel. Mit Entschlossenheit und ohne Berücksichtigung sachlicher Einwände etwa des rumänischen Staats- und Parteichefs Ceausescu fegte er alles vom Tisch, was seinen Vorstellungen widersprach. Gorbatschow wollte keineswegs die Blockdisziplin lockern, sondern stärken.

In Warschau wurde schließlich am 26. April 1985 das Protokoll über die Verlängerung des Warschauer Vertrages unterzeichnet, es war die erste außenpolitische Maßnahme von Generalsekretär Gorbatschow. Ich erlebte in der polnischen

Hauptstadt, wo die Zeremonie stattfand, seine Freude und die Genugtuung darüber, dass es ihm trotz des rumänischen Widerstands gelungen war, den Vertrag unter Dach und Fach zu bringen. Dieses Datum nannte er später »die zweite Geburt« der Militärkoalition.

Auch für Gorbatschow war damals der sozialistische Internationalismus die Grundlage der Beziehungen zwischen den osteuropäischen Staaten. Eine gemeinsame Ideologie und gemeinsame politische Interessen sollten unsere Staaten für immer verbinden. Auf einer internen Beratung der Bruderparteien im November 1986 bekräftigte Gorbatschow: »Erfolge sind nicht möglich, wenn sich nicht jede Partei sowohl um das eigene Interesse als auch um das gemeinsame Interesse sorgt.« Unsere gemeinsame Stärke liege in der »Klassensolidarität«.[71]

Das alles fand ich gut und richtig. Das war jedoch weit weg von seinem späteren Selbstlob, als Erstes nach seiner Wahl den sozialistischen Staaten 1985 »die Freiheit« ihrer Wahl gegeben zu haben.

Was Gorbatschow damals über die sozialistischen Länder sagte, hatten wir bereits von Breshnew 1969 auf der Internationalen Konferenz von 75 kommunistischen und Arbeiterparteien gehört, nämlich »die Prinzipien der Gleichberechtigung aller Länder des Sozialismus, ihre Souveränität und Unabhängigkeit sowie die Nichteinmischung in ihre inneren Angelegenheiten konsequent zu wahren«.[72] Verbal haben das alle KPdSU-Chefs gesagt, auch Gorbatschow. Das ist auch plausibel. Hätten sie etwa sagen sollen: Die anderen sozialistischen Länder sind unsere Satelliten? Wir bestimmen, was dort passiert!

Wir waren Bruderländer. Die UdSSR war nach unserem Verständnis der große Bruder und in gewisser Weise das Familienoberhaupt. Das waren die Regeln, die bis 1989 in der praktischen Politik nie außer Kraft gesetzt wurden.

Den Begriff »Breshnew-Doktrin« habe ich von Gorbatschow nie gehört, obwohl ich von 1985 bis 1989 auf allen

Beratungen des RGW oder des Warschauer Vertrages auf höchster Ebene dabei war. Das war damals auch für ihn eine West-Vokabel, mit der die Sowjetunion verleumdet wurde. Er hat sie erst benutzt, als es die Sowjetunion nicht mehr gab.

Dieser Begriff war vom Westen nach dem Einmarsch von Truppen des Warschauer Vertrages in die ČSSR 1968 erfunden worden. Moskau drohte angeblich nicht nur mit Intervention, sobald von seiner Linie gewichen wurde, sondern vollzog sie auch. Der vermeintlichen Doktrin zufolge war die Souveränität der einzelnen »Ostblockstaaten« begrenzt.

Diese Feststellung ist weder richtig falsch noch völlig richtig richtig. Wer sich einem Bündnis anschließt – das ist bei der NATO nicht anders, als es im Warschauer Vertrag war –, gibt einen Teil nationaler Souveränität an das Bündnis ab. Das liegt in deren Wesen.

Wie das im Westen funktionierte, verriet Egon Bahr 2009 in der Hamburger Wochenzeitung *Die Zeit*. Als Staatssekretär im Bundeskanzleramt hatte er im Herbst 1969 den zum Bundeskanzler gewählten Willy Brandt ziemlich wütend erlebt, als dieser ihm berichtete, ihm, dem Kanzler, seien drei Briefe zur Unterschrift vorgelegt worden. »Jeweils an die Botschafter der drei Mächte – der Vereinigten Staaten, Frankreichs und Großbritanniens – in ihrer Eigenschaft als Hohe Kommissare gerichtet. Damit sollte er zustimmend bestätigen, was die Militärgouverneure in ihrem Genehmigungsschreiben zum Grundgesetz vom 12. Mai 1949 an verbindlichen Vorbehalten gemacht hatten. Als Inhaber der unkündbaren Siegerrechte für Deutschland als Ganzes und Berlin hatten sie diejenigen Artikel des Grundgesetzes suspendiert, also außer Kraft gesetzt, die sie als Einschränkung ihrer Verfügungshoheit verstanden.« Und Bahr weiter: »Brandt war empört, dass man von ihm verlangte, einen solchen ›Unterwerfungsbrief‹ zu unterschreiben. Schließlich sei er zum Bundeskanzler gewählt und seinem Amtseid verpflichtet. Die Botschafter könnten ihn wohl kaum absetzen! Da musste er sich belehren lassen, dass Konrad Adenauer diese Briefe unterschrieben hatte und danach Ludwig Erhard und danach Kurt Georg Kiesinger.«[73] Dass aus den Militärgouverneuren inzwischen Hohe Kommissare geworden waren und nach dem Deutschlandvertrag nebst Beitritt zur NATO 1955 die Souveränität der Bundesrepublik Deutschland verkündet worden war, änderte daran nichts.

In der Bundesrepublik behängte man die DDR jahrzehntelang mit diffamierenden, diskreditierenden Etiketten. Mal waren wir »Moskaus verlängerter Arm«, mal »Agent des Kreml« und »Moskaus Befehlsempfänger« und so weiter. Als der Westen jedoch seine Zuneigung zu Gorbatschow und dessen Perestroika sowie Glasnost entdeckte, kritisierte man die DDR, weil sie vermeintlich auf Distanz zu ihm ging.

Ich habe mir aus all dem nie etwas gemacht. Ich stehe noch heute auf dem Standpunkt, dass die DDR wie die BRD souveräne Staaten waren. Es war vor allem Leonid Breshnew, der Anfang der siebziger Jahre viel für die internationale Anerkennung der DDR getan hat. Wir wurden von 134 Staaten der Welt völkerrechtlich anerkannt, waren Mitglied der UNO, zeitweilig auch des UNO-Sicherheitsrates, mit Peter Florin stellten wir 1987 den Präsidenten der Vollversammlung. Eingeschränkt wurde unsere Souveränität in allen Fragen, die Deutschland als Ganzes betrafen, in Berlin-Angelegenheiten, die durch das Vierseitige Abkommen geregelt waren, sowie als Mitglied im Warschauer Vertrag.

Interessant ist, dass die Partner in der Militärkoalition die DDR 1955 mit der Option aufgenommen hatten, dass sie jederzeit austreten könnte, wenn dies der deutschen Einheit dienlich wäre. Das heißt, die Einheit Deutschlands hatte damals Vorrang vor einer Zugehörigkeit der DDR zum östlichen Bündnis.

Walentin Falin behauptete Jahre später, der Generalsekretär habe Ende 1988 eine »Gorbatschow-Doktrin« verkündet. Damit sei die UdSSR von Überlegungen abgerückt, militärisch in Bruderstaaten einzugreifen. Wenn es diese Doktrin tatsächlich gegeben haben sollte, wurde sie vor dem SED-Politbüro, vor dem Botschafter der UdSSR in der DDR und vor den in der DDR stationierten sowjetischen Militärs geheim gehalten. Der politischen und der militärischen Führung der DDR ist sie nie mitgeteilt worden. Sowjetische Militärs sind der DDR gegenüber auch noch 1989 von gemeinsamen politischen und militärischen Interessen ausgegangen.

Ich gehöre zu den DDR-Bürgern, die nach 1945 mit einem durchweg positiven, heute würde ich sagen: mit einem idealisierten Bild von der Sowjetunion aufwuchsen. Wir waren Teil eines Bündnisses. Wir waren durch Freundschafts- und Beistandsverträge gebunden. Es war für mich normal, dass wir souveräne Rechte nur als Teil eines Ganzen wahrnehmen konnten. Ich sah die DDR nicht eingeengt in ihrer staatlichen Souveränität. Die Anwesenheit sowjetischer Truppen gehörte für mich wie selbstverständlich zu den Folgen des Zweiten Weltkrieges.

Honecker war in dieser Frage sensibler als ich.

Er stellte Gorbatschow wiederholt auf die Probe, und der verhielt sich gegenüber der DDR nicht anders als seine Vorgänger: Trotz Neuen Denkens hielt er die Zügel gewohnt fest in der Hand. Ein Beispiel: 1987 veröffentlichten die SED und die SPD das Papier »Der Streit der Ideologien und die gemeinsame Sicherheit«. Es ging darin um so wichtige Fragen wie die Friedenssicherung durch gemeinsame Sicherheit, den friedlichen Wettbewerb der Gesellschaftssysteme, die Notwendigkeit einer Kultur des politischen Streits und des Dialogs, um Neues Denken und Neues Handeln. Ich leitete die Sitzung des Politbüros, die das Dokument absegnete. Hauptautor der SED war Professor Otto Reinhold. Er hatte seine Ausarbeitung zuvor an Erich Honecker geschickt. Als Antwort hatte Honecker handschriftlich vermerkt: »Das ist ein historisches Dokument.« Obwohl es im Politbüro auch gegenteilige Stimmen gab, zum Beispiel von Alfred Neumann, wurde das Dokument einstimmig beschlossen.

Wir alle waren überzeugt, dass es Ausdruck des Neuen Denkens war und darum Gorbatschows Zustimmung finden würde. Umso erstaunter war ich, als Gorbatschows Vertrauter Jakowlew mir deswegen gehörig den Kopf wusch. Er habe seinen Sommerurlaub in der DDR genutzt, sagte er, um das Dokument zu lesen. Inhaltlich laufe es darauf hinaus, so der Erfinder der Perestroika, dass »sowjetische Machtansprüche kritisiert würden, während die US-amerikanische Konfrontations- und Hochrüstungsstrategie gegen die sozialistischen Länder nicht erwähnt werde«.[74]

Da ich dies zu widerlegen versuchte, meinte er gleichermaßen verärgert wie arrogant, er habe von der SED erwartet, dass sie mit der SPD auf marxistischer und nicht auf vulgär-marxistischer Grundlage rede. »Versuchen Sie, Genosse Krenz, dieses Manko auszugleichen. Sonst ist das Dokument das Papier nicht wert, auf dem es gedruckt wurde.«

Das war starker Tobak.

Was der Gorbatschow-Führung nicht passte, war also antimarxistisch.

Anfang November 1987 suchte mich Botschafter Kotschemassow auf. Wie immer die Höflichkeit in Person, in der Sache korrekt, aber konsequent. Das Politbüro der KPdSU habe sich mit dem Dokument befasst, teilte er mit. Es sei der Meinung, die SED habe zugelassen, die prinzipiellen Widersprüche, die es zwischen Kommunisten und Sozialdemokraten gebe, zu verwischen. Das Dokument suggeriere, dass es Koexistenz zwischen sozialistischer und kapitalistischer Ideologie geben könne.

Kotschemassow ließ eine etwas mehr als zwei Seiten lange Mitteilung der sowjetischen Bruderpartei zurück. Sie war diplomatisch verklausuliert, aber ließ keinen Zweifel daran, dass das SED/SPD-Dokument »Mängel enthält, die nach unserer Meinung hätten vermieden werden können. Wir sind bereit, unseren Standpunkt dazu beim bevorstehenden Meinungsaustausch mit den Genossen der SED darzulegen.«[75]

Die Hauptsorge der sowjetischen Führung bestand darin, dass Sozialdemokraten das Dokument nutzen könnten, »um ideologisch in die DDR einzudringen«. Diese Sorge war nach meiner Meinung nicht unbegründet, weil verschiedene Kräfte in der BRD und der DDR das SED/SPD-Papier nicht nur als Vereinbarung für den Dialog zwischen unterschiedlichen gesellschaftlichen Systemen interpretierten, sondern auch für die Innenpolitik der DDR.

Wir waren in einer fast tragischen Situation: Während Westmedien behaupteten, das Dialogpapier sei erst durch Gorbatschows Politik möglich geworden, erwies sich Gorbatschow selbst als dessen schärfster Kritiker.

Wenn ich bedenke, wie unwürdig die SPD nach 1990 mit ihrem eigenen Papier umgegangen ist, dann ist Gorbatschows Einschätzung von damals durchaus nachvollziehbar.

Die Widersprüche zwischen dem, was Gorbatschow öffentlich verkündete, und dem, wie er sich zur DDR und zu anderen sozialistischen Ländern verhielt, waren 1988 besonders krass. Die rumänische Führung hatte eine grundlegende Reform des Warschauer Vertrages vorgeschlagen. Bukarest wollte die militärischen und die zivilen Funktionen des Bündnisses trennen. Der Politisch Beratende Ausschuss[76] sollte sich künftig nur noch mit politischen, wirtschaftlichen und sozialen Fragen befassen. Die militärischen Angelegenheiten sollten Sache eines »Verteidigungsausschusses« werden, der aber nur beratende Funktion bekäme. Der Vorsitz in den Spitzengremien sollte auf der Grundlage jährlicher Rotation vergeben werden. Der Oberkommandierende des Warschauer Vertrages, seit 1955 ein sowjetischer Militär, sollte ein bis zwei Jahre im Amt bleiben. Generale oder Offiziere aller Vertragsstaaten würden abwechselnd den Oberbefehl übernehmen. Auch die Funktion des Obersten Befehlshabers der Streitkräfte des Warschauer Vertrages – traditionell besetzt durch den Generalsekretär der Führungsmacht – hätte rotiert.

Die Rumänen teilten Gorbatschow zur Begründung mit: »Die Reformen berücksichtigen die Wandlungen in Europa. Der Warschauer Vertrag kann sich auf diese Weise künftig auf die wirtschaftlichen, politischen und sozialen Fragen konzentrieren.«

Der sowjetische Außenminister Eduard Schewardnadse und Politbüromitglied Wadim A. Medwedew versuchten Anfang Juli 1988 in Moskau, Druck auf Rumänien auszuüben. Sie forderten die Zurücknahme der Vorschläge und dass Rumänien den anderen Bündnispartnern seine Reformvorschläge verschwiege. Die Rumänen bestanden jedoch darauf, dass ihre Vorschläge auf einer Sitzung des Politisch Beratenden Ausschusses am 15./16. Juli 1988 in Warschau behandelt würden. Gorbatschow teilte seine Ablehnung in einer geheimen Botschaft an die Bündnispartner – Rumänien ausgenommen – mit. Die DDR wurde verspätet informiert. Gorbatschow fürchtete, Rumäniens Vorschläge könnten in Warschau von Honecker unterstützt werden. Er witterte einen Eklat.

Niemals gab es in der DDR-Führung auch nur im Ansatz solch unsinnige Überlegungen, wie sie Bukarest formuliert hatte. Dennoch wartete Moskau mit der Übergabe des rumänischen Vorschlages an uns und seiner Gegenposition, bis Honecker im Urlaub weilte und ich amtierte. Ich bekam also die unangenehme Aufgabe zugewiesen, die Angelegenheit von Honecker bis zum Beginn der Tagung in Warschau fernzuhalten.

Ich ärgerte mich darüber, dass Gorbatschow uns zutraute, in Fragen der militärischen Sicherheit der Bündnispartner zu schwanken. Dennoch hatte ich verstanden: Ich sollte verhindern, dass Honecker sich mit Ceausescu verbündete.

Auch ich hielt die rumänischen Vorschläge für falsch. Sie waren angesichts der Strukturen der NATO für die DDR unannehmbar. Das war letztlich der Grund dafür, dass ich mich an den Moskauer Rat hielt, Honecker vorab keine Information in seinen Urlaubsort schicken.

Für mich war die Angelegenheit auch deshalb belastend, weil ich mich in einer anderen Sache, deren Klärung Honecker seit Jahren gefordert hatte, zum Bremser gemacht hatte: die Korrektur des Stationierungsabkommens der sowjetischen Streitkräfte auf dem Territorium der DDR vom

12. März 1957. Während Honecker der Meinung war, das Abkommen beinhalte für die DDR nur Nachteile und habe sich überlebt, meinte ich, wir sollten uns nicht unnötig noch weitere Schwierigkeiten in den Beziehungen zur Sowjetunion organisieren. Als Honecker sich nicht mehr hinhalten ließ, reichte Verteidigungsminister Heinz Keßler schließlich eine Analyse des Stationierungsabkommens ein. Er wies nach, dass sich wesentliche Dinge aus der Besatzungszeit erhalten hatten. Neben politischen Unkorrektheiten wurde dies besonders spürbar auf ökonomischem Gebiet. Durch Sonderkoeffizienten gab es bei der Umrechnung von Mark der DDR in transferable Rubel[77] eine versteckte Beteiligung der DDR an den Stationierungskosten der sowjetischen Truppen. Was die politische Seite betraf, gab es leider keine gemeinsamen Diskussionen, sondern einseitige drastische Festlegungen der sowjetischen Führung.

Ende Juni 1989 – mitten in der Urlaubsvertretung – erhielt ich eine Mitteilung aus Moskau an Erich Honecker, ein Exemplar auf Deutsch und eins auf Russisch. Ohne vorherige Konsultation wurde darin erklärt: »Die *Gruppe der Sowjetischen Streitkräfte in Deutschland* ist in *Westgruppe der sowjetischen Streitkräfte* umbenannt worden. Der Status dieser Truppen, wie er im Vertrag über die Beziehungen zwischen der UdSSR und der DDR vom 20. September 1955 und in den anderen bilateralen Vereinbarungen bestimmt wird, sowie die Rechte und Verantwortung, die sich aus den in der Kriegs- bzw. Nachkriegszeit erzielten und heute noch gültigen Vereinbarungen und Beschlüssen der UdSSR, der USA, Großbritannien und Frankreich ergeben, bleiben unverändert.«[78]

Selbst wenn die UdSSR 1988 bereit gewesen sein sollte, Bulgarien, die ČSSR, Polen, Ungarn und Rumänien in die volle Souveränität zu entlassen, so galt das für die DDR nicht. Sie war für die Sowjetunion immer ein Sonderfall. Jede sowjetische Führung berücksichtigte, dass mehr als 27 Millionen Sowjetbürger Opfer des Überfalls Hitlerdeutschlands auf die Sowjetunion geworden waren und Millionen Soldaten ihr Leben für die Befreiung ließen. Für die sowjetischen Militärs war die DDR Teil ihres Lebens, für den sie ihr Herzblut hingaben. Das schlug sich in den gegenseitigen Beziehungen nieder. Bis 1955 nahm der Hohe Kommissar der UdSSR in der DDR an den Sitzungen des SED-Politbüros teil. Jeder Beschluss dieses Gremiums konnte durch sein Veto außer Kraft gesetzt werden.

Für mich kam die Mitteilung, dass nunmehr »Deutschland« aus der Bezeichnung der Truppen getilgt war, nicht überraschend. Es war eine Antwort auf Honeckers jahrelanges Bemühen, die Rudimente der Besatzungszeit aus der Welt zu schaffen. Seit ich Sekretär des ZK war, habe ich mich wiederholt mit diesen Überbleibseln des Nachkrieges befassen müssen. »Hast du gelesen?«, fragte er mich einmal. »Die drei Westmächte beschuldigen uns der Störung ihres Flugverkehrs von und nach Berlin.«

»Ist doch nicht unsere Angelegenheit, dafür sind doch die Freunde zuständig«, reagierte ich.

»Richtig«, sagte er, »doch wer weiß das noch? Für die Bürger sind wir die Verantwortlichen, wenn der Luftverkehr gestört wird. Rede mit dem Oberkommando in Wünsdorf, die sollen mit ihren Kinkerlitzchen aufhören.«

»Kinkerlitzchen« nannte er die Rechte der Sowjetunion, die sie seit Kriegsende reklamierte und nun offenkundig einseitig verändert hatte, was auf der Westseite Verärgerung auslöste. Ausgerechnet ich, der die Alliierten-Rechte praktisch nur aus der Geschichte, zum Teil aus der Lektüre des Potsdamer Abkommens kannte, sollte daran kratzen. Ich fühlte mich bei dieser Sache nicht wohl.

Generaloberst Fritz Streletz sprach auf meine Bitte hin mit dem Chef des Stabes der Gruppe der sowjetischen Streitkräfte in Deutschland, Generaloberst Iwan Swiridow, über Honeckers Ersuchen. Danach vergingen Monate, ohne dass sich etwas änderte. Eines Tages suchte mich der sowjetische Botschafter auf. Er übergab eine Mitteilung aus Moskau, die für Erich Honecker bestimmt war. »Durch Beschluss des Alliierten Kontrollrates vom 30. November 1945 sind den USA, Großbritannien und Frankreich zur Versorgung ihrer in Westberlin stationierten Truppen auf dem Luftwege drei Flugtrassen über dem Gebiet der sowjetischen Besatzungszone zugestanden worden. In diesen drei Flugtrassen mit einer Breite von je 32 km ist das Fliegen der Flugzeuge der westlichen Besatzungsmächte in einer Höhe von 350 bis 2900 m erlaubt. Außerdem ist eine Berliner Kontrollzone mit einem Radius von 32 km für den An- und Abflug von bzw. nach Westberlin geschaffen worden. Nunmehr haben die sowjetischen Behörden festgelegt, dass die Flüge der Westmächte nur noch von 650 bis 3200 m zugelassen werden. Dies ist ausschließlich eine sowjetische Angelegenheit, über die die deutschen Freunde lediglich informiert werden.«

Honecker gab sich mit der Auskunft nicht zufrieden. Ich sollte mit der sowjetischen Seite besprechen, dass die in der DDR stationierten sowjetischen Truppen nicht mehr »Gruppe der sowjetischen Streitkräfte in Deutschland« heißen sollen. Deutschland, so argumentierte er, existiere nicht mehr. Es gibt zwei Staaten, und demzufolge müsse die Sowjetunion ihre Streitkräfte in der DDR umbenennen. Es wäre an der Zeit, sie »Gruppe der sowjetischen Streitkräfte in der DDR« zu nennen.

Moskau reagierte auf diesen Vorschlag zunächst nicht.

Dann kam Wiktor G. Kulikow, der Oberkommandierende der Streitkräfte des Warschauer Vertrages und Erster Stellvertreter des sowjetischen Verteidigungsministers, in die DDR. Der Marschall verbrachte in der Nähe Berlins den Sommerurlaub mit seiner Familie. An einem Wochenende, Honecker war nicht in Berlin, luden Kulikow und Armeegeneral Pjotr G. Luschew Fritz Streletz und mich zu einem Picknick nach Wünsdorf ein. Es war ein herrlicher Sommertag. Wir gingen spazieren, angelten, saßen an einer reich gedeckten Tafel und tranken zum Essen auch Wodka. In dieser entspannten Atmosphäre fragte mich der Marschall: »Kannst du nicht Genossen Honecker beeinflussen, damit die atmosphärischen

Störungen in unserem Verhältnis aufhören?« Was er meinte, war auch klar. »Es geht um unsere Rechte, die im Ergebnis des Zweiten Weltkrieges entstanden sind. Daran darf nicht gerüttelt werden. Unsere Soldaten sind nicht nur für die DDR zuständig, sondern für Deutschland. Ihre Rechte wird sich die Sowjetunion nicht nehmen lassen.«

Der Vorschlag, den Namen der Streitkräfte zu ändern, sei nicht zeitgemäß. Ich möge Genossen Honecker in diesem Sinne beeinflussen.

Ende Juni 1989 wurde die Bezeichnung der in der DDR stationierten sowjetischen Einheiten also doch geändert.

Aber nicht so, wie es Erich Honecker gewünscht hatte.

Geheimdienste stören – das Misstrauen wächst

Es war kurz vor dem 1. Mai 1985. »Komm doch bitte mal rüber«, meldete sich Honecker über die interne Hausleitung. Als ich sein Arbeitszimmer betrat, saß dort bereits Wolfgang Biermann, Kombinatsdirektor vom VEB Carl Zeiss Jena. Obwohl Kombinatsdirektoren normalerweise keinen Begleitschutz haben, hatte ich im Vorzimmer mehrere Personenschützer gesehen. Der Grund: Biermann hatte in seiner Aktentasche eine streng geheime Dokumentation über ein Projekt der Weltraumforschung. Die DDR war aktiv und insbesondere mit Jena am Interkosmosprogramm beteiligt.

Honecker beauftragte mich, unter meiner Aufsicht die Unterlagen ins Russische übersetzen zu lassen und diese mit seiner Visitenkarte persönlich dem sowjetischen Botschafter zu übergeben. Er wolle Gorbatschow eine Freude zum 1. Mai machen, sagte er. Nach dem Treffen mit Kohl vor einigen Tagen und der Verstimmung in Moskau bemühte er sich erkennbar um gut Wetter.

Ich erfüllte meinen Auftrag, verabredete mich mit Kotschemassow in der Botschaft Unter den Linden und übergab die geheimnisumwitterte Dokumentation.

Damit war für mich die Angelegenheit erledigt.

Am 14. Juni 1985 behauptete die *Bild*: »Krieg der Sterne: Europa streitet – Moskau handelt«.[79] In dem Beitrag wurde der CDU/CSU-Abrüstungsexperte Jürgen Todenhöfer mit der Aussage zitiert, dass der sowjetische Verteidigungsminister am 26. April 1985 seinen Kollegen aus dem Warschauer Pakt »Geheimaufträge« erteilt habe. Auch die DDR solle »kräftig mitmachen«, und zwar »in den Bereichen Fotoelektronik (Laser), Messtechnik und Feinmechanik«.

Sicher, wir waren an der Forschung über die friedliche Nutzung des Kosmos beteiligt, die naturgemäß auch militärisch genutzt werden konnte. Doch die Meldung war frei erfunden. Sie diente offensichtlich dazu, dem Vorhaben Reagans zur Rüstung der USA im Weltraum Unterstützung zu geben.[80]

Ich legte den Vorgang ab.

Das war jedoch verfrüht. Am 9. Juli 1985, vier Monate nach seiner Wahl, richtete Generalsekretär Gorbatschow einen persönlichen Brief an Honecker, seinen ersten. Streng geheim! Gorbatschow bezog sich darin auf Meldungen im Westen, wonach »die sowjetische Seite bereits konkrete Verträge mit Betrieben der DDR über den Beginn gemeinsamer Entwicklungsarbeiten zur Schaffung eines weltraumgestützten Raketenabwehrsystems abgeschlossen hat«.[81] Es sei notwendig, so Gorbatschow, alles zu tun, damit keine Situation eintrete, »in der Washington und Bonn die Möglichkeit erhalten, die Rechtmäßigkeit der Beteiligung der BRD an der Realisierung der amerikanischen Weltraumpläne unter Berufung auf die Beteiligung der DDR an analogen Arbeiten gemeinsam mit der Sowjetunion zu begründen«.

Honecker übergab mir den Brief mit der Bemerkung: »Das ist eine Provokation!«

Obwohl er selbst gelegentlich Meldungen aus der *Bild* überprüfen ließ, schimpfte er nun: »Die sind auf die Bildzeitung reingefallen. Unerhört, dass Gorbatschow sich das gefallen lässt.« Er erinnerte sich aber sofort daran, dass Gorbatschow sich bei der Auseinandersetzung 1984 auf die *Bild* gestützt hatte. »Da muss doch einer bei ihm Kontakte zur Bildzeitung unterhalten.«

Aber nicht nur das machte ihn wütend. Ihn verletzte die Tatsache, dass, las man Gorbatschow aufmerksam, dieser unterstellte, der Ursprung der Tatarenmeldung befände sich in der DDR. Eine undichte Stelle!

Ich hatte ein unwohles Gefühl. Schließlich war ich in unsere Kosmos-Forschung eingeweiht und hatte brisantes Material dem sowjetischen Botschafter übergeben. Honecker beauftragte mich, Kotschemassow einzubestellen und die Unterstellung Gorbatschows scharf zurückzuweisen.

Ich wollte jedoch nicht noch Öl ins Feuer gießen und rief, ohne die Protokollabteilung einzuschalten, Kotschemassow direkt an. Ich sagte ihm, dass ich gern eine Tasse Tee mit ihm trinken und ihm dabei eine Mitteilung von Freund zu Freund machen möchte. Er nahm das wörtlich und kam in Feierabendstimmung zu mir. Wir plauderten über dies und das. Erst zum Schluss sagte ich wie beiläufig: »Übrigens, was die Äußerungen von Todenhöfer in der *Bild* betrifft, so hat die DDR dazu keinen Anlass gegeben. Die Meldungen beziehen sich angeblich auf ›sowjetische Geheimdokumente‹. Die undichten Stellen müssen demzufolge in Moskau und nicht bei uns gewesen sein.«

»Ist das auch die Meinung des Genossen Honecker?«, erkundigte sich Kotschemassow.

Als ich bejahte, versprach er: »Ich werde die sowjetische Führung informieren.«

So weit war es nun also schon gekommen: Wir beschuldigten uns wechselseitig des Geheimnisverrats wegen einer Meldung in einer Boulevardzeitung! Trotz des neuen Generalsekretärs in Moskau existierte der alte Argwohn fort.

Am 1. September 1985, eine knappe Woche vor seinem 70. Geburtstag, kam Bayerns Ministerpräsident Strauß zur Herbstmesse nach Leipzig. Er wurde empfangen, als wäre er der Bundeskanzler. Im Leipziger Gewandhaus wurde ihm ein Ständchen gebracht, was auch im DDR-Fernsehen übertragen wurde. Strauß revanchierte sich mit moderaten Ausführungen zur DDR. Nach einem Gedankenaustausch mit Honecker über die Gefahren der Militarisierung des Weltraums durch die USA erklärte Strauß: »Der Abbau der Rüstungen auf der Erde ist die einzige Möglichkeit, den Aufbau der Rüstungen im Weltall zu verhindern.«

Mit dieser Ansage stellte Honecker den bayerischen Ministerpräsidenten in die Reihe der Rüstungsgegner. Strauß versuchte Honecker die Angst vor Reagan zu nehmen. »Der Mann kennt doch selbst nur die großen Verhandlungslinien. Im Detail steht er nicht im Stoff. Die Linie arbeiten vernünftige Leute aus, die auch Frieden wollen.«[82] Dies sandte Strauß auch als Botschaft an die sowjetische Führung, deren Sicherheitsbedürfnis er für übertrieben hielt. An den angeblich falschen Zahlenangaben Moskaus über Mittelstreckenraketen seien bisher alle Abrüstungsschritte gescheitert, so Strauß. Beide Seiten würden vom strategischen Gleichgewicht sprechen, aber jede verstehe darunter etwas anderes.

Honecker hatte diese Ausführungen mit wachem Verstand registriert. Fortan nervte er seine sowjetischen Gesprächspartner, darunter auch Gorbatschow, sie sollten *reale Zahlen* nennen. Als Gorbatschow dies Ende der achtziger Jahre endlich tat, meinte Honecker mit Genugtuung im Gespräch mit mir: »Daran haben Strauß und ich auch unseren Anteil.«

Strauß checkte in Leipzig geschickt Honeckers Einstellung zum KPdSU-Generalsekretär, der keine sechs Monate im Amt war. Ohne diplomatische Verrenkungen fragte Strauß direkt: »Wer eigentlich ist dieser Gorbatschow? Was will er? Kann man ihm trauen?«

Obwohl Honecker durchaus Vorbehalte gegenüber dem Kremlchef hatte, ließ er sich dies gegenüber Strauß nicht anmerken. Es kamen die üblichen Politikerworte: Er kenne Gorbatschow gut, beide verstünden sich ausgezeichnet, Michail Gorbatschow wolle für sein Volk das Beste und verhindern, dass die Welt einem atomaren Holocaust zum Opfer falle. Seit er im Kreml sitze, so Honecker weiter, sei viel Gutes in Bewegung gekommen. Die Sprachlosigkeit habe aufgehört und »damit ein gefährlicher Abschnitt in der internationalen Entwicklung«. Auch in den folgenden Jahren ließ sich Honecker nie hinreißen, gegenüber Politikern aus dem Westen auch nur ein schlechtes Wort über Gorbatschow zu verlieren.

Gorbatschow hingegen verlor sein Misstrauen gegenüber Honecker und dessen Gespräche mit BRD-Politikern nicht. Mitte Dezember 1985 – ich hatte gerade eine kleine Operation überstanden – besuchte mich Honecker im Krankenhaus.

Als er ins Krankenzimmer kam, las ich gerade die Bismarck-Biografie von Ernst Engelberg[83], was Honecker mit der Bemerkung kommentierte, es gebe den Vorschlag, den Autor mit dem Nationalpreis der DDR zu ehren. Was ich dazu meine?

Das Buch sei ausgezeichnet, antwortete ich, mir sei kein besseres über Bismarck bekannt. Engelberg sei einer der Großen unter den marxistischen Historikern unserer Zeit, er habe die Auszeichnung verdient.

»Ja«, entgegnete Honecker, »wir dürfen Preußen nicht der Reaktion überlassen«.

Diesen Gedanken äußerte er nicht zum ersten Mal. Diesmal hatte die Bemerkung einen konkreten Anlass. Er habe die Information erhalten, dass Nachfahren der Hohenzollern interessiert seien, die sterblichen Überreste von Friedrich dem Großen[84] nach Potsdam-Sanssouci zu überführen. »Meinst du, dass wir das machen sollten?«

Für mich sei das keine Frage, antwortete ich, womit ich sagen wollte: nur zu.

»Du in deinem jugendlichen Leichtsinn«, entgegnete er. »Was werden die Polen dazu sagen?«

Ich verstand den Zusammenhang nicht.

Es habe mit Warschau Ärger gegeben, als wir das Denkmal des Preußenkönigs in Berlin Unter den Linden aufgestellt haben, klärte er mich auf.

»Unser freundschaftliches Verhältnis zu Polen ist durch die Oder-Neiße-Grenze, nicht aber durch Friedrichs schlesische Kriege geprägt«, antwortete ich.

Ich würde die Kraft der Geschichte unterschätzen, meinte er, und erinnerte gleich noch an den autobiografischen Roman Hermann Kants »Der Aufenthalt«, in welchem dieser seine vierjährige polnische Kriegsgefangenschaft verarbeitete.

Die polnische Führung hatte moniert, dass darin die Rolle Polens im Zweiten Weltkrieg nicht richtig wiedergegeben war. Und als die von Frank Beyer bei der DEFA realisierte Verfilmung 1983 auf der Berlinale in Westberlin laufen sollte, protestierte Warschau derart energisch, dass die DDR den Film zurückziehen musste und nur noch in kleinen Studiokinos zeigen durfte. Dieser Vorgang fügte allen Beteiligten, insbesondere aber der DDR beträchtlichen Schaden zu, zumal Honecker, um nicht antipolnische Ressentiments zu schüren, es unterließ, die Intervention publik zu machen.

Und da war noch die Fährverbindung zwischen Mukran auf Rügen und Klaipeda in der Sowjetunion, die 1982 von der Paritätischen Regierungskommission DDR-UdSSR empfohlen und von Berlin und Moskau beschlossen worden war. Im Hafen Mukran sollten, wenn er denn im Oktober 1986 in Betrieb genommen werden würde, an jedem Tag bis zu 1250 Eisenbahnwaggons verladen werden. Etwa 20 bis 30 Prozent des Güterverkehrs zwischen der DDR und der Sowjetunion würden künftig über diese Verbindung laufen. Die Entscheidung war sowohl aus strategischen wie auch aus ökonomischen Gründen getroffen worden. Zum einen entfielen die ziemlich hohen Transitgebühren, zum anderen gab es wiederholt innenpolitische Konflikte in Polen, so hatte von 1981 bis 1983 dort Kriegsrecht gegolten. Auch aus militärischer Erwägung war eine solche Fährverbindung sinnvoll, die umfangreichen Militärtransporte zwischen der UdSSR und der DDR sollten besser nicht mehr über Land gehen.

Warschau ärgerte sich, dass wir diese Fährverbindung, die in ihrer Wahrnehmung zu ihren Lasten ging, auch noch »Brücke der Freundschaft« nannten.

Schließlich, fast am Ende unseres freundlichen Austausches über Preußen und Polen, Engelberg und Kant kam Honecker auf die soeben beendete RGW-Tagung in Moskau zu sprechen. »Stell dir vor«, sagte er, »der Gorbatschow hat beim Empfang den Stoph zur Seite genommen und ihm gesagt: Seid vorsichtig in eurer Außenpolitik. Erich, soll er gesagt haben, lasse sich von Kohl lobhudeln und auch von den Chinesen. Beide wollen die DDR in der Umarmung erdrücken. Das wäre zum Schaden der DDR. Die Beziehungen der DDR zu China dürften auf keinen Fall besser sein als die Beziehungen der Sowjetunion zu China. Und Stoph habe dazu noch genickt. Wäre Günter Mittag nicht dabei gewesen, wüsste ich von dieser Frechheit nichts.«

Honecker erwartete offensichtlich von mir, dass ich ihm beipflichtete, was ich nicht tat. Stattdessen sagte ich, durch den Charakter des Gespräches und der augenblicklichen Atmosphäre zur uneingeschränkten Offenheit verführt: »Vielleicht wäre es gut, wenn du Gorbatschow anrufst und ein Gespräch unter vier Augen mit ihm vereinbarst. Was er will, ist doch vernünftig.«

Honeckers Gesicht wurde ernst. Damit hatte er nicht gerechnet, dass ich »vernünftig« nannte, was Gorbatschow wollte.

»Ach, so denkst du«, sagte er. Nachdenklich saß er für kurze Zeit sprachlos in seinem Sessel. Ich hatte den Eindruck, für ihn brach eine Welt zusammen.

»Na«, flüsterte er, »dann werde mal bald gesund«, stand auf und verabschiedete sich rasch.

War diese spontane Reaktion an meinem Krankenbett nur eine Verstimmung oder war es der beginnende Bruch zwischen uns? Es war wohl beides. Zunächst wurde ich von der Liste der Teilnehmer am bevorstehenden Parteitag der KPdSU in Moskau gestrichen. Unterhielten Honecker und ich bis zu jenem Zeitpunkt freundschaftliche Beziehungen, beäugte er mich von nun an ziemlich misstrauisch. Allmählich ging an meiner Einstellung zum KPdSU-Generalsekretär unser enges Vertrauensverhältnis in die Brüche. Er verstand nicht, dass es mir nicht um die Person Gorbatschow, sondern um unser Verhältnis zur Sowjetunion ging, ohne die es für die DDR keine Zukunft geben würde. Sollte ich vielleicht bis dahin tatsächlich »sein Kronprinz« gewesen sein, so begann ab jetzt der Widerruf.

Wer heute meint, er habe Gorbatschow immer misstraut und den Zusammenbruch der DDR vorausgesehen, setzt Wissen über weltpolitische Zusammenhänge und Entwicklungen voraus, das wir damals nicht haben konnten.

Im April 1986 kam Gorbatschow zum XI. Parteitag der SED nach Berlin. Ich hatte auftragsgemäß das Besuchsprogramm vorbereitet. Der Apparat in Moskau und die Berliner Botschaft strichen den Besuch bei den Grenztruppen am Brandenburger Tor »aus Zeitgründen« aus dem von mir vorgeschlagenen Programm, aber Gorbatschow bestand darauf, an die Grenze zu gehen. Er begründete das damit, dass alle seine Vorgänger dort gewesen seien und er keine politischen Spekulationen provozieren wolle, bliebe er der Staatsgrenze fern. Einen Text, den seine Mitarbeiter für einen Eintrag ins Ehrenbuch der Grenztruppen der DDR vorbereitet hatten, verwarf er und formulierte selbst: »Am Brandenburger Tor kann man sich anschaulich davon überzeugen, wie viel Kraft und wahrer Heldenmut der Schutz des ersten sozialistischen Staates auf deutschem Boden vor den Anschlägen des Klassenfeindes erfordert. Die Rechnung der Feinde des Sozialismus wird nicht aufgehen. Das Unterpfand dessen sind das unerschütterliche Bündnis zwischen der DDR und der UdSSR sowie das enge Zusammenwirken der Bruderländer im Rahmen des Warschauer Vertrages. Ewiges Andenken an die Grenzsoldaten, die ihr Leben für die sozialistische DDR gegeben haben.

16.04.1986 M. S. Gorbatschow.«

Auf dem Parteitag zeigte er große Bereitschaft, von den Erfahrungen der DDR zu lernen. Während Honecker am Rednerpult den Rechenschaftsbericht des Zentralkomitees vortrug, steckten hinter ihm im Parteitagspräsidium Gorbatschow, Stoph und ich die Köpfe zusammen, weil Gorbatschow bestimmte Passagen aus Honeckers Rede näher erklärt haben wollte. Ich interpretierte, so gut ich es vermochte, wobei ich vielleicht eine Spur zu laut war. Das merkte Honecker, er kam aus dem Rhythmus. In der Pause meinte er gleichermaßen tadelnd wie doppeldeutig: »Egon, du solltest nicht immer hinter meinem Rücken reden.«

»Ich rede nie schlecht hinter deinem Rücken«, versuchte ich der Vorhaltung die Spitze zu nehmen.

Was hatten wir getuschelt? Da Stoph nicht russisch sprach, hatte sich Gorbatschow an mich gewandt und erklärt: »Egon, ich habe hier zwei Notizbücher. In das eine schreibe ich den Ablauf des Parteitages, in das andere alles, was ich auf dem Parteitag lerne. Letzteres ist bald voll.« Das war keine Höflichkeitsfloskel. Immer wieder wollte er von mir wissen, wie der Parteienpluralismus in der DDR funktioniert. »Wie macht ihr das mit der CDU, wie mit der DBD, mit der LDPD und NDPD? Wie organisiert ihr die Einheit von Wirtschafts- und Sozialpolitik? Wie arbeiten die Kombinate? ...« Es war anstrengend für mich, ihm in wenigen Worten die komplizierten Zusammenhänge zu erläutern. Und er schrieb eifrig in sein Notizbuch.

Die Parteitagsrede Gorbatschows war ausgewogen. Er setzte auf Harmonie. Umso erstaunter war ich, dass es im Vier-Augen-Gespräch am Abend des 20. April zwischen ihm und Honecker ziemlich undiplomatisch zuging. Honecker, der in der Regel auch in kritischen Situationen die Form wahrte, rief im Zorn aus, er könne angesichts von Gorbatschows Politik nicht mehr guten Gewissens erklären, dass die Losung »Von der Sowjetunion lernen, heißt siegen lernen« noch gelte.

Gorbatschow zeigte sich konsterniert und versuchte die Situation zu retten. »Erich, was wir jetzt in der Sowjetunion machen, habt ihr doch in der DDR mit dem VIII. Parteitag von 1971 längst hinter euch.«

Diese Formulierung nahm Honecker gern auf. Nach 1989 sollte sie als Ausdruck von Überheblichkeit interpretiert werden. Dabei besaß Gorbatschow das Urheberrecht.

Die Kontroverse ging so tief, dass Honecker die Einladung Gorbatschows zu einem gemeinsamen Abendessen in seiner Residenz in Schloss Niederschönhausen ausschlug. Meine

Frau Erika – Ehrenbegleiterin von Raissa Maximowna – war darüber empört. Sie und Günter Mittag – Ehrenbegleiter von Michail Sergejewitsch – saßen mit den beiden allein am Tisch. Die Atmosphäre sei frostig und Gorbatschow niedergeschlagen gewesen.

Tags darauf erfolgte die Abschlusssitzung des XI. Parteitages. Ich fuhr früh nach Berlin, um vor Honecker dort zu sein und von ihm als Erster zu erfahren, wie das Gespräch aus seiner Sicht verlaufen sei.

Honecker wirkte müde. Er habe die ganze Nacht nicht schlafen können, offenbarte er. Er habe sogar den Gedanken erwogen, dem Parteitag vorzuschlagen, einen anderen Genossen als ihn zum Generalsekretär zu wählen. Mit Gorbatschow komme er nicht mehr klar. Dessen Politik führe in den Ruin. Aber den kurzlebigen Gedanken seines Rücktritts wischte er gleich beiseite: Man könne die Partei jetzt nicht allein lassen.

Als wir mit den anderen Genossen des Politbüros in den Plenarsaal gingen, verflüchtigte sich seine Niedergeschlagenheit. Gorbatschow umarmte er, als hätte es den gestrigen Tag nicht gegeben. Im Saal waren alle davon überzeugt, dass zwischen beide kein Blatt Papier passe.

Es gab eine Niederschrift des Gespräches unter vier Augen, doch sie wurde dem Politbüro nie vorgelegt.[85] Honecker fürchtete, und das wohl nicht zu Unrecht, dass man ihm die Taktlosigkeit nicht würde durchgehen lassen.

Es ging darin auch – ich weiß nicht zum wievielten Mal schon – um den geplanten Besuch in der Bundesrepublik. Honecker hatte kategorisch erklärt, dass er auf jeden Fall fahren werde. Umso erstaunter war er, als Gorbatschow am Tag darauf in der Sitzung des Politbüros, an der er als Gast teilnahm, »volle Übereinstimmung in allen mit Erich besprochenen Fragen« konstatierte. Zum Reisethema leitete er mit den Worten über: »Wir üben mit der DDR Solidarität und erwarten dies auch von der DDR.«

Gorbatschow informierte im Weiteren, dass Horst Teltschik, Kohls Berater aus dem Bundeskanzleramt, in der sowjetischen Botschaft in Bonn gewesen sei, um Möglichkeiten für die Verbesserung der Beziehungen der Bundesrepublik zur Sowjetunion auszuloten. »Wir dürfen diese Beziehungen«, so Gorbatschow, »nicht aus dem Kontext der internationalen Lage herauslösen. Wir sind zu der Schlussfolgerung gekommen, es ist jetzt nicht der Zeitpunkt, die Beziehungen zur Bundesrepublik zu verbessern.« Danach macht er eine kurze Pause, um dem nachfolgenden Satz mehr Gewicht zu verleihen: »Erich, wie soll ich es meinem Volk erklären, wenn du in dieser Situation die Bundesrepublik besuchst?« Honecker reagierte prompt: »Und was sagen wir unserem Volk, das in tiefer Sorge um den Frieden ist und deshalb will, dass ich endlich fahre?«[86]

Im nachfolgenden Sommer, ich weilte zum Jahresurlaub in Dierhagen, erreichte mich ZK-Sekretär Wadim A. Medwedew über die WTsch-Leitung. Er habe im Namen von Michail Sergejewitsch drei Fragen an Erich Honecker zu richten.

Ich warf ein, dass es keine gute Idee sei, sie mir zu stellen, er solle sie direkt an Erich richten.

Das habe er ja versucht, sagte Medwedew, aber in Berlin sei niemand bereit, ihn durchzustellen.

Mit Unbehagen ließ ich mich darauf ein, Generalsekretär zu spielen, obwohl der eigentliche Parteichef im Amt war.

Die Fragen stimmten mich traurig, weil sie offenbarten, wie schlecht die Beziehungen inzwischen waren, mehr als nur ein atmosphärisches Tief.

Gorbatschow habe aus Presseveröffentlichungen erfahren, dass Erich Honecker nun doch eine Reise in die Bundesrepublik plane. Man wolle wissen, ob das zuträfe. Außerdem hätten Medien gemeldet, dass der SED-Generalsekretär noch in diesem Jahr nach China reisen wolle. Stimme dies, dann schlage Gorbatschow einen Zwischenaufenthalt in Moskau vor, um sich inhaltlich abzustimmen.

Die dritte Frage war unwesentlich, sie betraf den Termin einer internationalen Beratung des RGW am 11. und 12. November 1986 in Moskau.

Dass der KPdSU-Generalsekretär über so wichtige Reisen angeblich aus den Medien erfahren haben wollte und nicht direkt von Honecker, gab mir zu denken. Das hätte ich mir vor diesem Anruf nicht im Traum vorstellen können. Allerdings war ich davon überzeugt, dass Gorbatschows Informationsquelle nicht »die Medien«, sondern Genossen aus dem SED-Politbüro waren. Doch Honecker selbst hatte ihn nicht informiert. Und das war nicht gut.

Als ich Honecker telefonisch über Medwedews Anruf informierte, sagte ich aus taktischen Gründen, mich habe ein Gespräch aus Moskau erreicht, das hier nicht hingehöre, ein Irrläufer sozusagen.

Honecker konterte: »Warum hast du es dann angenommen?«

Nachdem ich ihm Gorbatschows Fragen durchgegeben hatte, zeigte er sich vernehmlich kurz angebunden: »Für dich ist die Sache erledigt.«

Im Oktober 1986 reiste Honecker zum Staatsbesuch in die Volksrepublik China. Er flog direkt, ohne Zwischenlandung in Moskau. Dass Honecker nach Peking reiste, fand ich in Ordnung.[87] Dass er aber nicht bereit war, sich mit Gorbatschow abzustimmen, billigte ich nicht. Seine Verweigerung grenzte an Eigensinn, der den Beziehungen zu Moskau nicht guttat.

In Gesprächen mit Bundespräsident von Weizsäcker, Bundeskanzler Kohl und Außenminister Genscher, die Gorbatschow zwischen 1987 und 1989 führte, war spürbar, dass Honeckers eigenmächtiger Staatsbesuch in der BRD im September 1987 eine Wende in den Beziehungen zwischen Moskau und Berlin, aber auch zwischen Moskau und Bonn eingeleitet hatte: Die zu Berlin wurden schlechter und die zu Bonn besser. Gorbatschow »vergaß« sogar, dass Kohl ihn mit Goebbels verglichen hatte.[88] Seine Beziehung zum Bundeskanzler wurde immer offener, die Informationen, die wir von sowjetischer Seite darüber erhielten, immer allgemeiner und nichtssagender. Vor allem stimmten sie nicht mehr mit der

Substanz jener Nachrichten überein, die wir von unseren Aufklärern aus Bonn erhielten. Die »Diplomatie hinter unserem Rücken« nahm zu.

In seinen »Moabiter Notizen«[89] wird Honecker später schreiben, er habe schon 1986 aus dem Weißen Haus Informationen erhalten, dass die Sowjetunion die »Überwindung der deutschen Zweistaatlichkeit als politische Tagesaufgabe, als Voraussetzung zur Herausbildung des Europäischen Hauses« betrachtete. Tatsächlich gab es damals einige Irritationen. Auf einer Veranstaltung in Westberlin hatte der sowjetische Dichter Jewgeni Jewtuschenko den »Wunsch der Deutschen nach Einheit« unterstützt. Als er deshalb von der sowjetischen Botschaft zur Rede gestellt wurde, erklärte er, er sei Optimist und meine selbstverständlich ein einheitliches sozialistisches Deutschland. Honecker war überzeugt, dass der Dichter nur ausgeplaudert habe, was im Kreml gedacht wurde. Gorbatschow widersprach entschieden dieser Interpretation in einem Gespräch mit Honecker.

Wohl auch deshalb gab es im Oktober 1987 in Gorbatschows Büro in Moskau auffällige Hektik. Am 13. Oktober wollte das ZDF – bereits zum zweiten Mal seit 1985 – einen »Sowjetischen Tag« veranstalten. Den Höhepunkt sollte eine »Fernsehbrücke Mainz-Leningrad« bilden: Je 150 Bürger beider Länder, die angeblich einen Querschnitt durch die ganze Bevölkerung darstellten, sollten, simultan gedolmetscht, aus den Studios von Mainz und Leningrad frei miteinander diskutieren.

Irgendwer aus Leningrad muss nach Moskau, und zwar nach ganz oben, vorab gemeldet haben, dass in dieser Sendung auch das Thema Wiedervereinigung Deutschlands zur Sprache gekommen sei. Wenige Stunden vor Ausstrahlung der »Fernsehbrücke« in beiden Ländern rief mich der sowjetische Botschafter an. Er könne Honecker nicht erreichen, sagte er ziemlich erregt und bat mich, so schnell wie möglich den Generalsekretär zu informieren, dass Gorbatschow über die »Fernsehbrücke« äußerst verärgert sei. Er persönlich habe angewiesen, dass in der sowjetischen Aufzeichnung der Sendung die »unreifen Äußerungen über die deutsche Einheit« nicht ausgestrahlt werden dürften. Da aber zu erwarten sei, so Kotschemassow, dass das ZDF alles ungeschnitten senden werde, auch die Aussagen zur deutschen Einheit, wolle Gorbatschow Honecker auf diesem Wege mitteilen, dass er sich vom Inhalt der Fernsehsendung distanziere. Sie entspreche nicht den außenpolitischen Zielen der UdSSR und sei nur darauf gerichtet, Zwietracht zwischen der UdSSR und der DDR zu stiften. Die sowjetische Seite werde jede Spekulation über die deutsche Einheit zurückweisen.

Mich haben Äußerungen von sowjetischen Künstlern und Wissenschaftlern über die deutsche Einheit nie wirklich aufgeregt. Ich kannte solche Töne aus den Jahren meines Studiums in Moskau. Trotz der deutschen Verbrechen im Zweiten Weltkrieg hatte sich bei ihnen eine solche Hochachtung vor Lessing und Heine, Schiller und Goethe, Kant und Hegel, Marx und Engels, vor den Leistungen der deutschen Kultur, Kunst und Wissenschaft erhalten, die letztlich dazu führte, entkrampfter und souveräner, bisweilen aber auch ein wenig schräg und krude, auf Deutschland zu schauen als ideologisch geprägte Politiker.

Ich schloss aber nicht aus, dass manche Äußerung der sowjetischen Intelligenzija von einer ganz bestimmten Gruppe im Kreml inszeniert worden war. Auch, um der DDR nach dem Honecker-Besuch in der BRD die Konsequenzen eigenständigen politischen Handelns aufzuzeigen. Und dennoch: Obwohl ich fast alles auf den Tisch bekam, was auch Honecker erhielt: Ich habe vor 1989 – trotz aller Irritationen – keine glaubhafte Nachricht gehört oder gelesen, dass die sowjetische Führung bereit gewesen sei, die DDR aufzugeben. Dies geschah erst später, als Gorbatschows Politik aus dem Ruder gelaufen war. Wenn Honecker tatsächlich 1986 gehört haben will, aus dem Weißen Haus, wie er schrieb, dass Moskau schon damals bereit gewesen sei, die DDR fallen zu lassen, dann kann ich ihm nicht verzeihen, dass er dies damals für sich behalten hat. Außerdem: Wenn er Kenntnis gehabt hätte, was die Gorbatschow-Führung angeblich mit der DDR plane, dann hätte er mit einer ganz anderen Konzeption zu seinem Staatsbesuch in die Bundesrepublik fahren müssen.

Gegen Ende 2006 erschien der *Spiegel* mit dem Aufmacher »Nach 15 Jahren freigegeben: Die Kreml-Protokolle. Wie das Politbüro in Moskau die Sowjetmacht auflöste«[90]. Die Titel-Story fußte auf zwei Büchern, die in Russland erschienen waren.[91] Ich war skeptisch, ob es sich tatsächlich um »Protokolle des Politbüros« handelte, denn weder in der KPdSU noch – diesem Beispiel folgend – in der SED gab es Wortprotokolle von Politbürositzungen, sondern nur Beschlussprotokolle, die den Extrakt, nicht die Diskussion selbst wiedergaben.

Russische Freunde, die die Bücher besaßen, halfen mir die Originalzitate anzusehen. Sie existierten tatsächlich und, soweit ich das mit meinen Russischkenntnissen beurteilen konnte, waren damals im *Spiegel* richtig wiedergegeben worden. Die Texte hatten Gorbatschows Mitarbeiter Anatolij Tschernjajew, Wadim Medwedew und Georgi Schachnasarow veröffentlicht. Ich kannte alle drei und hielt sie seinerzeit sogar für meine Freunde. Doch was sie, wie ich nun las, damals intern an Gemeinheiten über die DDR verbreiteten, enttäuschte mich zutiefst. Kurz gesagt: Für Gorbatschows Truppe schien die DDR ein reines Schacherobjekt gewesen zu sein, ein Gegenstand, den man für Deals mit den USA und mit der BRD einsetzte. Erst jetzt verstand ich, was Walentin Falin zehn Jahre zuvor über die Abmachungen mit der BRD formuliert hatte: »Das war eine Variante des Münchner Abkommens, wir haben über den Kopf der DDR hinweg alles ausgehandelt, wir haben dieses Land verraten.«[92]

In einer Sitzung des Politbüros im Februar 1987 soll Schewardnadse gesagt haben: »Wir müssen die Idee eines einheitlichen Deutschland ernsthaft untersuchen, wissenschaftlich.«[93]

Am 25. Oktober 1988 soll Gorbatschow gesagt haben: »Wir dürfen die BRD nicht Honecker überlassen. Wir machen unsere Politik, die keineswegs mit der von Honecker identisch ist. Man kann das sehr gut erkennen an dem, was wir Kohl gesagt haben und vor allem, wie. Und warum sollten wir uns binden?«[94]

Als ich das gelesen hatte, musste ich mich an ein Gespräch mit Schewardnadse Anfang der neunziger Jahre erinnern, als er schon georgischer Präsident war. Er empfing mich privat im Präsidentensitz in Tiflis, um seine Verbundenheit mit mir angesichts der Verfolgung von DDR-Bürgern durch die bundesdeutsche Justiz zu zeigen. Ich empfand das als noble Geste. Im Gespräch kam ich auch auf Erich Honeckers Bemerkung in den »Moabiter Notizen«, er wolle 1986 aus dem Weißen Haus erfahren haben, dass die Sowjetunion schon damals bereit gewesen sei, die DDR aufzugeben. Ich fragte Schewardnadse direkt: Ist da etwas dran?

Er wehrte ab: Die deutsche Einheit habe in seinen Gesprächen mit Gorbatschow und auch im Politbüro vor 1990 nie eine Rolle gespielt. »Weißt du, was wir wollten?«, fragt er rhetorisch und gab gleich die Antwort: »Wir wollten die Sowjetunion erhalten.«

Das war soweit logisch, doch dann folgte ein sehr ernüchternder Nebensatz: »Um die Sowjetunion zu erhalten, mussten wir allen Ballast abwerfen.«

Wir, die DDR, sollen keine Brüder gewesen sein, sondern Ballast. Nicht der treueste und wohl auch ehrlichste Bündnispartner der Sowjetunion, sondern eine Bürde, der man sich entledigen wollte.

Die publizierten Protokolle belegten, dass Schewardnadse mich glatt anlog, als er behauptete, die deutsche Einheit habe *vor* 1990 im Politbüro keine Rolle gespielt.

Bisweilen denke ich darüber nach, welche Entwicklung es in Deutschland hätte geben können, wenn wir seinerzeit im Detail gewusst hätten, was die Gorbatschow-Führung heimlich diskutierte. Ich stelle mir das Gesicht von Helmut Kohl vor, wenn Honecker ihm – in Kenntnis der Pläne Moskaus – bei seinem Staatsbesuch 1987 gesagt hätte: »Herr Bundeskanzler, lassen Sie uns den Kalten Krieg beenden und eine deutsche Konföderation bilden.«

Die Idee einer Konföderation hatte schon Walter Ulbricht gesetzt, aber nicht verwirklichen können. Die DDR wäre 1987 damit jedoch in die Offensive und perspektivisch eine deutsche Einheit vielleicht auf Augenhöhe zustande gekommen.

Julij A. Kwizinskij (1936–2010), einst Diplomat an der Botschaft in Berlin/DDR und später Botschafter der Sowjetunion in Bonn, bezeichnete in seinen Erinnerungen[95] das Verhältnis seines Landes zur DDR als »schizophren«. Wie er das meinte, hat er meines Wissens nicht erklärt. Tatsächlich aber war das, was in den sogenannten Protokollen des Politbüros der KPdSU zu lesen war, partiell wirklich Ausdruck von Schizophrenie.

Kartoffelzählen auf höchster Ebene

Anfang Oktober 1985 rief Honecker mich in sein Büro. Leningrad sei in Not, sagte er, die Sowjetunion habe eine schlechte Kartoffelernte. Die Reserven seien schon verbraucht, und der Winter stehe vor der Tür.

In Momenten wie diesen spürte ich Honeckers tiefe emotionale Bindung an die Sowjetunion, seine Nähe zu den Sowjetmenschen.

Er erinnerte an die 900 Tage Blockade Leningrads, was seiner Meinung nach Völkermord war. Über eine Million Leningrader verhungerten damals. Er sprach darüber auch mit Bundeskanzler Helmut Schmidt. Der hatte als Offizier in der Naziwehrmacht vor Leningrad gestanden und in dieser Zeit das Eiserne Kreuz 2. Klasse erhalten.

Gorbatschow habe um Hilfe gebeten. Honecker forderte mich auf, dafür zu sorgen, dass noch vor Einbruch des Winters eine Million Tonnen Kartoffeln nach Leningrad geliefert würden.

»Eine Million Tonnen?«, fragte ich. Ich vermutete, er habe sich versprochen.

Ich stellte mir vor, was da auf uns zukommen würde. Eine Million Tonnen! Eine solche Menge musste erst einmal aufgebracht und vor allem transportiert werden. Aber Honecker wiederholte: »Ja, um eine Million Tonnen hat Gorbatschow gebeten.«

Kein Wort über Aufbringung, Transport und vor allem: Wie das verrechnet beziehungsweise bezahlt werden würde. Das schien für Honecker alles Nebensache, es ging um die

Menschen in Leningrad! Und er wollte Gorbatschow demonstrieren, dass die DDR solidarisch war, Freundschaft beweise sich in schweren Zeiten.

Wir bekamen die später von Moskau korrigierte Menge von 500000 Tonnen zusammen. Wir hatten das stabsmäßig organisiert. Der ZK-Sekretär für Landwirtschaft, Werner Felfe, wählte in kurzer Zeit die landwirtschaftlichen Betriebe aus, die Kartoffeln zu liefern imstande waren. Verteidigungsminister Heinz Hoffmann mobilisierte seine militärischen Transportkapazitäten zu Wasser und zu Lande. Alexander Schalck-Golodkowski besorgte im Westen die Säcke, um die Kartoffeln ohne Schäden an den Bestimmungsort bringen zu können. Das kostete Devisen, die uns anderswo fehlten. Wenn es aber um die Freunde ging, nahmen wir selbst das in Kauf. Unsere und die sowjetischen Militärs in Wünsdorf überprüften auf diese Weise zugleich ihre verfügbaren Transportmöglichkeiten und die Häfen an Ostsee und Bodden für den Verteidigungsfall.

Innerhalb weniger Tage konnten wir die Kartoffelaktion für Leningrad abschließen.

Aus Leningrad erhielten wir wenig später Nachricht, dass dort die Kartoffeln verfaulten. Erst ankerten die Schiffe tagelang auf Reede, weil die Liegeplätze im Hafen nicht reichten, und lagen sie an der Pier, wurde bei einbrechendem Frost nur schleppend entladen. Auch der Abtransport funktionierte nicht.

Am 21. Oktober 1985 flogen Honecker, Stoph, Sindermann, Mittag und ich zu einer Tagung des Politisch Beratenden Ausschusses nach Sofia, auf der wir auch Gorbatschow treffen würden. Höchste Zeit für mich, Honecker über den katastrophalen Ausgang unserer Kartoffelhilfsaktion zu informieren.

Wie zu erwarten reagierte er empört. »Statt den Wodka zu verbieten, sollte er sich mit wirklich notwendigen Versorgungsproblemen beschäftigen.« Honecker, außer sich, spielte auf den von Gorbatschow inspirierten Beschluss an, mit dem der Alkoholkonsum in der Sowjetunion mit drastischen Maßnahmen eingeschränkt werden sollte.

Als wir am nächsten Tag im Vestibül des Tagungsgebäudes in Sofia saßen, traf die sowjetische Delegation ein. Honecker marschierte stracks auf Gorbatschow zu und begrüßte ihn mit Bruderkuss. Dann redete er gleich Klartext: »Michail Sergejewitsch, du hast mich um eine Million Tonnen Kartoffeln gebeten, wir haben die Hälfte geschickt, und nun verfaulen die Kartoffeln vor Leningrad!«

Gorbatschow stellte sich unwissend, davon habe er keine Ahnung, reichte jedem von uns die Hand und verschwand in den Tagungssaal.

Wir blieben betroffen zurück. Ich beendete als erster das betretene Schweigen: »Die Sowjetunion ist eben etwas größer als die DDR. Er kann ja wirklich nicht alles wissen.«

Honecker knurrte. »Du mit deinen ständigen Entschuldigungen für Gorbatschow. Wie willst du unseren Bauern erklären, dass ihre Kartoffeln wegen Schlamperei verfaulten? Er schickt seinen Botschafter zu mir und will anschließend nichts von der Sache wissen? Gehen Freunde so miteinander um?«

Natürlich war Honecker im Recht. Und darum wollte er die Sache auch nicht auf sich beruhen lassen.

In der ersten Tagungspause wandte er sich erneut an Gorbatschow. »Es muss etwas getan werden, damit nicht auch noch der Rest der Kartoffeln erfriert.«

»Ich kümmere mich«, antwortete Gorbatschow und rief Gajdar A. Alijew[96] in Moskau an. Der Aserbaidshaner war einst von Breshnew ins Politbüro geholt worden und vertrat den in Sofia weilenden Regierungschef Ryshkow in Moskau. Schon wenig später kam Ryshkow mit einer handgeschriebenen Liste zu mir. Darauf standen die Entladungskapazitäten sowjetischer Ostseehäfen. »Vergleichen wir unsere Angaben miteinander«, sagte er ruhig. Ryshkow war ein erfahrener, bescheidener Politiker und Wirtschaftsfachmann. Wir fanden schnell zu sachlicher Klärung.

Dass sich zwei Generalsekretäre, ein Ministerpräsident und zwei Politbüromitglieder mit einer Aktion beschäftigen mussten, die allein durch Schlamperei oder Unfähigkeit entstanden war, war mehr als peinlich. Für Honecker war das Folge der Perestroika, er merkte sich das.

Spannung herrschte aus einem anderen Grunde im Sitzungssaal in Sofia. Kádár, Husák, Jaruzelski, Ceausescu, Shiwkow und Honecker waren neugierig zu erfahren, was Gorbatschow ihnen sagen würde. Es war seine Jungfernrede auf einer ordentlichen Sitzung der Leitungsorgane des Warschauer Vertrages. Die bisherigen Treffen mit ihm im März in Moskau und im April in Warschau besaßen weitgehend Feiertags- oder Gedenkcharakter. Nun standen wir vor der ersten Arbeitsberatung mit dem neuen KPdSU-Generalsekretär.

Trotz Kartoffelaffäre gefiel mir seine Art, wie er Probleme anging. Lebensnah und sehr aktuell. Er tat dabei keineswegs so, als müsse man nach dem Tod seines Vorgängers wieder von vorn anfangen und zeigte sich darin als Musterschüler seines Förderers Jurij Andropow. Die sowjetische Führung sei im Besitz eines streng geheimen Dokuments der US-Regierung, aus dem hervorgehe, dass die USA eine Strategie der Destabilisierung der sozialistischen Länder verfolgten. Washington wolle, so Gorbatschow, »Unruheherde in der Sowjetunion und anderen sozialistischen Ländern schaffen. Sie wollen uns das Handeln diktieren. Sie wollen uns beseitigen.«[97]

Fast beschwörend sagte er am Runden Tisch: »Wir alle sitzen in einem Boot, sind eine Mannschaft. Der Kurs und das Ziel sind klar. Jetzt gilt es, einheitlich zu handeln.« Die Suche nach neuen Wegen berge die Gefahr einer Abkehr von den Prinzipien des Sozialismus und der »Überschätzung nationaler Spezifika«. Das sollten wir vermeiden. Der Westen bediene sich der Wirtschaft, der Kredite, der Meistbegünstigung, spekuliere auf »nationale Modelle« des Sozialismus und stelle die Bruderländer einander gegenüber.

Bei diesen Worten richtete Gorbatschow seinen Blick auf Honecker. »Nicht wahr, Genosse Honecker, der Westen teilt uns in ›flexible‹ und in ›dogmatische‹ Politiker ein. Die Sowjetunion wird des Dogmatismus bezichtigt, während man die DDR zu den ›Flexiblen‹ zählt. Der Westen provoziert nationalistische Stimmungen und versucht, unser Zusammenwirken zu schwächen, um einen Schlag gegen den Sozialismus zu führen.« Gorbatschow relativierte und warnte zugleich: »Bei aller Schärfe der Probleme gibt es für kein Land Grund zur Panik. Vielmehr verfügen wir über alle Voraussetzungen, um einen kühlen Kopf zu bewahren und unser gemeinsames Potenzial noch besser zu nutzen. Voraussetzung dafür ist, dass niemand aus unserer Familie ausschert.«

Sodann begründete er seine Politik der »sozialökonomischen Beschleunigung«. So nannte er seine Strategie – von Perestroika war noch keine Rede.

Im Anschluss übergab Gorbatschow allen die noch unveröffentlichte Fassung des dritten Parteiprogramms der KPdSU. Dazu sagte er: »Man darf sich nicht in technologische und finanzielle Abhängigkeit vom Kapitalismus begeben. An den Grundwerten und Idealen des Sozialismus muss festgehalten werden. Für den sozialistischen Markt sind die Grenzen durch das sozialistische Eigentum, die sozialistische Wirtschaftsführung gesetzt.« Daraus leitete er die Verpflichtung ab, »keine Lösungen außerhalb des Sozialismus zu suchen. Worauf es ankomme, ist, das Potenzial des Sozialismus zu nutzen.«

Er forderte uns auf, »nicht die Augen vor negativen Einflüssen der westlichen Lebensweise zu verschließen«.

Und erstaunlich offen sprach er über die Leistungen der Sowjetunion für die Aufrechterhaltung des militärischen Gleichgewichtes in der Welt. Die Sowjetunion trüge die Hauptlast, ihre Militärausgaben schmälerten den Lebensstandard der sowjetischen Bevölkerung. Hinzu komme, dass die UdSSR an Kuba, Vietnam und die Mongolei allein 1984 Hilfe im Umfang von elf Milliarden Rubel geleistet habe.

Er fügte die für ihn bittere Wahrheit an: »Die Möglichkeiten der Sowjetunion, Rohstoffe gegen Verarbeitungsprodukte zu liefern, sind erschöpft.«

Obgleich seine Rede nicht frei war von Sticheleien gegen die DDR, war ich mit ihr sehr zufrieden. Er hatte es sich nicht verkneifen können, uns als Vertreter einer flexiblen Dialogpolitik zum Westen und einer realistischen Politik gegenüber der Volksrepublik China zu kritisieren. Beides schien ihm nicht zu passen. Und damit lag er voll auf der alten Line.

Außenpolitisch gab es in Sofia dann doch noch etwas völlig Neues, etwas bisher Unvorstellbares in den Beziehungen unserer Staaten. Gorbatschow ließ sich durch uns, die Vertreter der Mitgliedsstaaten des Warschauer Vertrages, das Mandat für die Gespräche mit US-Präsident Ronald Reagan erteilen. Die kollektive Beratung über anstehende Verhandlungen trug Gorbatschow bei seinen Kollegen viel Anerkennung ein. Als er auch noch am 21. November 1985, aus Genf kommend, in Prag Zwischenstation machte, um die Spitzen des Bündnisses über sein Treffen mit Reagan zu informieren, wuchs sein Ansehen unter uns noch mehr. So schnell und direkt waren wir bisher noch nie über Verhandlungsergebnisse informiert worden. Gorbatschow setzte die Verbündeten noch früher ins Bild als sein eigenes Politbüro. Alle begrüßten den neuen Stil. Zum ersten Mal erfuhren wir authentisch und ungefiltert, wie die Gespräche gelaufen waren.

Gorbatschow hatte vier große und zwei kurze Gespräche unter vier Augen mit Reagan geführt. »Ich bin mit einem offensiven Friedensprogramm nach Genf gefahren und habe die Fragen der Nuklear- und Weltraumwaffen sofort in den Mittelpunkt gerückt. Mein Ziel bestand darin, dem amerikanischen Präsidenten keine Möglichkeit zu geben, an der Oberfläche zu bleiben, nur mit Händeschütteln und Lächeln davonzukommen. Reagan habe das Ziel gehabt, die Überlegenheit der NATO über den Warschauer Vertrag zu erlangen. Ich war von der Inhaltslosigkeit der Ausführungen des Präsidenten und den vorgetragenen Banalitäten entmutigt. Längere Zeit hat Reagan nur Zettel für Zettel vorgelesen. Es kam kein wirkliches Gespräch zustande«, resümierte Gorbatschow.[98]

Erst nach einem Spaziergang am Genfer See und nach einem Termin am Kamin sei ein menschlicher Kontakt entstanden. Die Amerikaner hätten große Furcht vor Vier-Augen-Gesprächen gehabt, weil ihr Präsident nicht im Stoff stand. Der KPdSU-Generalsekretär gab einen Dialog wieder:

Gorbatschow: »Herr Präsident, Sie haben nichts nach Genf mitgebracht, weder Impulse noch Hoffnungen.«

Reagan: »Doch, die strategische Verteidigungsinitiative.«

Gorbatschow: »Was wird, wenn Sie und wir in den Kosmos gehen? Es werden dramatische, unvorhergesehene Situationen entstehen. Die Politik wird völlig ausgeschaltet. Zu den heute bereits vorhandenen Bergen von Waffen kommen neue Waffen hinzu.«

Reagan: »Wir wissen noch nicht, was bei den Forschungen rauskommt. Es geht nicht um Waffen. Glauben Sie etwa nicht, dass wir Ihnen unsere Forschungsergebnisse übergeben werden?«

Gorbatschow: »Die Sowjetunion hat erklärt, sie wird nicht als Erster Nuklearwaffen einsetzen. Sie wird keinen Krieg gegen die USA beginnen. Glauben Sie uns das?«

Reagan: »Ich glaube das nicht.«

Gorbatschow: »Warum sollen wir Ihnen mehr glauben als Sie uns?«

Daraufhin seien die beisitzenden Amerikaner wie erstarrt gewesen. In der folgenden Pause sei nicht einmal ein Gespräch über persönliche Dinge möglich gewesen. Gorbatschow habe bereits geglaubt, dass nun alles zu Ende sei.

Nach dieser Konfrontation zeigten die Amerikaner plötzlich Interesse am Verhandlungserfolg. So sei dann die gemeinsame Erklärung zustande gekommen.[99]

Ich schildere diese Passagen aus dem Gesprächsprotokoll so ausführlich, weil der Gorbatschow von heute sich ganz anders erinnert: Reagan, so der Nachwende-Gorbatschow, sei damals sein *Vorbild* gewesen.

Ich war nach dem 1985er Treffen in Prag guter Dinge. Honecker begann zumindest in außenpolitischen Fragen zu Gorbatschow Vertrauen zu gewinnen. Und dieser revanchierte sich, indem er Honecker mit Lob überschüttete. Die DDR, so Gorbatschow, sei der Sowjetunion voraus, sie habe ihre Reformen mit dem VIII. Parteitag der SED 1971 eingeleitet, was Honeckers Verdienst sei.

Das hörte dieser gern.

Mitte Oktober 1986 reiste Gorbatschow zu einem Treffen mit Reagan nach Reykjavik. Der US-Präsident hatte eine brisante Information im Gepäck. Die sowjetische Antwort auf SDI würde 300 bis 400 Milliarden Rubel kosten, so Berechnungen des *United States National Security Council*, des US-Sicherheitsrates. Und das wiederum hatte unsere Aufklärung in Erfahrung gebracht. Um dies leisten zu können, müsste das sowjetische Nationaleinkommen um mindestens 4,5 Prozent wachsen und das Lebensniveau der Bevölkerung noch weiter eingeschränkt werden, denn die Zivilwirtschaft würde noch weiter hinter der Militärwirtschaft zurückfallen. Mit anderen Worten: Washington sah gute Chancen, Moskau zu Tode zu rüsten. Letztlich schafften die USA es ja auch.

Gorbatschow war fest entschlossen, sich der Logik des Wettrüstens zu widersetzen. Er war aber zu großzügigen Zugeständnissen in allen Fragen der Abrüstung nur bereit, wenn es gelang, die USA zu bewegen, auf SDI zu verzichten.

Nach dem Gipfel auf Island kam Gorbatschow nach Berlin und berichtete allen Bündnispartnern.

Reagan sei intellektuell nicht in der Lage gewesen, den Abrüstungsvorschlägen der Sowjetunion zu folgen. Er sei »zerstreut und verwirrt« gewesen. Gorbatschow habe ihm vorgeschlagen, den Gesamtbestand aller Kernwaffen der UdSSR und USA zu halbieren, das würde noch immer ausreichen, das militärstrategische Gleichgewicht zu wahren. Bei den SDI-Forschungen solle man nicht über Laborversuche hinausgehen. Er habe Reagan geschmeichelt: »Sie sind nur drei Schritte davon entfernt, als großer Präsident nicht nur in die Geschichte der USA, sondern der Weltgeschichte einzugehen.«

Persönliche Verschlußsache
ZK 02 701

An alle
Mitglieder und Kandidaten des Politbüros

Liebe Genossen!

Heute früh hatte ich ein Telefonat mit Genossen M.S. Gorbatschow, in dem Fragen, die mit seinem Washingtoner Treffen mit R. Reagan und den daraus notwendigen Schlußfolgerungen für die weitere Entwicklung besprochen wurden. Ich habe Genossen M. S. Gorbatschow zur Übereinkunft über den Abbau von Vernichtung aller Mittelstreckenraketen größerer Reichweite gratuliert. Er dankte dafür und wies darauf hin, daß er glaube, daß auf Grund unserer durchdachten Linie von beiden Seiten aufeinander zugegangen wurde, daß es ermöglichte, zu einer solchen Übereinkunft zu kommen. Er denke, daß das bevorstehende Treffen mit R. Reagan in Washington für die ganze Welt von Bedeutung sei. In den nächsten zwei bis drei Tagen werde uns ein Material übermittelt, in dem über das Wesen der Übereinkunft informiert werde. Ich informierte ihn, daß im Verlaufe des gestrigen Tages meinerseits eine Erklärung abgegeben wurde zum Ergebnis des Treffens zwischen E. Schewardnadse und G. Shultz, in der ich darauf hinwies, daß die grundsätzliche Einigung der UdSSR und USA über einen Vertrag zum globalen Abbau der Mittelstreckenraketen beider Länder alle jene ermutigen, die aufrichtig Frieden und ersprießliche internationale Zusammenarbeit wollen, daß das Ergebnis des letzten Treffens zwischen dem sowjetischen und amerikanischem Außerminister im wahrsten Sinne des Wortes den Friedensinteressen aller Völker entspräche, daß mit der Übereinkunft in bezug auf Mittelstreckenwaffen eine neue Etappe im Kampf um Frieden und Sicherheit eingeleitet wurde. Genosse M.S. Gorbatschow begrüßte diese Erklärung und stellte die Frage, ob es nicht zweckmäßig wäre, im Anschluß an sein Treffen mit R. Reagan eine Beratung der Generalsekretäre durchzuführen, wie seinerzeit das Treffen in Prag nach dem Genfer Gipfeltreffen. Nach meiner Zustimmung zu dieser Idee stellte er die Frage,

Information Erich Honeckers nach Gorbatschows Treffen mit Reagan

- 2 -

ob es nicht zweckmäßig sei, dieses Treffen in Berlin durchzuführen. Nach meiner Erklärung, daß dies eine gute Idee sei, lud ich Genossen M.S. Gorbatschow ein, auf dem Rückweg von Washington in Berlin zu landen und am anderen Tag ein Zusammentreffen der Generalsekretäre durchzuführen. Wir kamen überein, daß er am 10.12.1987 in Berlin landet und am 11.12.1987 dieses Treffen in Berlin stattfindet. Von sowjetischer Seite werden die erforderlichen Initiativen ausgelöst, daß aufgrund der Einladung der Sozialistischen Einheitspartei Deutschlands zum entsprechenden Zeitpunkt dieses Treffen in Berlin stattfindet. Alles andere könnte dann mit dem Botschafter der UdSSR, Genossen W.I. Kotschemassow, besprochen werden. Im Verlaufe des Gesprächs schätzte er hoch ein die von mir abgegebene Erklärung und bemerkte, daß in der Tat das Ergebnis unserer gemeinsamen Arbeit eine neue große Etappe unseres Kampfes um Frieden und Abrüstung beginne. Er würde sich freuen, mit mir am 10.12.1987 zusammenzukommen. Er würde sofort das Politbüro, das zur gleichen Zeit tagte, über die Einladung der SED in Berlin zu diesem Treffen informieren. Er bat, allen Mitgliedern des Politbüros des ZK der SED seine Grüße zu übermitteln. Ich bat ihn ebenfalls, die Mitglieder des Politbüros des ZK der KPdSU während der Sitzung meine Grüße zu übermitteln.
Mein Vorschlag ist, daß in der nächsten Sitzung unseres Politbüros der ganze Fragenkomplex besprochen wird. Die Einleitung notwendiger Maßnahmen habe ich inzwischen veranlaßt.

Berlin, den 26.11.1987

E. Honecker

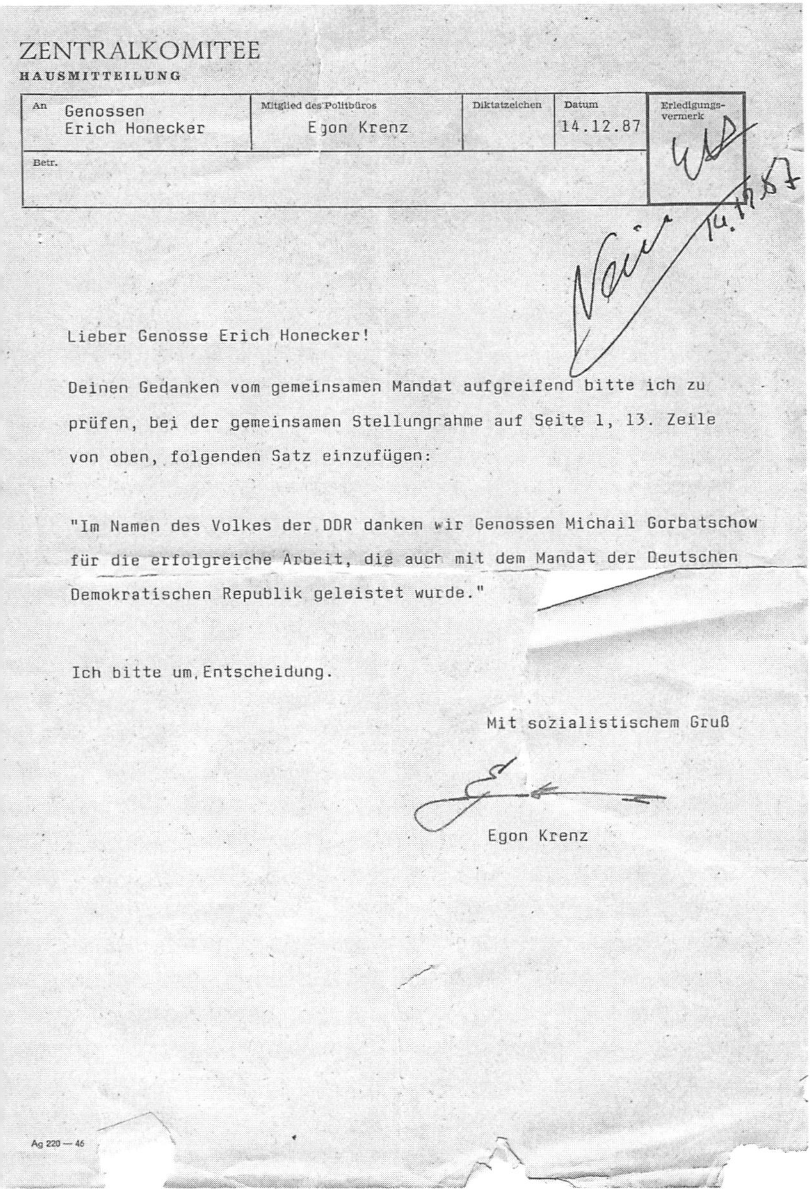

ZENTRALKOMITEE
HAUSMITTEILUNG

An	Mitglied des Politbüros	Diktatzeichen	Datum	Erledigungsvermerk
Genossen Erich Honecker	Egon Krenz		14.12.87	EH 14.12.87

Betr.

Nein

Lieber Genosse Erich Honecker!

Deinen Gedanken vom gemeinsamen Mandat aufgreifend bitte ich zu prüfen, bei der gemeinsamen Stellungrahme auf Seite 1, 13. Zeile von oben, folgenden Satz einzufügen:

"Im Namen des Volkes der DDR danken wir Genossen Michail Gorbatschow für die erfolgreiche Arbeit, die auch mit dem Mandat der Deutschen Demokratischen Republik geleistet wurde."

Ich bitte um Entscheidung.

Mit sozialistischem Gruß

Egon Krenz

Ag 220 — 46

Gescheiterter Versuch, Gorbatschow persönlich zu danken: Honeckers »Nein« am 14. Dezember 1987

Doch Reagan habe die Chance liegen lassen und sich wie ein »kleiner Händler benommen, der durch Feilschen versucht, sein Ziel zu erreichen«.

Dennoch war Reykjavik für Gorbatschow der Durchbruch auf der internationalen Bühne. Die Welt sah nun auch den intellektuellen Unterschied zwischen ihm und seinem Gegenspieler.

Am 26. November 1987 rief Gorbatschow Honecker an. Die UdSSR und die USA hatten sich grundsätzlich über den Abbau von nuklearen Mittelstreckensysteme geeinigt, diese INF-Verträge[100] sollten am 8. Dezember beim Gipfeltreffen in Washington unterzeichnet werden. Gorbatschow fragte Honecker, was er davon halte, nach dem Washingtoner Gipfel wie schon vor Jahresfrist eine Informationsberatung der Generalsekretäre der Bruderparteien in Berlin durchzuführen. Er wäre bereit, seinen Flug von Washington nach Moskau zu unterbrechen. Honecker stimmte zu und lud zum 10./11. Dezember 1987 nach Berlin ein. Gorbatschows Geste erfüllte ihn mit Genugtuung, weshalb er sofort eine Hausmitteilung an die Genossen des Politbüros diktierte und im Umlaufverfahren die Berliner Beratung beschließen ließ. Als Gorbatschow dann im Dezember nach Berlin kam, war die Freude groß. Es wurde eine gemeinsame Erklärung vorbereitet, die am Donnerstag – am Tage der Ankunft von Gorbatschow und den anderen Staats- und Parteichefs – auf einer internationalen Pressekonferenz verlesen[101] und anderentags im *Neuen Deutschland* auf der ersten Seite (neben den Erklärungen von Reagan und Gorbatschow und unter der Ankündigung von Honeckers Staatsbesuch vom 7. bis 9. Januar 1988 in Frankreich) veröffentlicht wurde. Ich sah die Möglichkeit, diese Erklärung zu nutzen, um Gorbatschow persönlich zu danken und schlug Honecker eine Einfügung vor. Ich bekam sie zurück mit der eindeutigen Anweisung: Nein. Über die Gründe für seine schroffe Ablehnung ließ er mich im Unklaren.

Perestroika – Hoffnung auf Russisch

Als ich nach dem 1989er Neujahrsempfang für die Diplomaten in mein Büro zurückkehrte, fand ich dort in der Post einen bemerkenswerten Gruß des sowjetischen Dramatikers Michail Schatrow. Wir waren befreundet, seit wir uns vor Jahren bei einer Vorstellung in einem Moskauer Theater getroffen und anschließend gemeinsam Urlaub am Schwarzen Meer in Bulgarien gemacht hatten. Er wünschte mir für 1989 Erfolg und sibirische Gesundheit. Sein Drama »Blaue Pferde auf rotem Gras«, das von Christoph Schroth am Berliner Ensemble inszeniert worden war, hatte Ende der 1970er Jahre für Wirbel gesorgt. Einige Kulturfunktionäre wollten damals das Stück vom Spielplan nehmen. Ich sah dafür keinen Grund und besuchte demonstrativ und medienwirksam eine Vorstellung. Mir fiel über der Bühne ein Transparent aus rotem Fahnenstoff mit der Aufschrift auf: »Keiner kann den Kommunismus kompromittieren oder besiegen, wenn ihn die Kommunisten nicht selbst kompromittieren oder besiegen.«

Dieser Satz, der Lenin zugeschrieben wird, beschäftigte mich nicht erst angesichts der widersprüchlichen Ereignisse bei uns und in der Sowjetunion. Nunmehr aber besonders. Das hing mit einem Auftrag zusammen, den ich im Januar 1987 von Erich Honecker bekam. Er war für mich so etwas wie ein Examen im Fach Perestroika durch meinen Chef. Honecker wollte, dass ich ihm eine Analyse über das Plenum erarbeitete, auf dem Gorbatschow Perestroika und Glasnost als Strategie der KPdSU begründet hatte.

Ich glaubte zu jenem Zeitpunkt noch, dass Honeckers und meine unterschiedlichen Bewertungen darauf zurückzuführen waren, dass er – 25 Jahre älter als ich – mehr am Bestehenden festhielt, während ich offen für Veränderungen war. Es handelte sich also gewissermaßen nur um eine Generationsfrage. Aus Diskussionen mit jungen Leuten wusste ich auch, dass diese mehr wollten als nur das von den Alten Erreichte festzuschreiben. Also suchte ich nach einem Weg, diese Analyse zusammen mit Vertrauten aus der mir nachfolgenden Generation zu erarbeiten.

Ich bat zwei Freunde aus der FDJ-Führung, die wesentlich jünger als ich waren: Hartmut König und Jochen Willerding. Beide waren erfahren im Umgang mit jungen Leuten, intelligent und promoviert, sie gehörten dem Zentralkomitee an und hatten eine klare Haltung zur Sowjetunion.

Wir stellten die Gesellschaftsstrategie Gorbatschows neben das Parteiprogramm der SED und Reden des SED-Generalsekretärs und verglichen sie miteinander. Ihren in meinen Augen soliden Entwurf diskutierten wir einige Abende und Nächte in meiner Wandlitzer Wohnung, dann schrieb ich mit gutem Gewissen die Endfassung – keineswegs ein überschwängliches Loblied auf die Perestroika, wohl aber erkennbar bemüht, das Gemeinsame herauszustellen. Zudem waren wir überzeugt, dass der Kampf gegen die Verkrustungen der Vergangenheit und das Beschreiten neuer Wege zum Sozialismus mit den Vorstellungen Lenins korrespondierten, die er in seinen letzten Arbeiten formuliert hatte. Auf jeden Fall schien uns die Ausarbeitung geeignet, um im Politbüro diskutiert zu werden.

Diese Diskussion fand nicht statt. Honecker schwieg. Nach Wochen sprach ich ihn darauf an. Er konzedierte mir eine Fleißarbeit, aber er könne nicht verstehen, dass ich – Absolvent der Parteihochschule in Moskau! – annehme, dass Gorbatschows Politik auf Lenin zurückgehe.

Das war's dann. Einen Versuch war es dennoch wert, auch wenn ich dafür von meinem Chef Minuspunkte kassierte. So etwas steckt man weg, ohne Getöse darüber, ob der Chef einem gewogen ist oder nicht. Das gehört zum Alltag der Politik, wenn man die Sache und nicht die Person in den Mittelpunkt stellt.

Bevor Gorbatschow am 27. Januar 1987 vor dem Zentralkomitee seiner Partei jene Perestroika-Rede gehalten hatte, trafen sich am 10. und 11. November 1986 in Moskau die führenden Repräsentanten der Bruderparteien der sozialistischen Länder. Nach der Durchsicht meiner damals gemachten Notizen komme ich zu dem Schluss: Es war ein guter und wahrscheinlich Gorbatschows letzter Versuch, alle sozialistischen Länder für eine realistische Umgestaltung zu gewinnen. Beeindruckend seine deutliche Warnung: »Entweder beschleunigt der Sozialismus seine Entwicklung, stößt schnell auf modernste Positionen in Wissenschaft und Technik vor und demonstriert überzeugend die Überlegenheit seiner Lebensweise, dann werden sich seine Positionen in der Welt festigen. Oder er bleibt in Schwierigkeiten und Problemen stecken, verliert an Dynamik, dann wird man beginnen, ihn in die Ecke zu drängen. Der Imperialismus versucht, den Sozialismus zurückzuwerfen mit allen Folgen für den Sozialismus selbst und die Welt als Ganzes.«[102]

Gorbatschow zählte die Fakten auf, die unseren Niedergang deutlich machten. Seit 1984 seien die sozialistischen Länder im Verhältnis zum Westen in fast allen ökonomischen Kennziffern zurückgeblieben. Das Nationaleinkommen der RGW-Länder sei um 3,7 Prozent, das Bruttosozialprodukt der Europäischen Gemeinschaft aber um 4,5 Prozent gewachsen. In den letzten zehn bis fünfzehn Jahren sei unser Verbrauch schneller gestiegen als die Arbeitsproduktivität. Wörtlich, sicher auch speziell an unsere Adresse gerichtet, erklärte er: »Heute können wir sagen, dass es falsch war zu glauben, wir könnten die Probleme unserer Länder durch breite Nutzung von Krediten und Technologien aus dem Westen lösen.« Dadurch seien soziale Spannungen entstanden, die für die politische Stabilität gefährlich werden könnten. Überzeugend verband er die ökonomische Situation unserer Länder mit der internationalen Politik. »Das Lackmuspapier für unsere Lage«, formulierte er, »ist das Verhalten des Imperialismus. Wenn der Westen auf die Entspannung der 70er Jahre eingegangen ist, so aufgrund der schnellen Veränderung des Kräfteverhältnisses durch die Entwicklung der sozialistischen Länder. Die Verlangsamung dieser Entwicklung war einer der Faktoren, welche die herrschenden Kreise der USA zu einem härteren Kurs und zum Versuch der sozialen Revanche im globalen Maßstab veranlassten.«

Zwar sei die militärische Parität mit dem Imperialismus eine bedeutende Errungenschaft und ein Hindernis für die Realisierung der abenteuerlichen Pläne des Westens – aber neunzig Prozent der Ausgaben zur Aufrechterhaltung dieser Parität müsste allein die Sowjetunion aufbringen.

Im Weiteren erläuterte er seinen Kollegen, warum es für die Sowjetunion so wichtig sei, die SDI-Pläne zu verhindern.

Gelegentlich treffe ich Weggefährten von einst, die meinen, Gorbatschow von Anfang an durchschaut zu haben. Das kann ich von mir nicht behaupten. Und ich war nicht der Einzige, der einen notwendigen Aufbruch mit seinem Namen verband. Ich bat damals Professor Walter Friedrich vom Institut für Jugendforschung in Leipzig zu ermitteln, wie junge Leute über Gorbatschow dachten. Mutig, ehrlich, realistisch, ideenreich, objektiv, geradlinig, zukunftsweisend, problemoffen, energisch, kritisch, glaubwürdig, geistreich – dies waren die häufigsten Attribute, die sie dem sowjetischen Parteiführer zuschrieben. Viele glaubten und hofften, Gorbatschow würde es gelingen, Politik und Moral miteinander zu verbinden. Jemand schrieb auf den Fragebogen der Untersuchung: »Gott schenke ihm ein langes Leben und in der DDR einen Bruder.«

Einen »Bruder« bekam Gorbatschow in der DDR nie. Bei aller Euphorie (»Gorbi, Gorbi«) gingen die Meinungen über ihn in der Bevölkerung sehr auseinander. Die sowjetische Umgestaltung sprach viele Jugendliche intellektuell an und berührte sie auch emotional. Erfahrene Menschen, die komplizierte gesellschaftliche Umbrüche schon erlebt hatten, verhielten sich eher skeptisch. In der SED und ihrer Führung reichte das Spektrum von uneingeschränkter Zustimmung bis zu totaler Ablehnung, ohne dass dies zur Bildung klar geschiedener Fraktionen geführt hätte. Viele Menschen hatten den Wunsch, Gorbatschow möge durchhalten und obsiegen, damit sich auch in der SED-Führung der Reformgeist durchsetzte.

Mir schien manch Einwand Honeckers durchaus plausibel. Ich sah seine Kritik punktuell sachlich berechtigt und begründet, etwa wenn Gorbatschow zwar die Fehler in der Sowjetunion blumig und wortreich beschrieb, aber kaum konstruktive Vorschläge machte, wie er diese zu korrigieren gedachte.

Honecker stellte uns immer wieder die demagogische Frage: »Wollt ihr Perestroika und leere Regale?« Natürlich wollte niemand von uns leere Regale. Die eigentlichen Herausforderungen, die mit der Politik Gorbatschows auf die DDR und die sozialistische Gemeinschaft zukamen, wurden jedoch nicht erörtert. Ob jemand Gorbatschow mochte oder nicht, war für mich immer zweitrangig. Wichtig war mir, dass wir eine gemeinsame politische Linie mit Moskau verfolgten. Ohne sie war die DDR mit oder ohne Perestroika verloren. Was sich in der Sowjetunion tat, war nicht nur für uns, sondern für die ganze Welt von Bedeutung.

Im Frühjahr 1987 gab Kurt Hager dem *Stern* ein Interview, das am 10. April auch im *Neuen Deutschland* veröffentlicht wurde. Seither wurde er als »Tapeten-Kutte« geschmäht, weil eine Antwort mit dem Satz geendet hatte: »Würden Sie, nebenbei gesagt, wenn Ihr Nachbar seine Wohnung neu tapeziert, sich verpflichtet fühlen, Ihre Wohnung ebenfalls neu zu tapezieren?«

Hager hatte im Interview die Absicht des Westens zurückgewiesen, einen Keil zwischen die UdSSR und die DDR treiben zu wollen. Seine Kritik richtet sich nicht gegen die

Perestroika, sondern gegen blindes Kopieren. Er tat dies mit einem Argument, welches bereits im Aufruf der KPD im Juni 1945 zu finden war: »Wir sind der Auffassung, dass der Weg, Deutschland das Sowjetsystem aufzuzwingen, falsch wäre, denn dieser Weg entspricht nicht den Entwicklungsbedingungen in Deutschland.« Was 1945 richtig war, musste 1987 nicht falsch sein.

Kurt Hager möchte ich hier als Person ausdrücklich in Schutz nehmen. Grundsätzliche Äußerungen, wozu auch solche Interviews gehörten, mussten immer im Politbüro bestätigt werden. In seinem Manuskript, das uns vorlag, war dieser Tapetenvergleich nicht enthalten. Den hatte ihm Erich Honecker hineingeschrieben. Es sprach für Hagers loyalen Charakter, dies nie öffentlich gemacht zu haben.

Das Wort Reform, das in den Nachkriegsjahren in Ostdeutschland durch Begriffe wie Industrie-, Boden-, Schul- oder Justizreform positiv besetzt war, schien nunmehr zum Reizwort geworden zu sein. Es flog uns aus allen Himmelsrichtungen um die Ohren: aus Moskau, Warschau, Budapest und auffallend oft aus Bonn. Reformen? Ja! Aber welche? Jeder verstand etwas anderes darunter. Unsere politischen Feinde gebrauchten es zur Tarnung ihrer Absicht, den Sozialismus »wegzureformieren«. Gorbatschow forderte Reformen zur Erneuerung des Sozialismus. Gegen *solche* Reformen, so meine Meinung, konnte ein Sozialist nicht sein. Sozialismus, Demokratie und Offenheit – das waren doch Werte, die uns und nicht unseren Gegnern gehörten?

Das Problem waren nicht die Reformen, sondern die unübersehbare Tatsache, dass die Entwicklung aus dem Ruder lief, die Führung dem KPdSU-Generalsekretär entglitt. Oder anders formuliert: Die Perestroika war zu einem Phantom geworden. Sie funktionierte nicht. Das Leben der Sowjetmenschen verschlechterte sich zusehends. Ihnen wurden Ideale genommen, für die sie bisher gelebt hatten, und neue wurden ihnen nicht angeboten. Das sah Honecker klarer als ich. Für ihn war der Umbau ein Abbau, ein Abriss.

Gorbatschows Erfolglosigkeit gab jenen im Politbüro scheinbar Recht, die davon überzeugt waren, dass sich die DDR – im Unterschied zur Sowjetunion – auf dem richtigen Weg befinde. Dieser Dünkel, dieser Hochmut verstellte den Blick, machte uns blind für die Entwicklung und die Lage im eigenen Land. Wie wir Gorbatschows Politik individuell bewerteten, ob man nun hinter ihm stand wie ich oder seinen Sturz wünschte, war letztlich zweitrangig. Unser existenzielles Problem bestand vielmehr darin, dass der DDR eine realistische Konzeption fehlte, für die sich Menschen hätten begeistern lassen können. So berechtigt Honeckers Kritik an Gorbatschow auch gewesen sein mag – sie ersetzte kein eigenes Konzept für die DDR. Dies nicht rechtzeitig erkannt und verändert zu haben, ist die eigentliche Schuld der DDR-Führung am Untergang unserer Republik. Und daran habe ich meinen Teil.

Honecker war nicht bereit, im Politbüro über eine Korrektur unseres Kurses zu sprechen. Ihm fehlte zudem die Einsicht, den Platz für Jüngere freizumachen. Es gab bis Oktober 1989 keine Mehrheit im Zentralkomitee, die seinen Rücktritt gefordert hätte. Eine politische Opposition gegen ihn oder gegen das Politbüro in den Bezirksorganisationen der SED wurde mir nie bekannt, obwohl ich über alle Informationsquellen verfügte. Ermittlungen wegen Hochverrats gegen SED-Funktionäre, wie sie nachträglich erfunden wurden, gab es nicht. In der Geschichte der DDR wurde nur ein Ermittlungsverfahren wegen Hochverrats gegen einen SED-Funktionär losgetreten. Und der hieß Erich Honecker. Dieser in der Endphase der DDR erhobene absurde Vorwurf erledigte sich von selbst und noch vor dem Anschluss der DDR an die Bundesrepublik.

Daran war Anfang Januar 1989 nicht zu denken. Der Ex-CIA-Chef und Ex-Vizepräsident George Bush ließ noch vor dem 20. Januar, als er als 41. Präsident der USA vereidigt wurde, durchblicken, dass er nicht daran denke, die von Gorbatschow angestrebte strategische Partnerschaft zwischen der UdSSR und den USA einzugehen. Nicht die USA müssten Gorbatschow entgegengehen, sondern Gorbatschow müsse den USA entgegenkommen. Bush wolle, so erfuhren wir weiter, einen persönlichen Freund aus gemeinsamen CIA-Zeiten zu seinem Botschafter in Bonn machen, was wohl nichts Gutes bedeutete.[103] Honecker gab mir ein Papier zu lesen. Es trug weder ein Datum noch eine Unterschrift. Als ich die beiden Blätter überflogen hatte, fragte er: »Na, was sagst du dazu?«

Was sollte ich dazu sagen? Hatten wir etwas anderes erwartet? Wurde nicht seit Gründung der DDR gegen uns konspiriert? »Die USA wollen eine Weltordnung ohne uns und unter ihrer Hegemonie. Das wissen wir doch.«

»Jaja, Egon«, erwiderte Honecker. »Das siehst du völlig richtig, klarer als *dein* Gorbatschow«.

»Mein« Gorbatschow? Das musste ich mir in den vergangenen Monaten wieder und wieder sagen lassen. Es beschäftigte Honecker sehr, dass ich mich noch immer nicht dem Chor der Gorbatschow-Kritiker zugesellt hatte.

Es wunderte mich, dass ein Mann mit reicher politischer Erfahrung wie er zunehmend so tat, als gehe es nur noch um Personen, nicht um Klassen, Klassenkräfte und Klasseninteressen. Natürlich zweifelte inzwischen auch ich, ob Gorbatschow der Richtige war. Er kritisierte und kritisierte, polemisierte, warf ein Problem nach dem anderen auf, stellte Fragen – hatte aber keine Antworten. Vor allem aber: Es veränderte sich nichts zum Guten. Immer banger fragte auch ich mich: Was wird aus der Sowjetunion? Welche Alternative gibt es zu Gorbatschow? Was blühte dem Lande, wenn Abenteurer wie Jelzin ans Ruder kämen? Meine Schlussfolgerung war immer wieder die gleiche: entweder kommt Gorbatschow mit der Perestroika durch – oder das Land versinkt im Chaos. Darum brauchte Gorbatschow unsere Solidarität und nicht unsere Häme. Dass Honecker meine Haltung als gegen ihn gerichtet wahrnahm, verwunderte und betrübte mich.

An dem Geheimdienstschreiben, das mir Honecker zum Lesen gegeben hatte, ärgerte mich darum auch, wie mies die

USA Gorbatschow beurteilten. Erst im Dezember 1988 hatte er vor der UNO-Vollversammlung gesprochen und dort der Welt ein großartiges Abrüstungsprogramm präsentiert. Die Sowjetarmee sollte um 500000 Mann reduziert werden. 50000 Soldaten nebst 5000 Panzer würden aus der DDR, der ČSSR und Ungarn abgezogen werden. Und wie mit uns abgesprochen, sollte die NVA nachziehen: 10000 Mann weniger, sechs Panzerregimenter und ein Fliegergeschwader sollten aufgelöst werden. Unsere Militärausgaben würden 1990 um zehn Prozent sinken …

Das Problem: Es war eine einseitige Absichtserklärung. Der Westen bewegte sich in der Abrüstungsfrage nicht, und Gorbatschow machte ein Zugeständnis nach dem anderen. Wie lange ließ sich das durchhalten? Immer wieder ging mir diese Frage durch den Kopf. Je mehr wir für die Abrüstung taten, desto mehr »Vorleistungen« des Warschauer Vertrages forderte die Gegenseite. Das militärstrategische Gleichgewicht, das war meine Überzeugung, musste erhalten bleiben, wenn wir nicht die Systemauseinandersetzung verlieren wollten.

Selbst Sozialdemokraten der BRD erkannten das Dilemma. Nach einer Amerika-Reise informierte Egon Bahr Honecker, dass die USA mit Gorbatschow ein »teuflisches Spiel treiben. Jedes Mal, wenn Gorbatschow einen neuen Friedensvorschlag unterbreitet habe, reagiere man in den USA gezielt negativ und provokativ, um danach erklären zu können: Seht, wie schwach die UdSSR ist. Wir müssen nur weiter drücken und werden immer mehr erreichen.«[104]

Warum, so fragte ich mich, durchschauen Sozialdemokraten dieses »teuflische Spiel«, Gorbatschow aber nicht? Verletzt es seine Eitelkeit, sich die Realität einzugestehen?

Die Strategie der NATO war klar: Sie setzte auf Destabilisierung der sozialistischen Länder. Sie wollten den Sozialismus wegreformieren. Sie sahen den Zeitpunkt gekommen, ihn totzurüsten! Und wir fielen darauf herein. Solche Zusammenhänge waren mir wichtiger als das allgemeine Gerede über Gorbatschow, den ich inzwischen mit kritischeren

Augen sah. Insofern hatte Honecker schon nicht mehr Recht, wenn er mir unterstellte: »Dein Gorbatschow.«

Auch andere urteilten inzwischen differenzierter und dämpften ihren Beifall für Glasnost und Perestroika. Ende 1988 war ein Mitarbeiter von Politbüromitglied Hermann Axen Gast von Egon Bahr in Bonn. Er übermittelte dem Politbüro folgende Information: »E. Bahr äußerte Besorgnis über eine Reihe ›extremer Presseveröffentlichungen in der UdSSR‹, das Wiederaufleben nationalistischer Stimmungen und Tendenzen sowie das langsame Tempo bei der Verbesserung des Alltagslebens der sowjetischen Werktätigen. Da man noch zu wenig Konkretes über Positives in der Gegenwart und künftig zu Erwartendes berichten könne, würden sich viele sowjetische Intellektuelle und Journalisten offensichtlich im Zuge von ›Glasnost‹ in eine ›exzessive Aufarbeitung der Fehler der Vergangenheit und der Verbrechen Stalins‹ flüchten. Das könne schief gehen. Die sowjetischen Menschen bräuchten zwar die Wahrheit und Offenheit, die Überwindung von Verkrustungen. Wie sollen sie aber Kraft gewinnen, wenn man die eigenen Leitbilder diskreditiert sieht und die aus dem Westen importierte Ware attraktiver und meist besser als die eigene sei. Gefährlich für Osteuropa würde der für 1989 zu erwartende westeuropäische Fernsehsatellit, der von Lissabon bis zum Ural 30 Programme ausstrahlen werde.«[105] Dieser Standpunkt des SPD-Politikers Egon Bahr war dem von Honecker sehr nahe.

Die Bevölkerung der DDR spürte, dass wir Vorbehalte gegenüber der Politik Gorbatschows hatten, aber wir erklärten nicht, warum dies so war. Aus Blockdisziplin wurde darüber nicht offen gesprochen. Das Schweigen produzierte Vermutungen, Missverständnisse, Unterstellungen und Entstellungen unserer Politik. Wolfgang Herger, Freund und Mitstreiter, Leiter der ZK-Abteilung für Sicherheitsfragen und promovierter Philosoph, erzählte mir in jener Zeit, er habe mal wieder Spinozas erstmals 1677 publizierte Streitschrift »Tractatus politicus« gelesen und verblüffende Bezüge zur Gegenwart gefunden. Es sei töricht, meinte der Holländer beispielsweise, »alle Dinge vor den Bürgern geheim halten zu wollen und zugleich zu wünschen, dass darüber keine falschen Ansichten entstehen und dass nicht alles missdeutet wird«.

Zu außenpolitischen Zwängen und innenpolitischen Schwierigkeiten kamen selbstverschuldete Dummheiten. Eine der schlimmsten beging Honecker selbst. Am Morgen des 19. November 1988 meldeten die DDR-Medien, dass der Postminister die sowjetische Zeitschrift *Sputnik* von der Postzeitungsliste gestrichen habe. Die Begründung war zwar kurz, aber nicht bündig: Die Zeitschrift leiste keinen Beitrag zur Festigung der deutsch-sowjetischen Freundschaft. Stattdessen würden verzerrende Beiträge zur Geschichte veröffentlicht. Unmittelbarer, aber nicht genannter Anlass waren Texte über den sogenannten Hitler-Stalin-Pakt, die Honecker sehr verärgert hatten.

Als ich morgens Harry Tisch, Politbüromitglied und FDGB-Chef, traf, machte er seinem Unmut Luft: »Der Postminister muss doch wohl nicht ganz dicht sein.« Seine Ahnungslosigkeit überraschte mich. Glaubte er im Ernst, dass der Minister eine derart schwerwiegende Entscheidung getroffen hatte? Der Postminister Rudolf Schulze war ein geachteter CDU-Politiker, der sein Ressort besonnen und politisch klug leitete. »Harry«, sage ich etwas spöttisch, »der Postminister heißt Erich«. Schulze habe wie wir alle diese Entscheidung aus den Medien erfahren. »Sie ist ein Skandal.«

Honecker hatte mit seiner einsamen Entscheidung – nicht die erste – das gesamte Politbüro desavouiert, mehr noch: Sie verschärfte die ohnehin angespannte politische Lage. Innerhalb und außerhalb der Partei fanden erregte, wütende Debatten statt. Ganze Grundorganisationen der SED wandten sich an das ZK, es solle die Entscheidung des Postministers rückgängig machen.

Honecker zeigte keine Einsicht.

In den Diskussionen ging es kaum noch um den Inhalt der Zeitschrift. Vielmehr wurden Grundfragen nach dem

Verhältnis von Demokratie und Sozialismus aufgeworfen. Nicht nur unter dem Dach der Kirche, sondern in den Gliederungen der Partei wurde gefragt, wer entscheide, was ein DDR-Bürger lesen dürfe und was nicht? Und mit welchem Recht? Das Wort der Entmündigung und der Bevormundung machte erregt die Runde. Das Vertrauensverhältnis zwischen SED-Führung und Basis erhielt einen erheblichen Dämpfer. Eberhard Aurich, der 1. Sekretär des FDJ-Zentralrates, schickte mir eine Information. Er hatte auf acht Seiten aufgeschrieben, wie empört viele Mitglieder waren und was sie über den Willkürakt dachten.

Ich wollte Honecker nicht im Unklaren lassen, welche negativen politischen Folgen seine Entscheidung ausgelöst hatte und ging mit dem Papier aus dem Jugendverband zum Chef. Der las teilnahmslos das Papier, ich hatte nicht den Eindruck, dass er vom Inhalt betroffen war. Er rechtfertigte sich. Es sei ihm weder um die sowjetische Reformpolitik, um Glasnost oder Perestroika noch um Gorbatschow gegangen. Ihm sei auch egal, was die Leute lesen. Allerdings sei ihm nicht egal, dass Sozialismus und Faschismus auf eine Stufe gestellt würden, was in den *Sputnik*-Texten der Fall gewesen sei.

Sehr erregt fragte er mich, ob es Demokratie sei, wenn durch den *Sputnik* die Lüge verbreitet werde, dass es ohne Stalin nie Hitler gegeben hätte. »Kannst du mir erklären, wie man auf die irrsinnige Idee kommen kann, Stalin als eine Marionette Hitlers zu bezeichnen? Damit werden die Verbrechen Hitlers relativiert. Das mache ich nicht mit.«

Ich hätte gern geantwortet, dass dies in der Diskussion der Bevölkerung kaum eine Rolle spiele. Es gehe einzig und allein um das Problem, dass DDR-Bürger sich durch die Partei- und Staatsführung bevormundet fühlten, dass sie sich nicht vorschreiben lassen wollten, was sie lesen dürften und was nicht.

Honecker ließ mich aber nicht zu Wort kommen. Seine Gedanken kreisten nur um die Geschichte. Die Veröffentlichungen hatten ihn erkennbar persönlich verletzt. Er konnte und wollte nicht hinnehmen, dass historische Tatsachen durch eine sowjetische Zeitschrift so grob entstellt worden waren. Es schmerzte ihn besonders, dass die Lüge ausgerechnet aus jenem Land kam, das die Hauptlast im Kampf gegen den Faschismus getragen und die meisten Opfer gebracht hatte. Und er berief sich auch auf Gorbatschow. Der hatte sich in einer Rede zum 70. Jahrestag der Oktoberrevolution 1987 für eine historisch gerechte Beurteilung Stalins eingesetzt und betont, dass dieser auch große Verdienste habe. Es war eine scharfe Abrechnung mit jenen, die die Geschichte des Sozialismus verunglimpften.

So gesehen gab es zu jenem Zeitpunkt zwischen Gorbatschow und Honecker in der Beurteilung der Vergangenheit noch keinen grundsätzlichen Dissens.

Auch in der Sowjetunion mehrten sich die Zweifel, ob die Perestroika die richtige Gesellschaftsstrategie sei. Immer öfter meldeten sich Menschen aus verschiedenen Teilen des Landes, die ihrer Sorge Ausdruck verliehen, dass die Perestroika die UdSSR zerstöre. Am 13. März 1988 erschien in der Zeitung *Sowjetskaja Rossija* – Organ des ZK der KPdSU, des Obersten Sowjets und des Ministerrates der RSFSR – ein Artikel mit der Überschrift »Ich kann meine Prinzipien nicht preisgeben«. Zur Wortmeldung der Leningrader Nina Andrejewa hatte Gorbatschow in der Sitzung des Politbüros gesagt: »Der Artikel stellt einen Versuch dar, den Generalsekretär zu kritisieren.«[106] Das war trotz Glasnost ein Vergehen, das er nicht hinnehmen mochte. In seinen »Erinnerungen« monierte Gorbatschow ferner, dass »der perestroikafeindliche Artikel von Nina Andrejewa eilends übersetzt und im *Neuen Deutschland* abgedruckt« worden sei. Auf »Veranlassung Honeckers«.

Das ist nicht einmal die halbe Wahrheit.

Wir hatten diesen Artikel bei seinem Erscheinen überhaupt nicht zur Kenntnis genommen. Erst vierzehn Tage nach seiner Veröffentlichung am 13. März bot die Nachrichtenagentur *ADN* eine deutsche Übersetzung an. Ich schickte diese am 28. März zur Information an Honecker, der sich in der Nähe von Berlin erholte. »Zur Information« hieß bei uns:

Die Angelegenheit wird zur Kenntnis genommen, aber nicht weiterverbreitet, weder in den Medien noch intern.

Noch am gleichen Tag rief mich Honecker an. Der Inhalt des Artikels sei ihm zwar sympathisch, aber er sei gegen Gorbatschow gerichtet. Deshalb werde er in den DDR-Medien nicht erscheinen.

Ich teilte seine Meinung.

Honecker und ich waren uns in dieser konkreten Angelegenheit einig bis zum 1. April 1988. An jenem Tage kam Marschall der Sowjetunion Viktor Kulikow, Oberkommandierender der Vereinten Streitkräfte des Warschauer Vertrages und Mitglied des Zentralkomitees der KPdSU, an den Werbellinsee, um Honecker, Keßler, Streletz und mich über die Anforderungen des Oberkommandos an die Nationale Volksarmee der DDR für das laufende Jahr zu informieren. Dabei kam er von sich aus auf Gorbatschow zu sprechen. Er kritisierte, was Militärs zumindest in unserer Gesellschaft selten taten, die politische Führung und zwar prinzipiell. Da Gorbatschow Oberster Befehlshaber der Truppen des Warschauer Vertrages war, richtete sich Kulikows Kritik also an seinen direkten militärischen Vorgesetzten.

Gorbatschow, so der oberste Militär des Warschauer Vertrages, mache den USA unnötige Zugeständnisse. Dadurch verändere sich das militärstrategische Gleichgewicht, und zwar zuungunsten der UdSSR. Das sei gefährlich. Im ZK der KPdSU gebe es starke Kräfte, die diese Politik nicht mehr mittrügen. Es ginge nicht gegen die Perestroika, sondern gegen die Konzeptionslosigkeit des Generalsekretärs. Für diejenigen in der UdSSR, die wirklich nach einer Konzeption für mehr Sozialismus suchten, wäre es eine große moralische Unterstützung, wenn der Artikel aus der *Sowjetskaja Rossija* in der DDR veröffentlicht werden würde, sagte Kulikow.

»Egon, wir haben uns geirrt«, meinte Honecker nach dieser Bitte und beauftragte den Agitationschef des ZK, dass dieser das *Neue Deutschland* zum Nachdruck des Andrejewa-Textes veranlassen sollte. So erschien in der Samstagausgabe vor Ostern, am 2. April 1988, im Zentralorgan auf Seite 1 die umfangreiche Protokollmeldung (»Während des freundschaftlichen Treffens überbrachte Marschall der Sowjetunion Kulikow Grüße des Generalsekretärs des Zentralkomitees der KPdSU, Michail Gorbatschow, die Erich Honecker herzlich erwiderte«) und auf Seite 11 mit zwei Spalten Umlauf auf Seite 12 »Ich kann meine Prinzipien nicht preisgeben«.

Ein widerlicher Vergleich

Im Oktober 1986 kam eine Agenturmeldung aus den USA auf meinen Tisch, deren Inhalt ich zunächst nicht glauben wollte. Dem Zuständigen für Medien, Joachim Herrmann, ging es ebenso. Da sie den Bundeskanzler betraf und damit politische Relevanz besaß, wollte er sich mit mir beraten, wie wir damit umgehen könnten. »In einem Interview mit dem US-Nachrichtenmagazin *Newsweek* stellt Bundeskanzler Helmut Kohl den sowjetischen Parteichef Michail Gorbatschow in einen engen Zusammenhang mit NS-Propagandaminister Joseph Goebbels: ›Er ist ein moderner kommunistischer Führer, der sich auf Public Relations versteht. Goebbels, einer von jenen, die für die Verbrechen der Hitler-Ära verantwortlich waren, war auch ein Experte für Public Relations.‹«

»Legen wir das Ding zur Seite«, sagte ich zu Herrmann, »das ist eine Provokation! Da wollen uns Leute in die Suppe spucken und unsere Beziehungen zu Bonn stören.« Dem Historiker Dr. Helmut Kohl traute ich eine solche Entgleisung nicht zu.

Doch ich irrte. Kohl hatte diesen entehrenden Vergleich wirklich angestellt. Und was bis heute in der Öffentlichkeit unbekannt ist: Er belastete mit diesem unsäglichen Vergleich nicht nur die Beziehungen zwischen Bonn und Moskau. Eine Reihe bereits vereinbarter Projekte zwischen der DDR und der BRD wurde dadurch unmöglich. Dazu gehörten etwa Erleichterungen im Reiseverkehr. Honecker war empört. Wir stimmten darum aus Überzeugung der sowjetischen Forderung zu, wegen dieser Entgleisung Kohls die Kontakte zwischen uns und Bonn auf Eis zu legen. Und zwar im vollen Bewusstsein, dass der vorgesehene Honecker-Besuch in der BRD wieder einmal in Gefahr geriet. Auch Honeckers Absicht, 1987, anlässlich der 750-Jahrfeier Berlins, Eberhard Diepgen zum Staatsakt der DDR einzuladen, musste aufgegeben werden. Der in Westberlin Regierende Bürgermeister war vermutlich nicht unfroh darüber, denn ob die Westalliierten, die ihm dazu die Erlaubnis hätten erteilen müssen, ihn auch in die DDR-Hauptstadt hätten reisen lassen, war nicht so sicher.

Kohls Goebbels-Vergleich lag wie ein Schatten auf der Vorbereitung des Berlin-Jubiläums. Die Sowjetunion erwartete von der DDR, dass der vereinbarte Kulturaustausch mit Berlin-West ausgesetzt würde. Politisch verständlich, aber ... Die Leidtragenden waren die Westberliner und unsere Kulturschaffenden. Ich gehörte zu den Ersten, die mit dieser Situation konfrontiert wurden.

Helga Hahnemann, eine Institution der Unterhaltungskunst in der DDR, rief mich an. »Ejon, ick muss dir sprechen.« Zwei Tage später überfiel sie mich in meinem Büro mit der Frage: »Sachma, traut ihr mia nich zu, det ick die DDR mindestens so jut vertreten kann wie Horst Sindermann?«

Sie spielte damit auf einen Besuch des Volkskammerpräsidenten beim SPD-Fraktionschef Jochen Vogel in der BRD an. Sindermann war dort durch geistreiche und schlagkräftige Antworten auf Pressekonferenzen aufgefallen.

Wie sie darauf komme, erkundigte ich mich.

Ihr seien von der DDR-Künstleragentur bereits genehmigte Gastspiele zum Berlin-Jubiläum in Westberlin ersatzlos gestrichen worden, erklärte sie mir. »Wieso habt ihr keen Vatraun zu mia? Ick komm doch wieda zurück.«

Ich schenkte Henne reinen Wein ein: Es gehe nicht gegen sie, sondern gegen Kohl, und schlug ihr vor, dass sie ersatzweise in der Schweiz oder in Österreich gastieren könne.

»Wat soll ick dort? Da vasteht mia keener.«

Da hatte sie Recht. Also versuchte ich eine Ausnahme zu erwirken. Ich sprach mit Botschafter Kotschemassow. Nein, sagte der, die Beleidigung Gorbatschows sei so groß, dass keine Abweichung vom Grundsatz möglich ist.

Erst als das Jubiläums-Jahr vorbei war, durfte Helga Hahnemann in Westberlin auftreten.

Nach dem Tod von Henne 1991 stiftete Mitte der neunziger Jahre eine Illustrierte einen »Publikums- und Medienpreis«, den sie zur Erinnerung und Ehrung der Entertainerin »Goldene Henne« nannte. 1999 wurde er an Helmut Kohl, 2001 an Michail Gorbatschow verliehen.

Wie ich Helga Hahnemann kannte, hätte sie wohl gesagt: »Det hätt' ick nich jewollt.«

Wäre Honecker im Herbst 1986 gefragt worden, ob er trotz der Ausfälle Kohls in die Bundesrepublik reisen wolle, hätte er mit einem klaren Nein geantwortet. Trotz grundlegender Meinungsverschiedenheiten mit Gorbatschow war dieser noch immer sein Genosse.

Ostgipfel und Westprovokation

Es war eine noble Geste unserer Verbündeten, im Jahr des 750. Geburtstages Berlins ein Gipfeltreffen in der DDR-Hauptstadt abzuhalten. Unweit vom Brandenburger Tor, gegenüber dem Palast der Republik, stiegen die Partei- und Staatschefs der sozialistischen Länder Europas ab. Bis auf Gorbatschow. Er nächtigte nicht im Palast-Hotel, das auch der Tagungsort war, sondern im Schloss Niederschönhausen in Pankow. Seine Personenschützer beanstandeten die Sicherheitslage, weil lediglich der Bürgersteig vorm Hotel abgesperrt war. Der Verkehr auf Karl-Liebknecht-Straße lief wie gewohnt weiter, ebenso der auf der gegenüberliegenden Straßenseite. Uns lag daran, Berlin als gastfreundliche, weltoffene und sichere Stadt zu präsentieren, wir wollten keine militärisch gesicherte Festung im Stadtzentrum. Die Staatssicherheit und das Innenministerium garantierten dafür, ohne das normale Leben der Stadt wesentlich zu stören. Die Staatschefs aus Osteuropa spazierten unbehindert in den Konferenzpausen durchs Stadtzentrum. Das war wohl einmalig für Gipfeltreffen.

Auf der Tagung Ende Mai 1987 sollte eine gemeinsame Militärdoktrin beschlossen werden, die dem Neuen Denken Gorbatschows Rechnung tragen würde. Wie sich jedoch zeigte, unterschied sich die neue Doktrin inhaltlich nicht von dem, was der Warschauer Vertrag militärpolitisch bisher vertreten hatte: den Krieg ein für alle Mal aus dem Leben der Menschheit zu verbannen, die Anwendung militärischer Gewalt nicht zuzulassen sowie eine allgemeine und vollständige Abrüstung anzustreben. Der Kern der Militärdoktrin:

Die militärische Stärke des Warschauer Vertrages sollte auf einem ausschließlich für die Verteidigung ausreichenden Niveau gewährleistet werden, also zahlenmäßige Stärke, Bewaffnung und Ausrüstung nicht höher und besser sein als die der NATO.

In seiner streng geheimen Rede hatte Gorbatschow ausgeführt, dass es zwischen den beiden militärischen Blöcken ein annäherndes militärisches Gleichgewicht gebe. Er nannte Zahlen, die bis dato nur die Militärs kannten: »Geht man von Gesamteuropa, vom Atlantik bis zum Ural, aus, so hat der Warschauer Vertrag 3380000 und die NATO 3370000 Mann, also fast bis auf den Mann gleich. Die NATO hat eine Überlegenheit von über 1000 Flugzeugen bei den Stoßkräften und bei Kampfhubschraubern eine dreifache Überlegenheit, eine zweifache bei Panzerabwehrmitteln und bei den Seestreitkräften. Der Warschauer Vertrag dagegen hat bei operativ-taktischen und taktischen Raketen eine siebenfache Überlegenheit, bei Panzern eine 1,7-fache. Wir sehen die Differenzen, aber wir müssen die Kräftekonstellation der beiden Gruppierungen im Gesamtzusammenhang sehen.«[107] So fasste der Oberste Befehlshaber der Streitkräfte des Warschauer Vertrages, Gorbatschow, zusammen.

Zu diesen Überlegungen gab es im Vorfeld und auch während des Gipfels unterschiedliche Interpretationen. Während der sowjetische Entwurf der Doktrin einige unklare Formulierungen über die Aufrechterhaltung der militärischen Parität als Garantie für die Verhinderung eines Krieges enthielt, betonte die DDR, dass alle Anstrengungen unternommen werden müssten, »um das annähernde militärstrategische Gleichgewicht auf immer niedrigerem Niveau aufrechtzuerhalten«.

In stundenlangen Sitzungen der Redaktionskommission setzte Verteidigungsminister Heinz Keßler den DDR-Standpunkt durch. In Fragen der Abrüstung dachte die DDR-Führung spätestens seit 1983 »neu«, nämlich als Honecker im Zusammenhang mit der Raketenstationierungen in beiden deutschen Staaten erklärte: »Weg mit diesem Teufelszeug!«

Gorbatschow unternahm auf dem Berliner Gipfel noch einmal den Versuch, die DDR von ihrer vermeintlich egoistischen Linie gegenüber der Bundesrepublik Deutschland abzubringen. Ihm war inzwischen bekannt, dass Günter Mittag unlängst bei einem Treffen mit Bundeskanzler Kohl diesem mitgeteilt hatte, der Besuch des Staatsratsvorsitzenden werde stattfinden – obwohl das im Politbüro noch nicht beschlossen worden war und Moskaus prinzipielle Einwände fortbestanden. Gorbatschow sah in der BRD ein Anwachsen nationalistischer, pangermanischer Stimmungen. »Wir erteilen den großdeutschen Illusionen Bonns eine Abfuhr, seiner Anmaßung, im Namen ›aller Deutschen‹ zu sprechen, und seinen Versuchen, die souveränen Rechte der DDR zu beeinträchtigen«, erklärte er beim Treffen der Generalsekretäre.[108]

Obwohl wir keineswegs anderer Meinung waren, hatten wir intern unsere Polemik gegen Bonn eingestellt, was Moskau keineswegs entgangen war. Außenminister Schewardnadse hatte Honecker bei seinem Besuch in Berlin Anfang Februar unmissverständlich mitgeteilt: »Infolge der feindlichen Ausfälle Kohls gegen die UdSSR und die DDR sind die Beziehungen zwischen der Sowjetunion und der BRD im gewissen Sinne eingefroren.«[109]

Aus Gorbatschows unmittelbarer Umgebung kam der massive Vorwurf: »Wir haben den Eindruck, dass die DDR den Revanchismus in der BRD nur propagandistisch versteht. Sie setzt sich nicht wirklich damit auseinander.« So unrecht hatte ZK-Sekretär Wadim A. Medwedew, ZK-Sekretär für internationale Fragen, damit nicht.

Am 28. Mai, kurz nach 17 Uhr, entwickelte sich im Sitzungssaal des Palast-Hotels eine auffällige Geschäftigkeit. Ich bemerkte, dass Gorbatschow, der uns am Konferenztisch gegenübersaß, ein Zettel gereicht wurde. Ich sagte zu Honecker: »Erich, da drüben scheint etwas passiert zu sein.«

Gorbatschow las mit versteinerter Miene die Nachricht und reichte das Stückchen Papier an Gromyko weiter. Der gab es Schewardnadse und dieser an Verteidigungsminister Sokolow. Bei allen war die Reaktion gleich. Sergej L. Sokolow erhob sich und eilte aus dem Sitzungssaal. Das beunruhigte uns, es schien etwas Schlimmes geschehen zu sein.

Gorbatschow klärte uns in der Beratungspause auf: Auf der Großen Moskwa-Brücke, unweit des Kreml, war kurz nach 19 Uhr Moskauer Zeit ein deutsches Flugzeug gelandet. Im Herzen Moskaus, so Gorbatschow, ein deutsches Flugzeug – und das nach 600 bis 700 km Flug über sowjetischem Territorium! Gorbatschow meinte, das sei kein Zufall. »Wie damals im Fernen Osten wird es ein Versuch gewesen sein, unsere Luftabwehr aufzuklären. Unsere Militärs spielen das herunter. Wenn ich wieder in Moskau bin, werde ich die Sache selbst in die Hand nehmen. Es muss ganz harte Schlussfolgerungen geben, härtere noch als nach Tschernobyl.«[110]

Weder Gorbatschow noch wir wussten, dass es sich um ein kleines Sportflugzeug gehandelt hatte, mit dem Mathias Rust – ein Abiturient aus Wedel – drei Tage vor seinem 19. Geburtstag von Helsinki nach Moskau geflogen war. Illegal und unbehelligt. So stand nur die erschreckende Nachricht im Raum, dass der sowjetische Luftraum verletzt worden war. Alle waren sich der Gefahren bewusst, die ein solcher Flug hätte auslösen können. Ungeachtet dieser – offenkundig nicht eingetretenen – Katastrophe: Die sowjetische Luftabwehr war dadurch blamiert und der Oberste Befehlshaber des Warschauer Vertrages gedemütigt worden.

Die sowjetische Delegation trat am nächsten Tag die Heimreise an – mit vier Regierungsmaschinen. Gorbatschow stieg ins erste Flugzeug, Gromyko ins zweite, Regierungschef Ryshkow ins dritte, und Verteidigungsminister Sokolow nahm das vierte. Falls ein Flugzeug abstürzen würde, wäre die sowjetische Führung weiter handlungsfähig, erklärte man uns den ungewöhnlichen Aufwand. Als Verteidigungsminister Sokolow uns von der Gangway freundlich zuwinkte, meinte Honecker: »Das war gewiss sein letzter Besuch. Eigentlich schade, denn er ist ein anständiger Kerl!«

Honeckers Prognose erfüllte sich. Schon am Sonntag erhielten wir die Nachricht, dass der 76-jährige Marschall Sokolow, Held der Sowjetunion, in Rente geschickt worden war.

Die Berliner Tagung spitzte unseren Konflikt mit der sowjetischen Seite weiter zu. Honecker hatte mit Gorbatschow in einem Konferenzzimmer des Hotels kurz vor der Abfahrt zum Flugplatz eine scharfe Auseinandersetzung unter vier Augen. Nach Honeckers Aussage hatte Gorbatschow der DDR vorgeworfen, die Weiterentwicklung des RGW zu behindern, indem sie vor allem sowjetische Vorschläge zur Modernisierung des Bündnisses bremse. Gorbatschow habe Honecker direkt gefragt: Wollt ihr mit uns zusammenarbeiten oder nicht? Er habe den Eindruck, die DDR setzte an die Stelle ihrer bisherigen Beziehungen zu den sozialistischen Ländern lieber ihre Westorientierung. Den Nachteil davon habe die Sowjetunion, deren Schulden bei der DDR wüchsen. Gorbatschow habe, so Honecker später zu mir, ihn ultimativ aufgefordert: Wenn die DDR ihre Haltung nicht korrigiere, müsse sich die Sowjetunion anders orientieren.

Als die beiden wenig später aus dem Fahrstuhl stiegen und zu uns in die Hotellobby kamen, waren ihre Gesichter noch tiefrot gefärbt. So erregt hatten sie die Unterredung geführt und den Blutdruck steigen lassen.

In der Sache hatte Gorbatschow leider Recht. Aus Respekt vor dem Fachwissen von Spezialisten halte ich mich bei der Beurteilung konkreter ökonomischer Entscheidungen eher zurück. Gerhard Schürer, der Vorsitzende der DDR-Plankommission, berichtete mir damals glaubhaft von einem Vorfall, der Gorbatschows Einschätzung über die Westorientierung der DDR-Wirtschaft bestätigte. Es ging um den Bau einer Warmbandstraße im Eisenhüttenkombinat Ost (EKO). Nach Zustimmung durch das Politbüro schloss die DDR-Regierung einen Projektierungs- und Liefervertrag mit der UdSSR ab, es war bereits mit dem Bau begonnen worden. Kurz vor der Reise Honeckers nach Japan stoppte Günter Mittag die Arbeiten. Offenkundig wollte er mit der Vergabe eines Großauftrages an die japanische Industrie für den Staatsbesuch in Fernost ein günstiges Klima schaffen. Der Vertrag mit der Sowjetunion wurde gekündigt. Zur Begründung hieß es, dass die sowjetische Anlage veraltet sei und nicht von Rechnern gesteuert werden könne. Obwohl die sowjetische Seite diese Behauptung widerlegte, hielt Mittag an der Entscheidung fest – und sorgte für ein Fiasko. Japan lieferte nicht, denn es hielt sich an die Verbotsliste der NATO-Staaten, die auch Japan als verbindlich anerkannte.[111] Der Vertrauensverlust auf sowjetischer Seite war enorm.

Nirgendwo war die gegenseitige Abhängigkeit so groß wie in der Wirtschaft. Die DDR konnte nicht ohne sowjetische Lieferungen leben wie die sowjetische Wirtschaft nicht ohne DDR-Importe auskam. Obwohl das allgemein anerkannt war, kam es immer wieder zu Reibereien. 1976 war ich zugegen, als Ministerpräsident Horst Sindermann den sowjetischen Regierungschef Alexej N. Kossygin empfing. Beide redeten ungewöhnlich temperamentvoll aufeinander ein. »Ihr wollt von uns Erdöl, Getreide, Rohstoffe. Und was macht ihr damit? Verschenkt alles: Erhöht die Löhne, verbessert die Renten, führt kürzere Arbeitszeiten ein, gebt den jungen Leuten zinsfreie Kredite und erweitert den Erholungsurlaub, statt in die Industrie zu investieren. Und was noch viel schlimmer ist: Ihr verkauft es an den Westen gegen Devisen.«

Kossygin nannte auch gleich den Grund für seine Kritik: »Auch unsere Leute möchten besser leben. Die Sowjetunion hat den Krieg gewonnen. Nach dem Lebensstandard zu urteilen, habt ihr gewonnen und wir haben verloren. Wachen Sie auf, Genossen! Wenn Sie uns valutaträchtige Waren liefern, bekommen Sie auch Valuta für Ihre Waren. Es geht nicht, dass die DDR Qualitätswaren in die BRD liefert und wir minderwertige Waren gegen Valuta erhalten.«[112] Die Wahrheit war zwar differenzierter, aber mit diesem sowjetischen Vorwurf mussten wir bis zum Ende der DDR leben.

Der Mindestumtausch – was er sein sollte, und was er gelegentlich war

Die internationale Lage war Anfang Januar 1989 erkennbar unruhig. In Polen und Ungarn, aber auch in der ČSSR spitzten sich die innenpolitischen Auseinandersetzungen zu. Gespannt war die Lage in den baltischen Sowjetrepubliken, in Armenien, in Aserbaidshan, in Georgien und auch in Kasachstan. Bei gewalttätigen Protesten in den Sowjetrepubliken gab es Tote und Verletzte, die von bundesdeutschen Medien – mit Rücksicht auf Gorbatschow – entweder verschwiegen oder verharmlost wurden.

In dieser Situation traf Erich Honecker am 5. Januar Jurij Kaschlew, den Leiter der sowjetischen Delegation beim Folgetreffen der KSZE in Wien. Es war inzwischen viel Sand im Getriebe der gegenseitigen Beziehungen. Ohne Rücksprache mit der DDR hatte Schewardnadse den Amerikanern zugesagt, dass er Ostberlin veranlassen werde, keinen Einwand gegen die Absicht zu erheben, dass im Abschlussdokument des Wiener Treffens Forderungen nach freier Tätigkeit der sogenannten Helsinki-Gruppen und nach Abschaffung des Mindestumtausches aufgenommen werden würden.

Unabhängig davon hatten wir im Politbüro schon längst beschlossen, dass wir an diesen Forderungen Wien nicht würden scheitern lassen.

Honecker zeigte sich empört, als er von Schewardnadse Erklärung hörte. Er betrachtete sie als Einmischung in Angelegenheiten der DDR. Kaschlew sollte offenkundig die Wellen der Erregung glätten. Doch das Gegenteil geschah. Der Sowjetdiplomat bescheinigte der DDR, dass sie im übergeordneten Interesse der europäischen Sicherheit und Abrüstung viele Zugeständnisse gemacht habe, mancher Kompromiss sei bis an die Grenze des Zumutbaren gegangen. Gleichzeitig aber schlug er vor, dass die DDR den im Westen »Zwangsumtausch« genannten Tagessatz nicht wirklich abschaffen müsse, es genüge, dies lediglich in Aussicht zu stellen. Es sei nur eine Art Appell zur Prüfung der Angelegenheit.

Honecker reagierte darauf wütend. Der Vorschlag entsprach der tradierten Arbeitsteilung, die er nicht mehr mitmachen wollte. Gorbatschow gab sich als Vorreiter bei der Entspannungspolitik, während Honecker und die DDR als Bremser und Scharfmacher erschienen.

Das Ganze hatte, wie oft, eine Vorgeschichte.

Bundeskanzler Brandt besuchte Mitte September 1971 Breshnew in dessen Urlaubsdomizil in Oreanda auf der Krim. Für die Öffentlichkeit war das eine Überraschung, für uns eine zwischen Breshnew und Honecker abgestimmte Visite. Breshnew zeigte sich bis dahin gegenüber Brandt relativ reserviert, mit diesem Besuch änderte sich das. Es wuchs eine gewisse Sympathie füreinander, was in der Politik von Vorteil sein kann. Brandts und Breshnews vertrauensvolle Beziehungen beförderten die Entspannung in Europa.

Was Brandt und Breshnew am Strand des Schwarzen Meeres, beim Baden und Bootfahren, bei gemeinsamen Essen und Spaziergängen besprachen, erfuhr Honecker noch am gleichen Abend von seinem Freud Leonid Iljitsch am Telefon. Der Kanzler war beispielsweise auch auf den Mindestumtausch bei Reisen aus dem Westen in die DDR zu sprechen gekommen, worauf Breshnew spätabends bei Honecker in Wandlitz angerufen und sich erkundigte hatte, wie weit er seinem westdeutschen Gast entgegengehen könne.

Honecker antwortete, Breschnew habe sein volles Vertrauen und könne handeln, wie er es für die Entspannungspolitik als notwendig erachte. Das ließ sich der KPdSU-

Generalsekretär nicht zweimal sagen, seine Leute legten die Höhe des Mindestumtausches fest. Westdeutsche sollten fünf, Westberliner drei D-Mark pro Besuchstag entrichten, Rentner und Kinder nichts.

Trotzdem hielt Breshnew uns schon bald vor, dass das – wie er sagte – »Eintrittsgeld für Westdeutsche in die DDR« viel zu niedrig sei, worauf wir im November 1973 einheitlich von allen Bürgern aus dem NSW, also dem kapitalistischen Ausland, für Besuche in der DDR-Hauptstadt zehn D-Mark und für Reisen in die Republik zwanzig D-Mark Mindestumtausch verlangten. Einschließlich Rentner und Kinder.

Im Dezember 1973 beschwerte sich Kanzler Brandt in einem Brief bei Breshnew, die DDR zeige nach ihrer Aufnahme in die UNO kein Interesse mehr an der Normalisierung der Beziehungen zur Bundesrepublik und führte zum Beweis die neuen Quoten für den Mindestumtausch an. Breshnew möge doch auf die DDR einwirken, damit diese einen Weg finde, die negative Wirkung der Anordnung über den Mindestumtausch auszugleichen.

Breshnew forderte Honecker auf, auf keinen Fall nachzugeben. »Die Westdeutschen wollen euch ausplündern«, kommentierte er Brandts Brief. Es sei unter der Würde der DDR hinzunehmen, meinte Breshnew, dass man in den Wechselstuben Westberlins und in der BRD für vier Mark der DDR lediglich etwa eine D-Mark bekäme. Wenn Brandt meine, der Mindestumtausch träfe die sozial Schwachen in seinem Lande, dann möge er dafür sorgen, dass es in der Bundesrepublik keine sozial Schwachen gebe. Der Bundeskanzler könne nicht von der DDR erwarten, dass sie innenpolitische Probleme der BRD löse. Es sei das souveräne Recht der DDR, ihre eigenen Interessen zu wahren und Schaden von der fleißig arbeitenden Bevölkerung der Republik abzuwenden. Schließlich seien die Festlegungen zum Mindestumtausch nichts anderes, als den Bürgern der Bundesrepublik und den Einwohnern Westberlins die Möglichkeit zu geben, auf legalem Wege in den Besitz von Mark der DDR zu kommen.

Man dürfe nicht zulassen, so Breshnew weiter, dass mit Hilfe eines Schwindelkurses der beiden Währungen die Dinge auf die Zeit von vor 1961 zurückgedreht würden.[113]

Breshnews Argumentation war korrekt.

Der Haken jedoch: Nicht er, sondern Honecker sollte Brandt dies mitteilen!

In Moskau wusste man auch 1989, wie schwer es der DDR fiel, westlichen Forderungen nach Abschaffung des Mindestumtausches bei Einreisen in die DDR zuzustimmen. In der DDR galten seit Jahrzehnten die gleichen niedrigen Preise: Für ein Brötchen zahlte man 5 Pfennig. Eine Kilowattstunde Strom war für 8 Pfennige zu haben, der Kubikmeter Gas für 16 Pfennige. Für eine Fahrt mit der Straßenbahn oder dem Bus bezahlte man 20 Pfennige und für die Beförderung eines Briefes ebenfalls. Ein Quadratmeter Wohnfläche kostete zwischen 0,85 und 1,20 Mark der DDR. Ein gutes Essen in einem guten Restaurant war für weniger als 20 Mark zu bekommen.

Die Subventionen für Grundnahrungsmittel, für Tarife, Kultur, Sport usw. waren ausschließlich für Bürger der DDR gedacht, die sie erarbeitet hatten, und nicht für Bundesbürger oder Westberliner, denen die Abschaffung des Mindestumtausches ökonomische Vorteile auf Kosten der DDR gebracht hätte. In Westberliner Wechselstuben wurde zu diesem Zeitpunkt die Mark der DDR zum Kurs zwischen 1 zu 5 bis 1 zu 12 gehandelt, während im offiziellen Warenaustausch der DDR mit der BRD nach Valuta-Mark, also 1 zu 1, abgerechnet wurde. Selbst Franz Josef Strauß hatte die Realität anerkannt, als er zu Honecker sagte: »Ich habe immer den Standpunkt vertreten, dass die DDR den Mindestumtausch nicht zur Drosselung des Besucherverkehrs, sondern zur Verhinderung der Schwarzmarktpreise eingeführt hat.«[114]

Wir forderten als Gegenleistung zur Abschaffung des Mindestumtausches die Schließung der Wechselstuben in Westberlin, was abgelehnt wurde.

Der Mindestumtausch wurde vom Westen uns gegenüber immer als Waffe zur Diskreditierung der DDR eingesetzt. Er war aber auch seit langem ein politisches Mittel Moskaus in der Deutschland- und Westberlin-Frage. Politiker und Medien der BRD fielen bei den regelmäßig von Moskau gewünschten Veränderungen selbstredend über die DDR her. Wir waren entgegen den Tatsachen immer wieder die Blitzableiter, die Hardliner, die Störer in Deutschland.

Die Mauer und 100 Jahre

Die Zusammenkunft des Thomas-Müntzer-Komitees am 19. Januar 1989 war eine Routinesitzung. Wie schon zum 500. Geburtstag des Reformators Martin Luther 1983 wollte die DDR den Führer im Großen Deutschen Bauernkrieg 1524/25 ehren, der 1489 in Stolberg geboren worden war. Die DDR verstand sich als Erbin und Fortsetzerin aller fortschrittlichen Traditionen des deutschen Volkes, darunter eben auch der frühbürgerlichen Revolution. Honecker hatte sich seine Rede für die Tagung im Politbüro bestätigen lassen. Bei seinem Vortrag fügte er jedoch einen Satz ein, der nicht im bestätigten Manuskript stand: »Die Mauer wird in 50 und auch in 100 Jahren noch bestehen, wenn die dazu vorhandenen Gründe noch nicht beseitigt sind.«[115] Zeitungen im Westen verzichteten auf die Wiedergabe des Konditionalsatzes »wenn die dazu vorhandenen Gründe noch nicht beseitigt sind«. Sieht man von dieser Unterschlagung ab, nahm niemand an der Aussage Anstoß. Sie beschrieb den Status quo. Gorbatschow sagte ein halbes Jahr später Ähnliches. »Die Mauer kann wieder verschwinden, wenn die Voraussetzungen entfallen, die sie hervorgebracht haben.«[116]

Willy Brandt hatte sich im September 1988 sehr komplex zu diesem Thema geäußert. »Angesichts der Tatsache, dass und wie von deutschem Boden Krieg ausgegangen ist, gebe es eine Verantwortungsgemeinschaft auch in der Trennung, betonte Brandt, ja, sie erwachse aus ihr«, zitierte ihn *ADN*.[117] In einem Vortrag zum 40. Jahrestag des Grundgesetzes der Bundesrepublik hatte er bei der Friedrich-Ebert-Stiftung in Bonn zur »Wiedervereinigung« erklärt: »Wir haben lange so getan, ich auch, [...] als verpflichte uns das Grundgesetz zur

Wiedervereinigung. Das ist jedoch ein Missverständnis.« Er halte, so Brandt, die Art, wie der Begriff Wiedervereinigung im Urteil des Bundesverfassungsgerichts zum Grundlagenvertrag in Anspruch genommen wurde, »für wirklichkeitsfremd und schon deshalb nicht für hilfreich. Das beziehe sich auf die Vorstellung vom Fortbestand eines Deutschen Reiches, das nur vorübergehend nicht ›handlungsfähig‹ gewesen sei, und auf die qualitative Gleichstellung der Grenze zur DDR mit den Grenzen zwischen den Bundesländern.«[118]

Nur einer tanzte aus der Reihe: Gorbatschows Außenminister Schewardnadse. Vor laufenden Kameras antwortete er auf die von einem Reporter während einer Pressekonferenz in Wien gestellte Frage »Was wird aus der Mauer?«: »Da müssen Sie Fischer fragen«, womit er den Außenminister der DDR meinte. Lächelnd ergänzte er: »Natürlich auch Genscher.« Das war bekanntlich der Außenminister der Bundesrepublik. Wäre dies kein Life-Ton gewesen, ich hätte vermutet, es sei eine Ente.

Hatte der sowjetische Staats- und Parteichef Chruschtschow in seinen Erinnerungen sich dazu bekannt, den Befehl zum Mauerbau gegeben zu haben[119], schob der sowjetische Außenminister Anfang 1989 offensichtlich die alleinige Verantwortung der DDR zu. Ein bisschen auch der BRD.

Historisch verbürgt ist die Tatsache, dass die sozialistischen Staaten auf ihrer Konferenz Anfang August 1961 die westliche Außengrenze des Warschauer Vertrages als erste militärische Verteidigungslinie der UdSSR fixiert und entsprechende Sicherungsmaßnahmen beschlossen hatten. Gregor Gysi erklärte im März 2019 in einem Gespräch mit dem *Stern*, dass sein Vater vom Bau der Mauer gewusst habe, als Ulbricht gesagt hatte, dass niemand die Absicht habe, eine Mauer zu errichten[120]. Da wusste der von mir geschätzte Klaus Gysi mehr als Ulbricht selbst. Am 15. Juni 1961, als Ulbricht auf einer Pressekonferenz den heute wieder und wieder repetierten Satz sagte »Niemand hat die Absicht, eine Mauer zu errichten«, konnte er nicht wissen, was Wochen später in

Moskau beschlossen und in Berlin geschehen würde. Dieses Zitat muss aber seither dazu herhalten, ihn als Lügner zu diffamieren, denn schließlich wurde ja real eine Mauer errichtet. In meinem Buch »Walter Ulbricht« äußerten sich verschiedene Zeitzeugen über diese Zusammenhänge.[121]

Anfang 1989 wollte Moskau offenkundig seine Verantwortung für die Mauer loswerden. Die ganze Denkweise der Gorbatschow-Führung in Bezug auf die DDR scheint in jener Zeit mehr als konfus, wenn nicht gar fremdbestimmt gewesen zu sein. Laut den bereits zitierten »Politbüro-Protokollen« soll Schewardnadse am 3. November 1989 dort gesagt haben: »Wir sollten die Mauer lieber selbst abbauen.«[122]

Der gewonnene Kampf um die Olympiade 1988

Anfang Juli 1989 verbrachte ich einige erlebnisreiche Tage während der Weltfestspiele der Jugend und Studenten in Pjöngjang. Honecker und ich waren von Kim Il Sung, dem Partei- und Staatschef der Demokratischen Volksrepublik Korea, als Ehrengäste eingeladen worden. Honecker besuchte zu jener Zeit Magnitogorsk, ich flog allein nach Nordkorea.

Diese scheinbar nebensächliche Reise hatte einen wichtigen politischen Hintergrund. 1988 fanden in Südkorea die Olympischen Sommerspiele statt. Darüber gab es im Vorfeld heftigen Streit zwischen den Olympischen Komitees verschiedener Länder. Es war ein Stellvertreter-Konflikt zwischen den Blöcken. Die ursprüngliche Idee, die Spiele in beiden Koreas durchzuführen, wurde maßgeblich von Politikern des Westens torpediert. Es bestand die Gefahr, dass die Olympischen Spiele 1988 aus politischen Gründen zum dritten Mal in Folge boykottiert werden würden. Um das Interesse der KDVR an internationalen Treffen zu unterstützen, hatte die DDR vorgeschlagen, im Jahr nach der Olympiade die Weltfestspiele der Jugend und Studenten in Pjöngjang durchzuführen. Das war zwar kein Ersatz für die Olympischen Spiele, verbesserte aber das internationale Ansehen der KDVR. Es war ein Kompromiss, der der vorolympischen Atmosphäre guttat. Durch das Engagement der FDJ in der internationalen Jugendbewegung gelang es Honecker, diesen Vorschlag durchzusetzen.

Zur Vorgeschichte: Am 10. und 11. November 1986 hatte es in Moskau ein Treffen führender Repräsentanten der Bruderparteien der sozialistischen Länder gegeben. Dort hielt es Gorbatschow für wichtig, den Anwesenden zu raten, noch keine Teilnahmemeldungen für die Olympischen Spiele 1988 abzugeben. Honecker, der die Gefahr des neuerlichen Boykotts nach Moskau und Los Angeles witterte, warf während der Gorbatschow-Rede ein: »Wir haben schon erklärt, dass wir teilnehmen werden.«[123] Die sowjetische Delegationen war konsterniert. Dass jemand den Hauptredner während dessen Vortrag mit einem Widerspruch unterbrach, hatte auch ich noch nie erlebt.

Honecker wurde vom ungarischen Parteichef János Kádár und auch von Fidel Castro unterstützt. Letzterer schlug vor, Erich Honecker möge mit dem Präsidenten des IOC, Samaranch, sprechen und ihm die Meinung der Repräsentanten der sozialistischen Länder übermitteln.[124] Es dürfe auf keinen Fall zum Boykott der Olympiade kommen.

Schon zwei Tage später traf sich Honecker in Berlin mit Juan Antonio Samaranch, dem er zur Überraschung unserer Sportführung alle Details aus der Moskauer Beratung anvertraute. Er habe sich persönlich, sagte Honecker dem IOC-Präsidenten, in eine schwierige Lage gebracht. »Wir möchten nicht, dass in Verbindung mit Seoul die gleiche Situation entsteht, die wir bereits in Moskau und Los Angeles hatten.«[125]

Samaranch war über diese Nachricht begeistert. Er schmeichelte dem Staatsratsvorsitzenden: »Ich überbringe Ihnen herzliche Grüße von meinem Ersten Vizepräsidenten, Herrn Dr. Berthold Beitz, der mir gegenüber seinen großen Respekt und seine Hochachtung für Sie zum Ausdruck gebracht hat.«[126]

Er habe gerade mit Berthold Beitz telefoniert, entgegnete Honecker, das sei ein sehr guter Bekannter, dem er geholfen habe, die Ausstellung mit Dresdener Kunstschätzen in der Villa Hügel in Essen zu zeigen.[127] Er habe zu Dr. Beitz ein fast freundschaftliches Verhältnis.

Das IOC jedenfalls war glücklich, dass Honecker sich aktiv für die Spiele 1988 einsetzte.

Am 3. Juli 1989 flog ich aus Pjöngjang ab. Unser Sonderflugzeug machte eine nicht geplante Zwischenlandung in Moskau. An der Gangway stand Walentin A. Koptelzew, der für DDR-Angelegenheiten Zuständige im Zentralkomitee der KPdSU. Ich kannte ihn gut: Er war lange zweiter Mann an der Botschaft in Berlin. Er outete sich gelegentlich als leiser Kritiker Gorbatschows, gleichzeitig – so schien es mir – suchte er aber Gorbatschow verbundenes Personal für den Fall, dass es auch in der DDR eine Perestroika nach sowjetischem Beispiel geben würde. Ob das im Sinne des Erfinders war oder ob andere Interessierte dahinterstanden, erfuhr ich nicht. Jetzt, da wir auf dem Flugplatz standen, begann er mich nach Honecker auszufragen, nach dessen Gesundheit und Lebensweise.

Mir war klar, was er eigentlich wollte. Es gab damals Anzeichen, mehr nicht, dass Honecker Krebs haben könnte. Ich hütete mich, dieses ärztliche Geheimnis, das nur wenige bei uns kannten, preiszugeben. Wir kamen auf Magnitogorsk zu sprechen, was zwischen Gorbatschow und Honecker mittlerweile zu einem Reizthema geworden war. Honecker, vor Jahren Mitglied des sowjetischen Komsomol, hatte als Einjahresstudent der internationalen Leninschule in Moskau am Aufbau der Stadt am Ural und des dortigen Stahlwerks teilgenommen. Am Aufbau der Sowjetunion beteiligt gewesen zu sein war für ihn ein wichtiger Punkt in seiner Biografie. 1989 feierte man in Magnitogorsk den 60. Jahrestag seiner Gründung. Honecker zeigte schon Monate vorher starkes Interesse, an den Feierlichkeiten teilzunehmen. Gorbatschow wusste das – lud ihn aber aus mir unbekannten Gründen nicht ein. Eine persönliche Einladung kam dagegen von einem Arbeiter aus dem Stahlwerk. Der hatte Honecker einen zu Herzen gehenden Brief geschrieben. Wer das auch immer organisiert hatte: Er tat Honecker damit keinen Gefallen.

In Magnitogorsk traf Honecker nicht auf die Aufbaustimmung von 1930, sondern auf das Chaos der Perestroika. In den Geschäften gab es kaum etwas zu kaufen. Die jungen

Leute mochten lieber Party als auf der Kundgebung zuhören. Und wer war da der alte Mann aus Deutschland, der vor mehr als einem halben Jahrhundert hier gearbeitet hatte? Niemand hatte sie darüber informiert.

Vor Ort vernahm Honecker aber auch bedrohliche Nachrichten. Sie kamen aus Nagorny Karabach, Georgien, Kasachstan, Usbekistan und den baltischen Sowjetrepubliken. Immer öfter stießen Armee und Sicherheitstruppen mit Protestierenden zusammen. Die Staatsmacht setzte zum Schutz der Sowjetmacht Gewalt ein. Es gab Tote und Verletzte. Das irritierte auch deshalb, weil die sowjetische Seite uns trotz Glasnost darüber nie informiert hatte.

Weshalb ich allerdings in Moskau zwischenlanden musste und mich Koptelzew nach Honeckers Gesundheit fragte, vor allem: auf wessen Veranlassung hin, habe ich nie erfahren.

Das Bündnis bröckelt

In den sozialistischen Ländern brachen 1989 Konflikte auf, die seit Jahren existierten. Was sich im Oktober und November 1989 entlud, hatte eine innen- und eine außenpolitische Vorgeschichte. Die DDR macht da keine Ausnahme. Im April 1989 besuchte eine hochrangige Delegation des Komitees für Staatssicherheit der UdSSR das hiesige Bruderorgan. Geleitet wurde sie von Generalmajor Leonid W. Scherbaschin, seit Beginn des Jahres Chef der Auslandsaufklärung des KGB und Vize-Vorsitzender des Komitees. Er wusste gut über die sowjetische Führung und deren Konzeption Bescheid. Mielke fertigte über die Gespräche mit Scherbaschin eine umfangreiche Notiz und übergab sie Honecker am 8. April. Der leitete sie an mich weiter. Da von Honecker nichts angestrichen worden war, vermutete ich, dass er Mielkes Papier nicht gelesen hatte. Einige Bemerkungen darin bereiteten mir ernsthaft Sorgen. Das war kein oberflächliches Geplätscher, es berührte die Substanz. Scherbaschin berichtete, dass die Perestroika bei großen Teilen des Volkes auf Ablehnung stoße. Politische Abenteurer und Hasardeure, die die Oktoberrevolution und die führende Rolle der KPdSU in Frage stellten, gewönnen an Einfluss. Jelzin sei so ein Abenteurer, der sich mit zweifelhaften Beratern umgebe. Der Nationalismus nehme zu und stelle eine große Gefahr für die Existenz der Sowjetunion dar …

Alles Probleme, die in Gesprächen mit Gorbatschow von diesem nie erwähnt worden waren.

Am 7. Juli kamen die Partei- und Staatschefs der Länder des Warschauer Vertrages in Bukarest zusammen. Auf den ersten Blick schien alles wie seit Jahrzehnten üblich: Der Repräsentant des Gastgeberlandes begrüßte seine Gäste, als erster sprach der Generalsekretär des Zentralkomitees der KPdSU. Danach folgten die vorbereiteten Reden der anderen Parteichefs. Die drängenden Probleme in den einzelnen Ländern und die Meinungsverschiedenheiten auch in strategischer Hinsicht wurden gewöhnlich darin nicht angesprochen. Jeder Parteichef lobte die Politik seines Landes und damit sich. Zum Abschluss des Treffens wurde ein Kommuniqué verabschiedet, das die Einheit und Geschlossenheit der sozialistischen Gemeinschaft bekräftigte.

So erlebte ich dies seit 1984, als ich erstmals Mitglied der Delegation der DDR war. Auch unter Gorbatschow hatte sich an diesem Ritual nichts geändert. Nach dem gleichen Muster wurde auch in Bukarest verfahren – und doch war manches anders.

Es wurde zum Beispiel über die Frage gestritten, ob der Kalte Krieg zu Ende sei. Die ungarische Führung sagte: Ja.

Gorbatschow hielt dagegen und sagte nein.

Am Vortag, am 6. Juli, war er Gast des Europarates in Brüssel gewesen. Er hatte dort beklagt, dass die NATO sich in die inneren Angelegenheiten der sozialistischen Länder einmische und nannte dies eine Wiederbelebung des Kalten Krieges. »Der Westen (versteht) die Überwindung der Spaltung Europas als Überwindung des Sozialismus«, hatte Gorbatschow vor der Parlamentarischen Versammlung erklärt.[128] Er antwortete damit dem US-Präsidenten George Bush, der Ende Mai auf dem NATO-Gipfel in Brüssel die Absicht artikuliert hatte, die Sowjetunion in die »Wertegemeinschaft des Westens« zu holen, ein Europa von »Brest bis Brest«[129]. Gorbatschow wertete dies als Angriff auf seine Idee eines Europäischen Hauses in den Nachkriegsgrenzen und als Versuch der Beseitigung des Sozialismus in Europa.

Daran arbeitete allerdings Ungarns Außenminister Gyula Horn[130] aktiv mit. Es heißt, er sei die treibende Kraft gewesen, dass Ungarn ab Mitte April 1989 zunächst die Grenzzäune zu Österreich abzubauen begann und schließlich diese Grenze auch für DDR-Bürger öffnete. Diese Maßnahmen waren ohne

Kenntnis und darum ohne Zustimmung der Staaten des Warschauer Vertrages erfolgt. Honecker und ich erfuhren von der Grenzöffnung am Morgen des 3. Mai 1989 aus Agenturmeldungen, als wir zu einem Staatsbesuch in die ČSSR flogen. Ich wunderte mich über die Gelassenheit, mit der Honecker diese Nachricht aufnahm. Schließlich handelte es sich um einen Teil der Außengrenze des Bündnisses. Dass er die Brisanz nicht sah oder – trotz Erläuterung der möglichen Konsequenzen – nicht sehen wollte, verstand ich nicht.

Da ich den ungarischen Innenminister István Horvath kannte – dieser war Anfang der siebziger Jahre 1. Sekretär der ungarischen Jugendorganisation KISZ gewesen –, schlug ich meinem Chef vor, dass ich nach Budapest fliegen könnte, um mit Horvath zu reden. Honecker lehnte das ab.

In Bukarest, bei der Suche nach einer angemessenen Antwort auf die Strategie des Westens, standen Moskau und Berlin sich erkennbar näher als Moskau und Budapest, Gorbatschow und Honecker waren enger zusammen als Gorbatschow und Horn. Aber das reichte nicht. Der KPdSU-Generalsekretär erinnerte in seiner Rede alle Delegationen: »Der Warschauer Vertrag ist unser gemeinsames Gut.« Und ging auf Probleme ein, die alle sozialistischen Länder belasteten: »Der ernste Rückstand der sozialistischen Staaten vor allem auf dem Gebiet der Hochtechnologien, der Verlust an Wachstumstempo, die Anhäufung beträchtlicher Devisenschulden – das alles wurde vom Westen als Beweis für den Niedergang des Sozialismus aufgefasst.«[131]

Leidenschaftlich kritisiert er jene, die den Weg der Oktoberrevolution als geschichtlichen Irrtum bezeichneten. Einen Weg zurück zum Kapitalismus, meinte Gorbatschow, würden die Menschen in der Sowjetunion nicht zulassen. Das war ein klares Wort. Ob es auch auf realen Fakten fußte und nicht nur eine Sprechblase war, wusste niemand im Raum.

Gorbatschow ging, auch wenn er öffentlich das Gegenteil erklärte, unverändert von der führenden Rolle der Sowjetunion innerhalb des Bündnisses aus. Mit dieser Haltung kommentierte er indirekt auch das Verhältnis zwischen der DDR und der BRD. In Westdeutschland würden immer mehr Menschen erkennen, »dass nicht die Sowjetunion und auch nicht der Warschauer Vertrag die Sicherheit des Landes bedrohen«, sagte er. »Wir haben keine Illusionen. Viele in der BRD begeistern sich nach wie vor für eine Wiedervereinigung Deutschlands«, schob er nach. »Wir streben nicht danach, die ›deutsche Karte‹ zu spielen.«[132]

Ich beobachtete Honecker, während Gorbatschow das sagte. Er verzog keine Miene, sein Gesicht war eine Verschlusssache.

Der sowjetische Staats- und Parteichef hatte drei Wochen zuvor die Bundesrepublik Deutschland besucht. Dortige Medien berichteten damals über erhebliche Zugeständnisse der Sowjetunion an die Bundesrepublik auf Kosten der DDR. Honecker nahm das für bare Münze, was sein Misstrauen gegenüber Gorbatschow weiter wachsen ließ. Am Ende des Besuches war eine Gemeinsame Erklärung der UdSSR und der BRD veröffentlicht worden. Noch am selben Tag informierte Gorbatschow das SED-Politbüro schriftlich über seine Gespräche in Bonn und wies westliche Spekulationen zurück. Die Nachkriegsordnung, einschließlich der Existenz von zwei deutschen Staaten, so Gorbatschow, sei mit seinem Besuch gefestigt worden.

Genau dies bezweifelte Honecker. Im Bericht des Politbüros an die 8. Tagung des SED-Zentralkomitees, die eine Woche später stattfand, äußerte er sinngemäß, dass sich Gorbatschow bei seinem Besuch nicht klassenmäßig verhalten habe. Im Klartext hieß das: Er hat unsere Sache verraten!

Eine solche Aussage über einen Generalsekretär der KPdSU hatte es in der Geschichte der SED noch nie gegeben. Im Politbüro war über eine solche Einschätzung zuvor auch nicht diskutiert worden. Honecker hatte diese Aussage eigenhändig ins Manuskript geschrieben. Er wies danach allerdings auch an, diesen Satz nicht in das »Rote Protokoll«[133] aufzunehmen.

Honecker war sich offensichtlich bewusst, welchen politischen Schaden der Satz anrichten würde, gelangte er an die Öffentlichkeit.

In Bukarest nun folgte Honecker konzentriert Gorbatschows Ausführungen. Ich wusste nicht, was Honecker in diesem Moment dachte oder fühlte. Wie meist zeigte er keine Emotionen. Was sich hinter seiner Stirn abspielte, blieb wie gewöhnlich sein Geheimnis.

Als Gorbatschow sagte: »Seriöse Politiker sind sich darüber im Klaren, dass eine Destabilisierung in Osteuropa unvorstellbar gefährliche Folgen für den ganzen Kontinent in sich birgt«[134], nickte er dem Redner sogar freundlich, also zustimmend zu. Als habe Honecker sich soeben mit dem KPdSU-Generalsekretär versöhnt.

Wenn's so wäre, dachte ich, kann das nur gut für uns sein.

Rumäniens Präsident Ceausescu griff in seiner Rede Gorbatschows Idee vom »Gemeinsamen europäischen Haus« an. »Es gilt, ganz realistisch zu sein«, sagte er, »der Kalte Krieg ist noch nicht zu Ende.« Und er bedauerte, dass es unter den Anwesenden Politiker gebe, die diese Einschätzung nicht teilten. Der Begriff sei verschwommen, unpräzise, unklar. Er sage nichts darüber aus, »was in Europa geschehen wird, nach welchen Prinzipien wir dieses Haus aufbauen werden, wer es verwalten soll. Wir wollen ein geeintes Europa, aber ein Europa von unabhängigen Häusern, in dem ein jeder sein Leben selbst einrichtet und sich so entwickelt, wie er es für am besten hält. Deshalb haben wir unsere These aufgestellt, die in gewisser Weise de Gaulles Überlegungen von einem geeinten Europa freier und unabhängiger Nationen wieder aufgreift.«[135]

Nach zwei Stunden erfolgte wie gewöhnlich, wenngleich diesmal mit Verspätung, eine halbstündige Pause. Bei früheren Tagungen nutzten die Delegationsmitglieder diese Zeit zu Gesprächen mit den ausländischen Genossen. Diesmal jedoch verharrte jede Delegation an ihrem »nationalen Tisch«. Die Repräsentanten der Bruderländer hatten erkennbar keinen Gesprächsbedarf untereinander, der Vorrat an Gemeinsamkeit schien aufgebraucht. Es wollte offenbar jedes Land seinen Weg allein gehen.

Plötzlich zog mich Honecker am Ärmel. »Komm«, sagte er, »wir gehen zu Gorbatschow«. Ehe ich den Dolmetscher rufen konnte, standen wir schon bei der sowjetischen Delegation. »Michail Sergejewitsch, ich gratuliere dir zu deiner ausgezeichneten Rede«, begann Honecker.

Ich übersetzte.

Gorbatschow dankte sichtlich erfreut.

Ohne einführendes Geplänkel zog Honecker Gorbatschow in ein grundsätzliches Gespräch über die sowjetische Deutschlandpolitik. Er lächelte dabei, um seiner brüsken Frage die Schärfe zu nehmen. »Wann entlässt du deinen Mitarbeiter Daschitschew[136]?«

Gewöhnlich war Honecker ein höflicher und kontrollierter Mensch. Jetzt ging seine Erregung mit ihm durch.

»Daschitschew? Wer ist das?«, fragte Gorbatschow verständnislos.

»Dein deutschlandpolitischer Mitarbeiter, der in Köln erklärt hat, dass die DDR, wie auch die anderen sozialistischen Staaten für die Sowjetunion von einer Zone der Sicherheit allmählich zu einer Zone der Gefahr und der Instabilität geworden seien. Das ist durch alle westdeutschen Medien gegangen, ohne dass ihr das dementiert habt.«[137]

»Ich habe keinen Mitarbeiter, der solchen Unsinn erzählt. Ich habe Kohl vor ein paar Tagen in Bonn klar gesagt, dass jegliches Abenteurertum gegenüber der DDR ein Rückfall in den Kalten Krieg sei.«

Honecker blieb angriffslustig. »Das bist du deiner Ehre auch schuldig. Schließlich hat Kohl dich vor knapp drei Jahren mit Goebbels verglichen. Damals hast du darauf bestanden, dass die DDR ihre Beziehungen zur BRD deshalb auf Eis legt. Wir sind deinen Wünschen nachgekommen.«

Gorbatschow reagierte nunmehr kühl. »Beides hat nichts miteinander zu tun. Als Richard von Weizsäcker in Moskau war, habe ich ihm gesagt, dass die DDR und die BRD historische Realität seien, die auf Grund von Vereinbarungen nach dem Zweiten Weltkrieg entstanden und von einer international anerkannten Grenze getrennt sind. Was in hundert Jahren sein wird, entscheidet die Geschichte.«

»Und eben diese Aussage hat Spekulationen genährt, du hättest die deutsche Frage wieder für offen erklärt.«

»Nichts habe ich für offen erklärt«, antwortete Gorbatschow. »Im Übrigen habe ich mich zur Mauer genauso geäußert wie du selbst.[138] Auf der Pressekonferenz zum Abschluss meines Besuchs in der BRD habe ich gesagt: Die Mauer kann wieder verschwinden, wenn die Voraussetzungen wegfallen, die sie hervorgebracht haben. Niemals wird die Sowjetunion zulassen, dass die Interessen der DDR unbeachtet bleiben.«[139]

Gorbatschow versuchte Honeckers merkliche Erregung zu dämpfen. Er habe, so erzählte er weiter, auf Kohls Frage nach Reformen in der DDR geantwortet: »Die DDR ist unser wichtigster Verbündeter. Was wir jetzt in der UdSSR realisieren, hat die DDR bereits vor zehn oder fünfzehn Jahre in Angriff genommen. Die Bundesrepublik Deutschland ist der wichtigste Verbündete der USA. Sie würde die USA wohl auch kaum kopieren.«[140]

Das Pausengespräch zwischen Honecker und Gorbatschow endete mit der Aufforderung des Tagungsleiter, wieder die Plätze einzunehmen.

Honecker vermutete unverändert, dass der KPdSU-Generalsekretär ein falsches Spiel trieb, und zwar hinter dem Rücken der DDR und über unsere Köpfe hinweg. Auch ich durchschaute es nicht. Der Ton unseres »großen Bruders« unter Gorbatschow war zwar moderater geworden, die Mittel, zu denen er griff, um seine Interessen durchzusetzen, waren es offensichtlich keineswegs.

Am Abend des ersten Konferenztages gab Ceausescu ein festliches Essen. Protokoll oder Zufall? Mir wurde ein Platz neben Gyula Horn zugewiesen. Ich kannte ihn seit den siebziger Jahren, damals war er Stellvertreter des Leiters der Abteilung für Internationale Beziehungen im ZK der Ungarischen Sozialistischen Arbeiterpartei. Er begleitete János Kádár im Sommer 1976 nach Berlin, wo sich die Vertreter von 29 kommunistischen und Arbeiterparteien trafen, darunter Breshnew und Tito, Berlinguer und Húsák, Marchais und Gierek, Carillo und Shiwkow ... Sie konferierten unter Honeckers Leitung, was ihm und der SED Anerkennung von allen Teilnehmern eintrug.

Gyula Horn und ich rechneten uns 1976 zu den Vertretern des sozialistischen Internationalismus und vertraten die sowjetische Position, die nach unserer Überzeugung den Interessen unserer Länder besser entsprach. Nun, dreizehn Jahre danach, saßen wir also zufällig nebeneinander. Wir sprachen Russisch miteinander, denn Horn hatte wie ich in der Sowjetunion studiert. Das schien noch die einzige Gemeinsamkeit zu sein, wie sich alsbald zeigte. Noch bevor die Suppe serviert wurde, kam er zur Sache. »Die DDR ist also in großer Sorge um Ungarn?«

»Wieso?«, frage ich zurück.

»Ihr führt gegen uns einen Pressekrieg. Wisst ihr nicht, wohin öffentliche Polemik führt? Hoffentlich muss Ungarn nicht einmal um die DDR besorgt sein!«

Ich schwieg, um kein Öl ins Feuer zu gießen und die Probleme zwischen uns nicht noch größer werden lassen, als sie ohnehin schon waren. Horn sah ich unverändert als Genossen und Ungarn als Bündnispartner der DDR.

Horn redet weiter. »Die Beerdigung von János Kádár findet vier Wochen nach der ehrenhaften Beisetzung von Imre Nagy[141] statt.«

»Was haben beide Ereignisse miteinander zu tun?«, fragte ich überrascht.

»Wir bewerten die Geschichte neu«, antwortete Horn.

»Was Nagy betrifft – das ist eure Sache«, räumte ich ein.

»Ihr habt uns aber genau deswegen kritisiert«, beharrte Horn.

Er spielte auf einen Kommentar von Alexander Kondraschow an, den das *Neue Deutschland* nach Nagys Rehabilitierung veröffentlicht hatte.[142] Der sowjetische Kommentator hatte die propagandistische Begleitung des Vorgangs in Ungarn scharf kritisiert und erklärt, dass die Beisetzung des früheren ungarischen Ministerpräsidenten einem »symbolischen Begräbnis des Sozialismus« gleichkäme.

Horn meinte, Nagy habe 1956 nur getan, was vorher mit den sowjetischen Genossen erörtert worden sei – der Austritt Ungarns aus dem Warschauer Vertrag sei mit Suslow, Mikojan und Andropow[143] besprochen gewesen. Die Tragödie habe darin bestanden, dass Nagy diesen sowjetischen Genossen vertraut und von den Meinungsverschiedenheiten im Moskauer Politbüro nichts geahnt habe. Erst seit Kurzem wisse man in Ungarn, dass es intern Auseinandersetzungen gegeben und sich Chruschtschow erst nach längeren Auseinandersetzungen im Politbüro habe durchsetzen können. Danach habe die Sowjetarmee in Ungarn interveniert, was Imre Nagy habe verhindern wollen, indem er einseitig Ungarns Austritt aus dem Warschauer Vertrag erklärte. Die Sowjetunion hätte danach keine völkerrechtlichen Möglichkeiten für ein militärisches Eingreifen gehabt.

Horn kam auf dieses Thema immer wieder zurück, was mich wenig überraschte. Erst Stunden zuvor hatte die ungarische Delegation sofortige Gespräche mit Moskau über einen schnellen Abzug der in Ungarn stationierten sowjetischen Truppen gefordert.

Ihn beschäftigten erkennbar solche Fragen wie: Wissen wir, wie gegenwärtig das Kräfteverhältnis im Moskauer Politbüro ist? Was sind die Versprechungen Gorbatschows wert, wenn man nicht genau weiß, wie sicher er im Sattel sitzt? Bleiben die sowjetischen Truppen in Ungarn, wenn ein neuer Mann im Kreml regiert?

Unsere Unterhaltung endete abrupt. Ceausescu erhob sich, die Parteichefs der anderen Länder folgten ihm. Ungewöhnlich formlos ging das Essen zu Ende. Niemand wusste zunächst warum. Horn und ich verabschiedeten uns freundlich, aber eilig. Jeder wollte jetzt zu seinem Chef.

Erich Honecker sah blass und abgespannt aus, ein Schwächeanfall. Er hatte starke Schmerzen. Anderntags musste er den Gipfel vorzeitig verlassen. Er hatte eine schwere Gallenkolik, von der er sich nie mehr erholte. Ich begleitete ihn nach Berlin.

Anders als die Politiker gaben sich die Militärs auf dem Gipfel einheitlich und geschlossen. Der Oberkommandierende der Vereinten Streitkräfte, der sowjetische Armeegeneral Pjotr G. Lushew, berichtete in geschlossener Sitzung über den Zustand der Streitkräfte und über »Maßnahmen zur Gewährleistung ihrer Gefechtsbereitschaft unter Berücksichtigung des in Europa bestehenden Kräfteverhältnisses«. Die NATO führe regelmäßig Manöver nur wenige Kilometer von den Staatsgrenzen der DDR und der ČSSR entfernt durch. »Es wird immer schwerer einzuschätzen, ob es sich tatsächlich nur um Übungen oder um konkrete Vorbereitungen auf eine Aggression handelt. Wir müssen auch 1989 von einer militärischen Bedrohung durch die NATO ausgehen.«[144]

Einstimmig wurde beschlossen, die Gefechtsbereitschaft der Vereinten Streitkräfte weiter an den »militärischen Vorbereitungen der aggressiven NATO zu orientieren«.[145]

Die Kunst der Verstellung

In seinen Erinnerungen schreibt Gorbatschow: »Gewiss begingen Breshnew und Gromyko einen Fehler, als sie sich von den Spitzenpolitikern der DDR gängeln ließen und Anfang der siebziger Jahre offiziell die Variante akzeptierten, die durch ihre ›Einfachheit‹ bestechend wirkte: Es seien zwei deutsche Nationen entstanden, die deutsche Frage sei gelöst, und es habe keinen Sinn, sie erneut aufzurollen.«[146]

Hier irrte Michail Sergejewitsch gewaltig. Er stellte die Geschichte damit auf den Kopf. Wer gängelte wen? Zudem: Die Sache mit der Nation war wesentlich komplexer und äußerst widersprüchlich, vor allem wurzelte sie fest in der Nachkriegsgeschichte. Was in Moskau erdacht und nicht aufgegangen war, wurde von Gorbatschow nun nachträglich und einseitig der SED in die Schuhe geschoben. Das war unfair.

Im Februar 1989 hatte Honecker allen Mitgliedern und Kandidaten des Politbüros ein Buch übergeben, das mehr Fragen aufwarf als beantwortete. Es war in braunes Leder gebunden und trug die Aufschrift »Dokumente«. Enthalten waren darin streng geheime Akten, die Auskunft über Höhen und Tiefen der Beziehungen unseres Landes mit der Sowjetunion geben. Darunter »Über die Maßnahmen zur Gesundung der politischen Lage in der DDR« vom 3. und 4. Juni 1953, ein Protokoll des Gesprächs zwischen Breshnew und Honecker am 28. Juli 1970 und verschiedene Zeitzeugnisse über das Verhältnis von Breshnew zu Ulbricht. Warum Honecker mit den Dokumenten bis Februar 1989 gewartet hatte, verriet er nicht. Ich vermute, er wollte mit historischen Belegen unterstreichen, was er in den letzten Monaten immer wieder geäußert hatte: Verlasst euch nicht auf Gorbatschow! Wenn in der Vergangenheit etwas schiefgelaufen ist, dann war nie Moskau schuld. Immer hatte die DDR den Schwarzen Peter. Das war zwar nicht meine Sicht, aber Honeckers Erfahrung.

Begonnen hatte alles 1952 mit der Ablehnung der Stalin-Note zur deutschen Einheit durch die Westmächte und Kanzler Adenauer. Als Gegenmaßnahme verlegte die UdSSR ihre erste militärische Verteidigungslinie von Oder und Neiße an Elbe und Werra. Die Westgrenze der DDR wurde als Blockgrenze nunmehr militärisch gesichert. Damit verbunden war der Aufbau der Kasernierten Volkspolizei, was hohe Kosten verursachte. Schließlich wurde von der 2. Parteikonferenz der SED im Juli 1952 beschlossen, in der DDR planmäßig den Sozialismus aufzubauen. Das Politbüro der KPdSU (B)[147] hatte dem auf einer Sitzung am 8. Juli 1952 zugestimmt. Das war notwendig, weil die Sowjetunion noch Besatzungsmacht war.

Doch ein Jahr später, Stalin war inzwischen gestorben, sollte das alles nicht mehr wahr sein. Am 3. und 4. Juni 1953 erhielt die SED-Führung die schärfste Rüge, die je von der KPdSU an sie ausgesprochen wurde. »Infolge der Durchführung einer fehlerhaften politischen Linie«, hieß es, »ist in der Deutschen Demokratischen Republik eine äußerst unbefriedigende politische und wirtschaftliche Lage entstanden«. Hauptursache dafür sei »der Kurs auf einen beschleunigten Aufbau des Sozialismus«.

Dies erklärten die Politbüromitglieder Malenkow, Berija, Molotow, Chruschtschow, Bulganin, Mikojan und Kaganowitsch, all jene, die die Beschlüsse von 1952 gefasst hatten, dazu Semjonow, Hoher Kommissar der UdSSR in der DDR, und Marschall Gretschko, Befehlshaber der sowjetischen Besatzungskräfte in Deutschland. Seitens der DDR waren Walter Ulbricht, Otto Grotewohl und Fred Oelßner dabei. Wilhelm Pieck war aus gesundheitlichen Gründen nicht mit nach Moskau gereist. Die sowjetische Seite übergab der DDR-Delegation ein Dokument von sechseinhalb Seiten im Format A4 in lediglich zwei Exemplaren. Überschrift »Über Maßnahmen zur Gesundung der politischen Lage in der Deutschen

Demokratischen Republik. Streng Geheim!« Nicht für die Diskussion gedacht, sondern als Handlungsdirektive. Das Papier durfte nicht einmal für die anderen Mitglieder des Politbüros vervielfältigt werden. Fred Oelßner durfte die Anweisung einige Tage später im Politbüro vorlesen.

Für Honecker, der dem Politbüro als Kandidat angehörte, war das ein Schlüsselerlebnis, auf das er oft zu sprechen kam. Es hat ihn wahrscheinlich politisch stärker geprägt, als er sich selbst eingestand. Dieses Papier von 1953 wurde meines Wissens erstmals mit Honeckers Dokumentenband publik.

Ein wenig versöhnt wurde die SED-Führung dadurch, dass Berija, der maßgeblich hinter dieser Intrige am 3./4. Juni 1953 stand, drei Wochen später – am 26. Juni 1953 – abgesetzt wurde.

Ein knappes Jahr später erhielt die DDR ihre staatliche Souveränität. Damit endete auch das Amt des Hohen Kommissars. Das Politbüro tagte jetzt ohne offiziellen sowjetischen Beisitzer, aber immer mit einer starken Gruppe von Genossen, die bereit waren, alle wesentlichen Informationen mit den Freunden zu teilen. Die nationale Aufgabe der DDR – so einigten sich damals beide Parteien – war die Schaffung einer Massenbewegung »für ein einheitliches, demokratisches, friedliebendes, unabhängiges Deutschland.« Diese bestimmte viele Jahre die Politik der DDR, was in so klaren Forderungen zum Ausdruck kam wie »Deutsche an einen Tisch!« oder später auch »Deutsche Konföderation«.

Als die DDR sich eine neue, eine sozialistische, Verfassung geben wollte, schrieb Walter Ulbricht am 31. Oktober 1967 an Leonid Breshnew. Er schickte den Verfassungsentwurf mit und bat um die Meinung des Politbüros des ZK der KPdSU. Der Antwortbrief aus Moskau kam schon vier Wochen später, am 28. November 1967. In einem kameradschaftlichen Ton gehalten, schlug die Bruderpartei in sieben Komplexen Änderungen vor, die unter Leitung Walter Ulbrichts in den Verfassungsentwurf aufgenommen wurden. Ulbricht bestand darauf, die DDR als »sozialistischen Staat deutscher Nation«

zu charakterisieren, und die Autorität Ulbrichts war groß genug, um sich mit seiner Linie in Moskau durchzusetzen. 1968 wurde die Verfassung als bisher einzige in der deutschen Geschichte durch einen Volksentscheid angenommen. Ihre Präambel begann mit einem eindeutigen Bekenntnis. »Getragen von der Verantwortung, der ganzen deutschen Nation den Weg in eine Zukunft des Friedens und des Sozialismus zu weisen«, hieß es, habe sich das Volk der DDR eine neue Verfassung gegeben. Die überwältigende Mehrheit der DDR-Bürger bekannte sich zu ihrem »sozialistischen Staat deutscher Nation«, indem sie dieser Verfassung in einem Plebiszit die Zustimmung erteilte.

Ausgerechnet ein Regierungswechsel in der Bundesrepublik sorgte dafür, dass sich im Apparat des ZK der KPdSU Kritik an dieser Aussage regte. Nachdem 1969 Willy Brandt zum Bundeskanzler gewählt worden war, rief Walter Ulbricht das Politbüro zusammen. Honecker vertrat dort den sowjetischen Standpunkt, in Westdeutschland habe es zwar einen »Regierungswechsel, jedoch keinen Machtwechsel« gegeben, was zweifellos stimmte. Mit der Wahl Brandts würde sich nichts Grundlegendes ändern, was nun wieder nicht ganz richtig war. Ulbricht widersprach: Westdeutschland sei zwar weiterhin ein monopolkapitalistischer Staat, jedoch mit einer Regierung, in der die SPD die Richtlinien der Politik bestimme und der ein Antifaschist als Kanzler vorstehe. Das sei etwas Neues in der deutschen Nachkriegsgeschichte. Der Stoß der DDR dürfe deshalb nicht gegen Brandt geführt werden. Er müsse Strauß und Thadden gelten[148]. Der ein oder andere ältere Leser aus der DDR wird sich erinnern, dass unsere Medien zeitweilig Weisung aus dem ZK hatten, keinerlei Polemik gegen Brandt zu veröffentlichen. Spaßmacher nannten das »Brand(t)schutzwochen«.

Ulbricht ließ keinen Zweifel daran, dass er die deutsche Frage für eine linke Option offenhalten wollte. Er strebte »die Überwindung der vom Imperialismus der deutschen Nation aufgezwungenen Spaltung an«[149]. Es folgten die Treffen der

Regierungschefs Willy Brandt und Willi Stoph am 19. März 1970 in Erfurt und am 21. Mai 1970 in Kassel.

Der sowjetischen Führung waren beide Begegnungen suspekt. Beim Treffen Breshnews mit Honecker am 28. Juli 1970 in einem Sanatorium am Rande Moskaus drückte der sowjetische Generalsekretär es so aus: »Sagen wir es offen. Aus Erfurt und Kassel kam nichts Günstiges raus. Brandt hat in Bezug auf die DDR andere Ziele als wir.«[150] Er sprach gar vom »Gegner Brandt«. Wörtlich: »Wir haben in Bezug auf Brandt [...] keine falschen Vorstellungen. Illusionen sind nicht am Platze [...]. Was will Walter mit der Möglichkeit, einer durch nichts zu beweisenden Möglichkeit, der Zusammenarbeit mit der westdeutschen Sozialdemokratie, was versteht er unter der Forderung, der Brandt-Regierung zu helfen? [...] Es darf zu keinem Prozess der Annäherung zwischen der BRD und der DDR kommen.«[151]

Das legte der KPdSU-Generalsekretär nicht seinem Kollegen Walter Ulbricht, sondern dem Politbüromitglied Erich Honecker ans Herz: »Du bist für uns dafür verantwortlich. Dies bleibt alles unter uns. Er darf nichts davon erfahren.«[152]

Knapp vier Wochen später, am 21. August 1970, fand in Moskau eine Besprechung einer Delegation des ZK der KPdSU mit einer Abordnung des ZK der SED statt. Geplant war, dass Breshnew mit Ulbricht über dessen Rücktritt als Erster Sekretär des ZK der SED sprechen sollte. Er tat es aus mir unbekannten Gründen nicht. Stattdessen beriet Breshnew mit Ulbricht vier Stunden lang intensiv über Aktuelles und Perspektivisches. Honecker, Stoph, Axen, Hager und Mittag warteten vor der Tür auf das Ergebnis der Unterredung.

Als die beiden Parteichefs ihnen dieses gemeinsam mitteilten, gab es bei der Begleitung, besonders bei Honecker, Enttäuschung, weil die Personalfrage nicht geklärt worden war.

Bei der ausgiebigen Besprechung der beiden Delegationen sagte Ulbricht etwas Unbotmäßiges: »Leonid Iljitsch, wir sind nicht Belorussland, wir sind keine Sowjetrepublik. Wir sind die DDR. Also echte Kooperation.«[153]

Alle waren so überrascht, dass sie nicht widersprachen.

Honecker soll später Breshnew gebeten haben, »die DDR de facto als eine Unionsrepublik der UdSSR zu betrachten und sie als solche in die Volkswirtschaftspläne der UdSSR einzubeziehen«.[154]

Ich kenne Honeckers Denkweise aus vielen Jahren der Zusammenarbeit ziemlich gut. Daher glaube ich nicht, dass seine – von Kwizinskij überlieferte – Äußerung eine Replik auf Ulbrichts Belorussland-Anmerkung darstellte. Honecker war sich durchaus bewusst, dass die DDR als 16. Sowjetrepublik keine Chance haben würde. Vielmehr zeigt sich, dass sein Denken auf Erinnerungen fußte, die aus der Weimarer Republik stammten. Damals war unter Kommunisten die Losung von einem Sowjetdeutschland populär. Er liebte es, an Traditionen der KPD unter Ernst Thälmann anzuknüpfen. Manchmal lebte er mehr in der Geschichte als in der Gegenwart. Das war in seinen letzten Amtsjahren durchaus ein Problem bei der Wahrnehmung der Realität des Alltags.

Die Besprechung am 21. August 1970 leitete einen Kurswechsel in der nationalen Frage ein. Breshnew erklärte den wartenden Genossen: »In unserem Gespräch behandelten wir [...] die Losung von der ›Einheit der Nation‹, von den ›innerdeutschen Beziehungen‹, also den Nationalismus.« In aller Deutlichkeit warnte er vor einer »Sozialdemokratisierung der DDR«, auf die Willy Brandt hoffe. Die BRD müsse für die DDR Ausland sein wie jeder andere Staat. Ulbricht würde der KPdSU ein Dokument zur nationalen Frage zur Konsultation unterbreiten.

In der SED-Parteiführung arbeitete man zunächst an einem Papier zur Gründung des Deutschen Reiches durch Bismarck vor 100 Jahren. Sein Titel: »Die Entwicklung der nationalen Frage in der deutschen Geschichte«. Das Politbüro der KPdSU setzte eine Kommission unter Leitung des früheren Hohen Kommissars der UdSSR in Deutschland, Wladimir S. Semjonow, ein. Sie diskutierte den Entwurf im Februar 1971 mit einer SED-Delegation, der sowohl Abteilungsleiter des

23. 10. 197

An Genossen Hans R o d e n b e r g

Genosse Honecker behauptet mir gegenüber, ich hätte zu Dir gesagt, ich solle so aus dem politischen Leben ausgeschaltet werden wie Chruschtschow. Wer diese Lüge ausgedacht hat, das kann ich nicht wissen. Diejenigen haben jedenfalls keine AHnung von meinem Verhältnis zu Chruschtschow. Ich kann das unmöglich behauptet haben.

Ich habe Ch. als Vertreter der Sowjetunion respektiert, wie es sich gehört.

1.) Genosse Leonid Breshnew wird sich erinnern, was ich kurz vor der Absetzung Chruschtschows in Döllnsee über Ch. und seine ökonomische Politik gesagt habe.

2.) Ich hatte mit Ch. scharfe Auseinandersetzungen über die wirtschaftliche Rechnungsführung und über das ökonomische System.

3.) Als Ch. in die DDR kam, schimpfte er auf mich die ganze Strecke bis Magdeburg, weil ich nicht ein genügend gehorsamer Mais-Jünger war.

4.) Als der"Rapallopakt"nicht zustande kam und er die Westberlin-Frage in die Sackgasse geführt hatte, habe ich dem Politbüro der KPdSU vorgeschlagen, einen Beistandspakt zwischen der Sowjetunion und der DDR abzuschließen. Diesem Vorschlag stimmte das Politbüro der KPdSU zu.

5.) Als Adschubej, der Schwiegersohn von Ch., Journalisten in München und anderen Städten Westdeutschlands gesagt hatte, Ulbricht spiele sowieso keine Rolle mehr, da er an Krebs leide, hat das meine Beziehungen zu Ch. nicht verbessert.

6.) Das letzte Mal sah ich Ch., als er in Pizunda in Urlaub war und er mit dem Motorboot zur Datsche des Genossen Kuusinen kam, wo ich mich aufhielt. Er landete am Ufer und war böse gestimmt. Ein eigentliches Gespräch kam leider nicht zustande.

\- 2 -

Warum Genosse Chruschtschow in meinem Denken keine Rolle gespielt hat, können vielleicht die sowjetischen Genossen besser erklären.

Ich kann nicht glauben, daß Du eine solche aus den Fingern gesogene Erklärung abgegeben haben sollst. Ich ersuche Dich, die anfangs genannte Behauptung des Genossen Honecker zu berichtigen.

W. Ulbricht

Schreiben Walter Ulbrichts vom 23. Oktober 1971 an das Mitglied des ZK und des Staatsrates Hans Rodenberg, der von 1932 bis 1948 in der Sowjetunion als Theater- und Filmregisseur, Schriftsteller und Rundfunksprecher gearbeitet hatte. Das Dokument offenbart vor allem das angespannte Verhältnis Ulbrichts und Chruschtschows. Der hatte beispielsweise 1957 bei einem Besuch im Volkseigenen Gut Schwaneberg auf einer »Maiskonferenz« das Wort vom »Mais, der Wurst am Stengel« geprägt und den flächendeckenden Maisanbau in der DDR gefordert. Dem kam die DDR, wie aus der Bemerkung Ulbrichts zu schließen ist, aus Moskauer Sicht nur ungenügend nach

Zentralkomitees wie Paul Markowski und Hannes Hörnig als auch Wissenschaftler wie die Professoren Ernst Diehl und Günter Hortzschansky angehörten.

Semjonow empfahl den deutschen Genossen, »theoretisch zu begründen, dass sich in der DDR die sozialistische deutsche Nation entwickelt« habe. Es müsse der Kampf geführt werden »gegen den Mythos von einer angeblich nationalen Einheit der Deutschen und ihrer Gemeinsamkeit« und es müsse der Nachweis geführt werden, dass die nationale Frage ihrem Wesen nach eine Klassenfrage sei. Die deutsche Nation sei durch die Schuld des Imperialismus zerrissen worden. Die vielfachen Bande zwischen den Deutschen seien dadurch zerstört worden.[155]

Damit war der Wendepunkt in der deutschen Frage markiert, der 1974 mit der Änderung der Verfassung abgeschlossen werden sollte. Die 1968er Präambel, die von Fortbestand der deutschen Nation ausging, wurde ersatzlos gestrichen.

So entstand auf Initiative sowjetischer Deutschlandpolitiker und durch Mitwirkung von DDR-Autoren die Theorie von den zwei deutschen Nationen. Ich würde die Unwahrheit sagen, würde ich so tun, als hätte es für diese Theorie nicht auch gute Argumente gegeben. Alles hat seine Zeit. Ich halte es nur für unfair, einseitig Zensuren zu verteilen oder Tatsachen auf den Kopf zu stellen.

Wie kompliziert es selbst unter Weggefährten war, 1989 durch den Dschungel unterschiedlicher sowjetischer Äußerungen zur Deutschlandpolitik zu finden, habe ich 1989 persönlich gespürt. Zu meinen Gesprächspartnern jener Zeit gehörte beispielweise Markus Wolf[156]. Wolfgang Herger und ich trafen uns mit ihm am 3. August 1989. Im Januar hatte Honecker mich noch gerügt. Er hatte Wolf noch nicht vergessen, dass Breschnew ihn 1974 wegen der Guillaume-Affäre verantwortlich gemacht, die zu Brandts Rücktritt als Bundeskanzler geführt hatte. Inzwischen war im Ministerium für Staatsicherheit eine Autobiografie von Günter Guillaume erschienen. Allerdings nur für den internen Gebrauch. Der

Chefredakteur der *Jungen Welt* hatte gebeten, dass ich mich dafür einsetzte, das Buch als Fortsetzungsgeschichte in der Zeitung zu veröffentlichen. Ich schrieb Honecker eine Hausmitteilung in der Hoffnung, er würde einverstanden sein. Irrtum. Handschriftlich vermerkte er darauf »Nein. Es war politisch falsch, das Buch überhaupt herauszugeben.«[157]

Honecker und Brandt hatten inzwischen Frieden geschlossen. Nun wollte er nicht, dass der SPD-Vorsitzende wegen der Veröffentlichung des Guillaume-Buches verärgert würde.

Als ich Wolf empfing, wusste ich natürlich, dass es viele Spekulationen und Legenden um ihn gab. Er sei aus dem Dienst ausgeschieden, weil er für Gorbatschow Sympathien hege und die DDR nicht mehr für reformierbar halte, sagten die einen. Andere meinten, er sei »1986 als Stellvertretender Minister de facto abserviert und aufs Altenteil geschickt worden«[158]. Es gehört zur Strategie des Westens, DDR-Politiker gegeneinander auszuspielen. Mich hat dieses Gerede zwar interessiert, aber nicht betroffen gemacht. So war und ist eben Politik, leider. Aus eigenem Wissen weiß ich: Wolf wurde zu keinem Zeitpunkt vom Politbüro auf »Eis gelegt« oder abgeschoben. Er fiel auch nicht in Ungnade. Dazu war er viel zu erfolgreich. Er hatte eine bewundernswerte Biografie und war auf Grund seines Lebens während des Krieges in Moskau in seinem Denken auch ein wenig ein sowjetischer Russe.

Am 26. Juni 1989 hatte er einen Brief an Honecker gerichtet. Er dankte diesem, dass Honecker sich zum Fürsprecher einer zweite Auflage des Buches »Die Troika« gemacht hatte und schrieb, dass er »dem vom Westen gehegten Wunsch entgegenwirken« wolle, »ihn in eine Ecke zu manövrieren, in die ich nicht hingehöre«[159]. Wolf bat Honecker deshalb darum, in Medien der DDR und des Westens Interviews geben zu dürfen. Da Honecker im Urlaub war, kam Wolf mit diesem Anliegen zu mir. Er versicherte, immer und überall »als Kommunist aufzutreten«. Ich zweifelte nicht daran und sagte zu, Honeckers Zustimmung einzuholen. Wolf dankte und verabschiedete sich.

»Moment«, sagte ich. »Wenn du schon hier bist, würde ich gern erfahren, wie du die gegenwärtige Situation der DDR beurteilst?«

Zu meiner Überraschung sagte Wolf: »Darauf bin ich nicht vorbereitet.« Ein Mann wie er wollte unvorbereitet sein?

»Mischa, du bist mit deinem Buch auf Lesetour, hast mit vielen Menschen Kontakt. Bitte schildere mir deine Eindrücke. Sie interessieren mich.«

Wolf begann zu erzählen: »Mir macht die Negativberichterstattung in unseren Medien über die Sowjetunion Sorge. Wir selbst demontieren unser Bild vom Sozialismus. Wir haben die Sympathiewelle für die Sowjetunion, die durch Gorbatschow ausgelöst wurde, für uns nicht genutzt. Ein großes Übel in der kommunistischen Weltbewegung ist der Subjektivismus. Das Zentralkomitee und nicht sein Apparat muss bestimmen. Es ist wichtig, dass Alternativen angeboten werden. Die Rolle der Blockparteien und der Gewerkschaften muss bei uns erhöht werden. In Fragen der Kulturpolitik darf die Partei kein Krisenmanager sein. Die Ausreise aus der DDR muss exakt untersucht werden. Wir müssen genau wissen, warum die Leute uns verlassen.«

Ich teilte seine Einschätzung, obwohl sie nichts enthielt, was Herger und ich nicht auch schon vorher gewusst hätten. Das sagte ich ihm auch. Dann verabschiedete er sich endgültig.

Erst 1991 erfuhr ich, dass Wolf mir damals Entscheidendes verschwiegen hatte. In seinem Buch »In eigenem Auftrag«[160] berichtete er über eine Reise nach Moskau. Nur wenige Tage vor unserem Gespräch 1989 war er aus der Sowjetunion zurückgekehrt, ohne darüber mir gegenüber ein Wort zu verlieren. In Moskau, so beschreibt er nachträglich, habe er seinen sowjetischen Kollegen vom KGB ungeschminkt gesagt, dass von der SED-Führung keine Erneuerung zu erwarten sei. Die Freunde hätten ihm gut zugehört und am Schluss die Frage gestellt, wie er »die Perspektive der westdeutschen Konzeption einer Wiedervereinigung und des Abbaus der Mauer« sehe. Soweit, so gut. Doch wo blieb Glasnost in unserem Gespräch?

Kein Wort über diesen Dialog in Moskau. Es wäre 1989 für mich wichtig gewesen, diese Gedanken zu kennen. Doch auch in seinem Buch schrieb er nichts darüber, was er den Deutschlandexperten des KGB geantwortet hatte. Einem Mann seines Formats hätte doch auffallen müssen, dass die Frage der KGB-Leute nach der Wiedervereinigung und der Mauer zumindest damals noch der offiziellen Politik Gorbatschows widersprach.

Wolf war in Moskau auf hoher politischer Ebene empfangen worden; für einen Schriftsteller nicht gerade typisch. Falin, Portugalow und Koptelzew sprachen mit ihm über die »Einheit der Nation«. Hätte Wolf nicht hellhörig werden müssen, dass ihm ausgerechnet sowjetische Deutschlandpolitiker sagten, die SED habe leichtfertig auf die Einheit der Nation verzichtet? Hingegen leuchtete ihm der Gedanke Falins ein, dass sich die DDR-Führung von dem in der ersten Verfassung der Republik noch verankerten Ziel der deutschen Einheit losgesagt und so das Einbringen einer sozialistischen Alternative preisgegeben habe. Nach dieser Version hatte die SED auch die Chance der Annäherung der beiden größten Arbeiterparteien in Deutschland vergeben.

So etwas von Funktionären des ZK der KPdSU und von KGB-Leuten zu hören, die der DDR-Führung seit Jahrzehnten in deutschlandpolitischen Fragen selten eigenes Denken zugestanden hatten, war ein Fußtritt besonderer Art. Sie taten so, als hätten sie uns 40 Jahre die deutsche Einheit gelehrt und die Regeln für eine deutsche Konföderation beigebracht, doch dabei tauben Ohren gepredigt.

Als es die DDR schon nicht mehr gab, berichtete der außenpolitische Berater von Bundeskanzler Helmut Kohl in einer Fernsehsendung, dass sich sein Chef nach meiner Wahl zum Generalsekretär mit mir zu einem Treffen verabredet habe. Er sei erstaunt gewesen, dass ausgerechnet von sowjetischer Seite der Hinweis gekommen sei, Kohl solle das Treffen absagen, denn Krenz würde den Sonderparteitag der SED nicht überstehen.

Geheim

DEUTSCHE DEMOKRATISCHE REPUBLIK

NATIONALER VERTEIDIGUNGSRAT

DER VORSITZENDE

B E F E H L Nr.: 11 / 89

des Vorsitzenden des Nationalen Verteidigungsrates
der Deutschen Demokratischen Republik

über

Maßnahmen zur Gewährleistung der Sicherheit und Ordnung
in den Bezirken der Deutschen Demokratischen Republik

vom 03 . 11. 1989

Im Zusammenhang mit der weiterbestehenden komplizierten sicherheitspolitischen Lage und zur Gewährleistung der Ordnung und Sicherheit in den Bezirken der Deutschen Demokratischen Republik sind auf der Grundlage

- meiner Ausführungen auf der 9. Tagung des Zentralkomitees der SED und vor den Abgeordneten der Volkskammer der DDR sowie
- der Ergebnisse der Beratung mit den 1. Sekretären der Bezirksleitungen der SED vom 27. 10. 1989

die erforderlichen politisch-ideologischen, führungsmäßigen und organisatorisch-technischen Maßnahmen einzuleiten, um jederzeit und kurzfristig der sicherheitspolitischen Lage in den Bezirken der DDR allseitig Rechnung tragen zu können.

Befehl des Vorsitzenden des Nationalen Verteidigungsrates, Egon Krenz, vom 3. November 1989: Keine Gewalt, die Anwendung der Schusswaffe ist verboten.

Geheim

- 2

Zur Erfüllung dieser Aufgabenstellung

B E F E H L E   I C H :

1. Auf der Grundlage des Statuts der Einsatzleitungen der Deutschen Demokratischen Republik haben

   - die Bezirkseinsatzleitungen und
   - die Kreiseinsatzleitungen

   mit sofortiger Wirkung

   die erhöhte Führungsbereitschaft in ihren stationären Objekten herzustellen.

2. Die Arbeitsorgane der Vorsitzenden und die Führungsorgane der Mitglieder der Einsatzleitungen sind weiterhin ständig durch leitende Kader zu besetzen.

   Die bisher gesammelten Erfahrungen sind in den Einsatzleitungen durch die jeweiligen Vorsitzenden gründlich auszuwerten und in der weiteren Arbeit zu berücksichtigen.

3. Die politisch-ideologische Arbeit ist darauf zu konzentrieren, bei allen Kommunisten feste politische Standpunkte herauszubilden und die kämpferische Haltung unserer Genossen auszuprägen mit dem Ziel, unsere Partei wieder in die politische und ideologische Offensive zu führen.

   Der begonnene, offene und freimütige Dialog ist auf allen Ebenen weiterzuführen. Dabei ist zu sichern, daß durch sachliche und offensive Diskussionen unserer Genossen sozialismusfeindlichen Auffassungen entschieden entgegengewirkt wird.

4. Die Vorsitzenden der Bezirkseinsatzleitungen und die Vorsitzenden der Kreiseinsatzleitungen haben alle für ein offensives Reagieren auf provokatorische Aktionen vorzusehenden Handlungen vorausschauend abzustimmen und ein ununterbrochenes enges Zusammenwirken zu sichern.

   Dabei sind die politische Lage in den Territorien unablässig zu analysieren sowie die erforderlichen politisch-ideologischen und politisch-operativen Maßnahmen zur Gewährleistung der Ordnung und Sicherheit festzulegen.

Geheim

- 3

5. Der aktive Einsatz polizeilicher Kräfte und Mittel gegenüber Demonstranten erfolgt nur bei Gewaltanwendung gegen eingesetzte Sicherheitskräfte bzw. Objekte auf Befehl der Vorsitzenden der Bezirkseinsatzleitungen.

6. Durch die Bezirkseinsatzleitungen der Grenzbezirke sind die erforderlichen Maßnahmen vorzusehen, damit Demonstranten nicht in das Grenzgebiet eindringen.
Im Falle eines solchen Eindringens sind die Demonstranten durch Anwendung körperlicher Gewalt und geeigneter Mittel daran zu hindern, daß es zu Grenzdurchbrüchen kommt.
In besonders gefährdeten Abschnitten sind zusätzlich zu den eingesetzten Grenzposten Diensthundeführer einzusetzen.

7. Die Anwendung der Schußwaffe im Zusammenhang mit möglichen Demonstrationen ist grundsätzlich verboten.

8. Meldungen an den Vorsitzenden des Nationalen Verteidigungsrates sind zu erstatten:

- bei Gefährdung der staatlichen Sicherheit oder der öffentlichen Ordnung und Sicherheit
- bei schwerwiegenden besonderen Vorkommnissen bzw. Zusammenstößen.

9. Kurzgefaßte Lageinformationen sind durch den

- Vorsitzenden des Ministerrates
- Minister für Nationale Verteidigung
- Minister für Staatssicherheit
- Minister des Innern und Chef der Deutschen Volkspolizei sowie durch das
- Mitglied des Politbüros und Sekretär des Zentralkomitees der SED, Genossen Horst D o h l u s ,

an den Generalsekretär des Zentralkomitees der SED und Vorsitzenden des Nationalen Verteidigungsrates täglich bis 08.00 Uhr mit Stand 02.00 Uhr vorzulegen.

Geheim

- 4

10. Dieser Befehl tritt mit sofortiger Wirkung in Kraft und hat Gültigkeit bis auf Widerruf.

11. Die Befehle Nr. 8/89 und 9/89 des Vorsitzenden des Nationalen Verteidigungsrates der DDR werden aufgehoben.

Berlin, den 03. 11. 1989

Egon Krenz
Generalsekretär des Zentralkomitees der Sozialistischen Einheitspartei Deutschlands und Vorsitzender des Nationalen Verteidigungsrates der Deutschen Demokratischen Republik

Ich wollte solche Hinterlistigkeit nicht glauben. Ich wandte mich an Horst Teltschik, der ja ein sachkundiger Zeitzeuge ist, und frage ihn, ob er sich erinnere, wer bei ihm vorstellig geworden sei. »Selbstverständlich«, sagte er. »Es war Botschafter Kwizinskij.«

Eine solche Aussage durch einen sowjetischen Botschafter weit vor dem Sonderparteitag der SED war sicher nicht ohne Hilfe deutscher Genossen zustande gekommen.

Die Theorie der zwei deutschen Nationen war die Konzeption der Abgrenzung. Sie hat die Politik der DDR gegenüber der Bundesrepublik bestimmt. Auch ich glaube inzwischen, dass wir zu früh die deutsche Frage als abgeschlossen erklärt hatten. Wir hießen Sozialistische Einheitspartei *Deutschlands*, lasen das Neue *Deutschland*, in der Nationalhymne – auch wenn wir sie nicht mehr sangen – hieß es »Deutschland, einig Vaterland«. Die Deutschlandpolitiker der UdSSR jedenfalls sind die Letzten, die solche Vorwürfe an die Adresse der SED hätten richten dürfen.

Das eigentliche Problem der DDR in dieser Beziehung war doch kein theoretisches, sondern ein sehr praktisches: Wir haben unterschätzt, dass auf beiden Seiten unserer Staatsgrenze Deutsche wohnten, die durch vielfältige verwandtschaftliche Beziehungen, durch gemeinsame Sprache und langjährige kulturelle Traditionen verbunden waren und von denen sehr viele nur den Wunsch hatten, sich gegenseitig auch besuchen zu können. Nicht allen von uns war bewusst, welche Folgen es hatte, dass die Deutschen der DDR in der Bundesrepublik automatisch Bundesbürger waren, die dort weder einen Reisepass noch ein Visum benötigten. Der Bundesrepublik war es immer wichtiger, für ganz Deutschland zu sprechen, als dass sie bereit gewesen wäre, gemeinsam mit der DDR Wege für die Finanzierung eines umfangreichen Reiseverkehrs zu suchen.

Auf der einen Seite forderte sie von der DDR, die Mauer durchlässiger zu machen. Auf der anderen Seite sollten wir diese zum Schutz der Bundesrepublik noch dichter machen.

Als Mitte der achtziger Jahre tamilische Flüchtlinge über Berlin-Schönefeld via Westberlin in die Bundesrepublik kamen, verlangte die Bundesregierung von der DDR, die Flüchtlinge nicht nach Westberlin ausreisen zu lassen, um zu verhindern, dass diese in der Bundesrepublik Asyl beantragten. Für den Fall, dass dies unterbliebe, sollten Handelssanktionen fällig werden. Schon damals ließen die Regierenden in der Flüchtlingsfrage die Drecksarbeit gern andere machen.

Wir blieben zunächst standhaft, verwiesen auf den Grundsatz der Transitfreiheit, den wir nicht verletzen würden. Alles was Rang und Namen in der bundesdeutschen Politik hatte, fiel über die DDR her.

Egon Bahr besuchte am 5. September 1986 Erich Honecker. Im Auftrag von Willy Brandt fragte er: »Gibt es eine Möglichkeit, eine Regelung in der ›Asylfrage‹ zu erreichen, die für das Wahlergebnis am 25. Januar 1987 günstig ist?« Im Falle einer Regierungsübernahme durch die SPD würde die Bundesrepublik die Staatsbürgerschaft der DDR »respektieren«.

Für diesen Preis waren wir zu Zugeständnissen bereit.

Moskau schwieg dazu, obwohl diese Frage auch den Viermächtestatus berührte. Denn auch Moskau wollte lieber Johannes Rau (SPD) statt Helmut Kohl (CDU) als Bundeskanzler. Der Goebbels-Vergleich war noch nicht vergessen. So kam es, dass der SPD-Kanzlerkandidat von der DDR – mit Moskauer Billigung – aktive Wahlhilfe erhielt, indem er erklären konnte, er habe von der DDR-Führung die Zusage erhalten, dass nur noch solche Personen im Transit befördert würden, die über ein Anschlussvisum anderer Staaten verfügten.

Wir gingen also in Vorleistung in der Hoffnung, Rau würde es uns nach einem Wahlsieg vergelten. Es kam jedoch anders.

Zwar erhielt im Januar 1987 die SPD 39,2 Prozent der Stimmen – 1,7 Prozent mehr als Kohls Partei, die CDU. Doch mit Hilfe der CSU-Stimmen blieben Helmut Kohl im Amte und die Respektierung der DDR-Staatsbürgerschaft ein unerfüllter Wunsch.

Ein Brief von Schewardnadse

Am 1. September 1989 richtete der sowjetische Außenminister einen bemerkenswerten Brief an seinen DDR-Kollegen Oskar Fischer. Wegen der Grundsätzlichkeit seines Inhalts lag das Schreiben gewiss zuvor auch auf dem Tsch von Gorbatschow. Es ging Schewardnadse darin um »die Exzesse der letzten Zeit, die durch Versuche einer nicht geringen Zahl von DDR-Bürgern, illegal in die BRD zu gelangen, hervorgerufen wurden«.[161] Eine gemeinsame Position der UdSSR und der DDR zu dieser Frage sei darum bedeutungsvoll für »die langfristigen Interessen unserer beiden Länder und für die Position des Sozialismus in Europa«.

Der sowjetische Außenminister lenkt die Aufmerksamkeit der DDR darauf, »dass das gesamte in der BRD geltende politisch-rechtliche und soziale System darauf gerichtet ist, die Fluchtbewegung aus der DDR maximal zu stimulieren«. Darin glaubte er die Absicht der Bundesrepublik zu erkennen, »Spannungen und Konflikte« zu provozieren, um »die innere Stabilität« der DDR zu untergraben. Schewardnadse verlangte darum von uns, »die Anerkennung der DDR-Staatsbürgerschaft durch Bonn« zu fordern. Auf diese Weise seien die geflüchteten DDR-Bürger in der Bundesrepublik Ausländer, die um politisches Asyl nachsuchen müssten. Das, so meinte der sowjetische Außenminister, würde den Drang zur Ausreise bei jenen verringern, »die einen hohen Wohlstand nicht durch Arbeit, sondern mittels der Ausreise« erzwingen wollten. Obendrein würde auf diese Weise sichtbar, »dass die Überläufer aus der DDR keine politischen Emigranten sind«.

Man müsse die Regierung der Bundesrepublik darauf hinweisen, »dass die Beschlüsse der KSZE über Freizügigkeit auf die Beziehungen zwischen der DDR und der BRD nicht anwendbar sind, da wegen der Nichtanerkennung der DDR-Staatsbürgerschaft die völkerrechtlichen Voraussetzungen für die Zusammenarbeit beider Länder in dieser Frage fehlen«.

Und dann kam die Moskauer Direktive: Wir sollten dem Bundeskanzler mitteilen, »dass im Falle der Fortsetzung der entfachten Anti-DDR-Kampagne und der Aufnahme von Flüchtlingen durch die Botschaften der BRD die Behörden der DDR gezwungen sein würden, die Zahl der Übersiedler in diesem und im nächsten Jahr spürbar zu verringern«. Es folgte der Hinweis, die aktuellen Beziehungen zur BRD nicht darauf zu reduzieren, »wie und wann die nächste Gruppe von Personen, die das Gesetz übertreten haben, in den Westen gelassen wird«[162].

Als ich den Brief las, gingen mir sehr widersprüchliche Gedanken durch den Kopf. Die Grundsätzlichkeit des Briefes gefiel mir. Doch, wie sagt der Philosoph Kant: »Das mag in der Theorie richtig sein, taugt aber nichts für die Praxis.« Zumindest nicht für die aktuelle.

Seit Honecker die berechtigte Forderung nach Respektierung der DDR-Staatsbürgerschaft durch die Bundesrepublik erhoben hatte, gingen wir selbst sehr beliebig mit ihr um. Mal galt sie, mal nicht, je nachdem, wie die politische Großwetterlage war. Wir wurden in dieser Frage von den NATO-Staaten nicht ernst genommen. Das hatten wir uns selbst zuzuschreiben, weil unser Handeln gegenüber der BRD allzu oft nicht prinzipiell, sondern rein pragmatisch war.

Schewardnadses Brief ist auch deshalb bemerkenswert, weil er – in der Rückschau – Hans-Dietrich Genschers Auftritt auf dem Balkon der BRD-Botschaft in Prag dreißig Tage später in einem anderen Licht erscheinen lässt. Honecker hatte der Ausreise der Prager Botschaftsbesetzer nur unter der Bedingung zugestimmt, dass diese nicht politisch instrumentalisiert werden dürfe. Den demonstrativen Auftritt des Vize-Kanzlers und Bundesaußenministers am 30. September 1989 betrachtete er darum als Verstoß gegen vertrauliche

Absprachen. Honecker fühlte sich nicht mehr an seine Zusage gebunden, zur Entlastung der BRD-Botschaft die DDR-Bürger ausreisen zu lassen – was in verschiedener Hinsicht einen humanitären Akt darstellte. Seine Auffassung, von Bonn – speziell von Genscher – überfahren und politisch düpiert worden zu sein, wurde vom sowjetischen Außenminister Schewardnadse geteilt. Streng genommen hatte Genscher die Ausreiseaktion gefährdet.

Die Ironie der Geschichte bestand darin, dass Honecker sich auf Schewardnadses Schreiben berief, als er dem Politbüro den verhängnisvollen Beschluss vorschlug, die Züge aus Prag über das Territorium der DDR in die BRD fahren zu lassen, um unsere staatliche Souveränität zu wahren.

Wer zu spät kommt, den bestraft das Leben

Gorbatschow besuchte zum 40. Jahrestag die DDR und hinterließ den Satz: »Wer zu spät kommt, den bestraft das Leben.« Zwar nur dem Inhalt nach, denn die griffige Formulierung stammte vom Dolmetscher Helmut Ettinger, der einen Monat später mein Gespräch mit Gorbatschow in Moskau übersetzte.

Die bundesdeutschen Medien jubelten diesen Gemeinplatz zur massiven Kritik Gorbatschows an der DDR hoch. Damit sei der Reformunwille Honeckers gemeint, hieß es. Da ich Gorbatschows Original nicht kannte, machte auch ich mir diese Interpretation zu eigen. Am 1. November 1989 traf ich Gorbatschow in seinem Arbeitszimmer in Moskau und sprach ihn darauf an. Er dementierte überzeugend, dass er das auf die DDR bezogen habe und erklärte, er habe sich selbst damit gemeint: Er sei mit der Perestroika viel zu spät gekommen. Hätte es die lange Stagnationsperiode unter Breshnew nicht gegeben, wäre manches schmerzfreier und besser verlaufen, seit dessen Erkrankung Anfang der siebziger Jahre sei die Sowjetunion auf der Stelle getreten. Es wurde mehr schlecht als recht verwaltet, nicht aber regiert. Alle wesentlichen Probleme, etwa die Bewältigung der wissenschaftlich-technischen Revolution, seien unerledigt liegengeblieben. Das Lebensniveau der Bürger habe sich erheblich verschlechtert, im Wettstreit mit den USA habe die UdSSR gewaltig an Boden verloren.

Wie ich von sowjetischen Freunden wusste, hatte Breshnew wiederholt seinen Rücktritt angeboten. Den hatte das

Politbüro jedoch abgelehnt. Gorbatschows Verdienst bestand nach meinem Empfinden darin, dass er die Zeichen der Zeit verstanden hatte, aber er besaß – im Unterschied zu seinem Vorgänger Juri Andropow – nicht die Fähigkeit zum strategischen Denken. Dessen Reformkonzept war überlegter und praxisnäher als das, was Gorbatschow unternahm. Dies jedoch war mir damals nicht bewusst.

Mindestens seit 1987 herrschte auch im SED-Politbüro Unzufriedenheit über Honeckers Führungsstil. Werner Felfe, Siegfried Lorenz, Gerhard Schürer, Wolfgang Herger und ich sprachen inzwischen offen darüber. Für Moskau aber schien das – im Unterschied zu 1984 – inzwischen kein akutes Thema mehr zu sein. Als ich mit Botschafter Kotschemassow nach Honeckers BRD-Reise darüber sprach, antwortete er mit einer Redensart: »Es ist nicht gut, mitten im Strom die Pferde zu wechseln.«

Was auch immer damit gemeint war: Das klang völlig anders als das, was ich zu hören bekam, als Moskau Honeckers Bemerkung im Saarland zur Grenze kommentierte. »Wenn wir gemeinsam entsprechend dem Kommuniqué handeln, das wir in Bonn vereinbart haben«, so hatte Honecker in freier Rede in Neunkirchen erklärt, »dann wird der Tag kommen, an dem die Grenzen uns nicht trennen, sondern vereinen, so wie uns die Grenze zwischen der Deutschen Demokratischen Republik und der Volksrepublik Polen vereint.«[163] Die Agenturen hatten das als Spitzenmeldung verbreitet.

Moskau sah darin ein Abgehen von der vereinbarten Außenpolitik. Die Grenze zwischen beiden deutschen Staaten sei schließlich die Außengrenze des Warschauer Vertrages, also Sache aller Vertragsstaaten, also nicht vergleichbar mit der Oder-Neiße-Friedensgrenze. Das wusste Honecker selbst. Dass er dennoch so etwas gesagt hatte, ließ sich nicht allein mit den Emotionen erklären, die ihn in seiner saarländischen Heimat überkommen hatten. Ihm schien wichtig, der Öffentlichkeit erkennen zu geben, dass ihm gesamtdeutsche Träume nicht fremd waren.

Genau das jedoch kritisierte die sowjetische Führung.

Einige Monate später wurde ich in Warschau bei einer Tagung des Bündnisses Zeuge eines Gesprächs zwischen Gromyko und Honecker. In einer Konferenzpause ging das sowjetische Staatsoberhaupt auf Honecker zu. Ohne Eingangsfloskeln begann Gromyko: »Genosse Honecker, wir sind sehr besorgt, dass so viele DDR-Bürger in die BRD fahren dürfen und viele nicht zurückkommen!«

Honecker: »Da staune ich aber. Von den Millionen Reisenden sind im vergangenen Jahr lediglich 0,0002 Prozent nicht in die DDR zurückgekehrt.«

Diese Zahl stimmte nicht, wie ich wusste. Mir war klar, dass Honecker den Ball flach halten wollte. Also übersetzte ich die Zahl. Gromyko war selbst diese zu hoch. Man sei in Moskau der Meinung, dass die DDR der BRD viel zu viele Zugeständnisse mache.

1988 waren es tatsächlich 0,35 und im ersten Halbjahr 1989 schon 0,61 Prozent der Westreisenden, die nicht in die DDR zurückkehrten. Für kein anderes Land in Europa waren Entscheidungen über den Reiseverkehr und über ständige Ausreisen mit so vielen innenpolitischen und vor allem ökonomischen Konsequenzen verbunden wie für die DDR. 1987 hatten 112 000 DDR-Bürger einen Ausreiseantrag gestellt, etwa die Hälfte davon – genau 52 800 – waren qualifizierte Facharbeiter, 11 500 Personen verfügten über eine abgeschlossene Hoch- und Fachschulbildung, darunter waren 1142 Ärzte und Zahnärzte.

Es gab nicht nur politische und sicherheitspolitische Gesichtspunkte zu beachten. Nicht zu unterschätzen waren die ökonomischen und finanziellen Belastungen, die uns durch den Abgang entstanden. Die Bundesrepublik ihrerseits bot Bürgern aus der DDR sehr attraktive wirtschaftliche und soziale Anreize. Im Unterschied zu den Flüchtlingen, die heute nach Deutschland kommen, waren »Flüchtlinge« aus der DDR sehr willkommen und galten manchmal sogar als politische Helden in der Propagandaschlacht. Nach den heute geltenden Kriterien handelte es sich mehrheitlich jedoch um Wirtschaftsflüchtlinge.

Unsere ökonomischen Verluste waren die Gewinne der Bundesrepublik.

Die DDR stand stets unter mehrfachem Druck: In Bonn nutzte man das nicht geregelte Reisen in den Westen, um die DDR der Menschenrechtsverletzung anzuklagen. In Moskau sah man im zunehmenden Reiseverkehr ein Abgehen der DDR von der vereinbarten Politik. In der DDR forderten die Leute freien Reiseverkehr. Das Thema stand immer bei den Verhandlungen mit der BRD ganz oben auf unserer Tagesordnung. Es war gekoppelt an die Frage der Respektierung der Staatsbürgerschaft durch die BRD.

Noch immer werde ich nach meinen Motiven gefragt, warum ich bei Honeckers Ablösung so lange Zeit gezögert habe. Eine so unwürdige Veränderung an der Spitze wie sie beim Übergang von Ulbricht auf Honecker erfolgte, war für mich keine Option. Es war nicht meine Sache, gegen Honecker zu intrigieren. Ich hatte lange Zeit die Illusion, es könnte eine politisch saubere, eine anständige Lösung mit und nicht gegen Honecker geben. Ich wollte eine offene Auseinandersetzung, in der allein die Argumente zählten. Wer mir dies als Zögern auslegte, mochte angesichts der verheerenden innenpolitischen Lage Recht haben. Niemandem aus dem Zentralkomitee war es jedoch verboten, mutiger zu sein als ich. Gab es einen?

Ich gehörte seit meinem 16. Lebensjahr der SED an. Meine Parteidisziplin, die ich mir selbst auferlegt hatte, untersagte mir jede Art von Fraktionstätigkeit. Ich sah wohl, dass wir selbst durch den auferlegten kategorischen Imperativ »Keine Fehlerdiskussion!« die Waffe der Kritik und Selbstkritik aus der Hand gegeben hatten. Ich registrierte aber auch, wie die herrschenden Kreise in der Bundesrepublik jeden unserer Fehler gnadenlos nutzten, um der DDR zu schaden. Vor allem aber: Die überraschende Ablösung des ersten Mannes in der Führung eines sozialistischen Staates hatte bis dato oft zu gesellschaftlichen Erschütterungen geführt. In Polen 1956 und 1980, in Ungarn 1956 und in der Tschechoslowakei 1968 …

Meine Hoffnung auf Honeckers Einsicht erwies sich als Irrtum. Wir alle, ich besonders, nahmen viel zu lange Rücksicht. Im Westen wurde offen und öffentlich spekuliert, wer Honecker ablösen würde. Mal war es Markus Wolf, mal Günter Schabowski, dann Hans Modrow oder Siegfried Lorenz, selbst Werner Krolikowski wurde ins Gespräch gebracht. Oft war von mir die Rede. Während andere zu »Hoffnungsträgern« erklärt wurden, bekam ich das Etikett »Hardliner« verpasst, ich war der »Ziehsohn Honeckers«, der »jüngere Erich«, unfähig zu Reformen und Unterdrücker der Opposition. Berichterstattung über die DDR war für die Medien in der Bundesrepublik Innenpolitik. Als sich im Sommer 1989 die Gerüchte und Spekulationen verdichteten, ich könnte dem schwer erkrankten Honecker nachfolgen, begann man sich auf mich einzuschießen. Eine Gürtellinie existierte nicht. Ich war alkoholabhängig, hatte es mit Frauen und war auch nicht ganz gesund. Nichts stimmte, aber darauf kam es nicht an. Sie wussten, dass solche Gerüchte und Behauptungen auch die DDR-Bevölkerung erreichten. Die Absicht war durchschaubar: Mein Start sollte so schwer wie möglich gemacht werden. Letztlich gelang das auch. Einige aus der politischen Opposition gaben sich dennoch erstaunt, dass ich ihre – also die von den Medien genährten – Erwartungen nicht erfüllte.

Im September erhielt ich ein Papier, das von der Ständigen Vertretung der Bundesrepublik bei der DDR ausgearbeitet und von unseren Aufklärern in Bonn abgefangen worden war. Die Information an die Bundesregierung war überschrieben mit: »Über die innere Lage der DDR nach dem 8. ZK-Plenum«.[164]

Zunächst spekulierte der Absender über die Aussichten des – wie es wörtlich hieß – »bekanntesten Andersdenkenden«, Hans Modrow, und die des Berliner Parteichefs Günter Schabowski. »Das Feld der vermutlichen Nachfolgers beherrscht gegenwärtig unumstritten Krenz«, hieß es dann weiter. »Durch das Bekanntwerden der Wahlfälschungen hat sein Bild einige Schrammen bekommen, worüber er sich jedoch resolut hinwegsetzt. Seine durch nichts gemilderte Verteidigung der Massaker in Peking bei seinem Besuch in Saarbrücken zeigt seine Entschlossenheit, im Ernstfall alle staatlichen Mittel einzusetzen.«[165]

Dies war in jeder Hinsicht eine unbewiesene Behauptung, im juristischen Sinne eine üble Verleumdung. Nach der staatlichen Vereinigung wurde ich nie wegen »Wahlfälschung« verurteilt. Auch deshalb nicht, weil ich mich bereits im April 1989 in einem Brief an Honecker gegen jede Wahlmanipulation ausgesprochen hatte.

Und China? Das Landgericht Hannover verurteilte am 6. Januar 1999 (Aktenzeichen 6 O 443/98) eine ähnliche Behauptung der seinerzeitigen Bundesministerin Christine Bergmann (SPD) als »ehrabschneidend« und gab ihr – bei Androhung eines Ordnungsgeldes von 500000 DM – auf, diese nicht mehr zu wiederholen. Damit endete juristisch eine Kampagne, die im Spätsommer 1989 gegen mich begonnen hatte. Sie war nicht nur gegen mich, sondern auch gegen die Volksrepublik China gerichtet.

Interessant an dem Papier aus der Ständigen Vertretung war noch etwas anderes: Nachdem es dem Bundeskanzleramt vorlag, dauerte es nur etwa zwei Wochen, bis die darin über mich gemachten Aussagen in die Medien einsickerten und in den allgemeinen Kanon eingingen. Was in der Ständigen Vertretung der Bundesrepublik in Berlin zusammengeschrieben worden war, verbreiteten die Medien als angebliche Wahrheit.

Seither sind dreißig Jahre vergangen. Inzwischen ist verdrängt, dass der Herbst '89 nicht als Protestbewegung gegen die DDR begann. Es ging damals um eine veränderte DDR, nicht um ihre Abschaffung. Es mag mit dem Wissen von heute blauäugig von mir gewesen sein, damals zu hoffen, dass viele unserer Kritiker ähnlich denken würden wie Pfarrer Friedrich Schorlemmer. Er hatte im September 1989 in einer Zeitung formuliert, dass es nicht »um die Emeritierung des

Sozialismus, sondern um seine Erneuerung« gehe. Entweder sei »der Sozialismus von Peking bis Berlin reformfähig, oder er verschwindet erst mal«.[166]

Zusammen mit dem Berliner Pfarrer Rainer Eppelmann schrieb er mir am 24. Oktober 1989 in einem Brief: »Uns geht es um die Entwicklung von Demokratie und Sozialismus in unserem Land.«[167]

Manchmal ist es gut zu wissen, wie einst gedacht wurde und nicht, wie es heute interpretiert wird. Im Gründungsaufruf der Bürgerbewegung »Demokratie jetzt!« hieß es: »Der Sozialismus muss nun seine eigentliche, demokratische Gestalt finden, wenn er nicht geschichtlich verloren gehen soll. Er darf nicht verloren gehen, weil die bedrohte Menschheit auf der Suche nach überlebensfähigen Formen menschlichen Zusammenlebens Alternativen zur westlichen Konsumgesellschaft braucht, deren Wohlstand die übrige Welt bezahlen muss.«[168]

Das Neue Forum wollte »Spielraum für wirtschaftliche Initiative, aber keine Entartung in eine Ellenbogengesellschaft«. Es wollte »das Bewährte erhalten und doch Platz für Erneuerung schaffen.«[169] Pfarrer Edelbert Richter aus Erfurt war sicher, dass »nicht nur das Wort sozialistisch, sondern auch bestimmte gesellschaftliche Prinzipien des Sozialismus« für uns weiter einen guten Klang haben müssen[170].

Am 19. September 1989 fasst die Synode des DDR-Kirchenbundes einen Beschluss, der sich an jene richtete, die unser Land verlassen wollten: »So bitten wir Sie, hier zu leben und einen Beitrag für eine gute gemeinsame Zukunft in unserem Land zu leisten.«[171] Die Bürgerorganisation »Demokratischer Aufbruch«, deren Pressesprecherin Angela Merkel hieß, bekannte: »Die kritische Haltung zum real existierenden Sozialismus bedeutet keine Absage an die Vision einer sozialistischen Gesellschaftsordnung.«[172]

Nachträglich zeigte sich, wie zwiespältig der Begriff »Bürgerrechtler« tatsächlich war. Einige, die damals »Schwerter zu Pflugscharen« schmieden wollten, beschlossen später als

Abgeordnete im Deutschen Bundestag die deutsche Beteiligung an Aggressionskriegen und bewilligten Rekordsummen für die Rüstung. Einige verletzten selbst Bürgerrechte, indem sie auf Bestellung zeit- und themengerecht MfS-Dossiers lieferten. Sie erklärten DDR-Wissenschaftler, Juristen, Ingenieure oder auch Diplomaten mit fabelhaften Landeskenntnissen als »untauglich für die Demokratie«. Andere, die einst mit dem Wort »Freiheit ist immer auch die Freiheit der Andersdenkenden« zum Grabe von Karl Liebknecht und Rosa Luxemburg marschieren wollten, nahmen an diesem Marsch nicht mehr teil, als es die DDR nicht mehr gab und niemand sie daran gehindert hätte. Sie zogen stattdessen den Kniefall vor den Herrschenden vor.

Im Frühherbst 1989 jedenfalls stellten wir uns im Politbüro solche Fragen leider nicht. Statt mit den kritischen Geistern zu reden, verteidigten wir Dogmen, die das Leben überholt hatte. Das SED-Politbüro schwieg. Aber an der Parteibasis brodelte es. Die Unzufriedenheit in der Bevölkerung nahm zu. Unruhe und Unsicherheit breiteten sich aus. Demonstrationen setzten ein, deren Teilnehmer Veränderungen in der sozialistischen Gesellschaft forderten. »Wir bleiben hier!« richtete sich gegen jene, die laut riefen: »Wir wollen raus!« Schon in kurzer Zeit entstand eine breite Protestbewegung gegen die Politik der DDR-Führung. »Wir sind das Volk!« erklärten die Massen und machten deutlich, wer eigentlich der Souverän im Lande war. Das hatten wir vergessen, denn in der Verfassung war unsere »führende Rolle« festgeschrieben.

Als ich auf dem Rückflug von Peking nach Berlin war, verflog alsbald meine gute Laune. Ich las die DDR-Zeitungen, die mir Mitarbeiter der Botschaft vorm Einstieg zugesteckt hatten. Darin entdeckte ich einen Kommentar der DDR-Nachrichtenagentur *ADN*. Der namentlich nicht gezeichnete Zweispalter auf der zweiten Seite des *Neuen Deutschland* war überschrieben mit »Sich selbst aus unserer Gesellschaft ausgegrenzt«. Die Botschaftsbesetzer und Ausgereisten »haben durch ihr Verhalten die moralischen Werte mit Füßen getreten und sich selbst aus unserer Gesellschaft ausgegrenzt. Man sollte ihnen keine Träne nachweinen«, stand dort Schwarz auf Weiß.[173]

Welcher durchgeknallte Kommentator hatte da jedes Augenmaß für die Realität verloren, und wer hatte dies drucken lassen? Später in Berlin hörte ich: Diesen Satz hatte Erich Honecker persönlich in den Kommentar hineingeschrieben.

Ich war entsetzt, denn ich hatte sehr wohl erlebt, wie Mütter und Väter, Freunde, Verwandte und Arbeitskollegen bittere Tränen vergossen hatten, als sie erfuhren, dass ihnen Nahestehende gegangen waren. Jede Träne war eine Anklage gegen uns.

Jetzt musste ohne Rücksicht auf Personen gehandelt werden. Zusammen mit meinen Mitarbeitern entwarf ich noch im Flugzeug eine Erklärung zur aktuellen politischen Situation, die unter anderem diesen unsäglichen Kommentar zurücknahm. Ich wollte die Erklärung unmittelbar nach meiner Ankunft in Berlin dem Politbüro vorlegen. Der Unterstützung von einigen im Politbüro war ich mir sicher, etwa der von Siegfried Lorenz, dem 1. Sekretär der Bezirksleitung von Karl-Marx-Stadt. Er hatte auf der PB-Sitzung am 26. September die Beendigung der Sprachlosigkeit des Politbüros gefordert und dafür von Genossen aus anderen Bezirken Zustimmung erhalten. Da Honecker krankheitsbedingt jedoch gefehlt hatte, wurde die Auseinandersetzung auf eine spätere Sitzung verschoben, bei der der Generalsekretär zugegen sein würde. Das bedeutete weiteren Zeitverlust.

Als ich in Berlin eintraf, hörte ich von Herger, dass auch er ein Dokument vorbereitet habe. Wir kamen überein, dass er aus beiden Papieren eine einheitliche Fassung erarbeitete.

Von Mielke erfuhr ich, dass Erich Honecker während einer Pause bei der festlichen Veranstaltung in der Deutschen Staatsoper die anwesenden Mitglieder des Politbüros zusammengerufen hatte (die 1. Bezirkssekretäre, die dem Politbüro angehörten, waren nicht nach Berlin gekommen). Er hatte dort den folgenschweren Vorschlag gemacht, »die sich in der

Prager BRD-Botschaft aufhaltenden Bürger mit Zügen der Deutschen Reichsbahn über das Territorium der DDR in die Bundesrepublik auszuweisen«.[174] Niemand widersprach diesem paradoxen Vorhaben, keiner machte Honecker darauf aufmerksam, dass der Transport über DDR-Territorium unvorhersehbare Risiken berge. Es ging schon nicht mehr um die Ausreise selbst. Die war inzwischen bereits durch Unterhändler vereinbart worden. Es ging nur noch um den provokativen Weg der Züge durch die DDR.

Am 4. Oktober 1989 sollte es vor dem Dresdener Hauptbahnhof, wo die Durchfahrt der Züge aus Prag erwartet wurde, zu einer harten Auseinandersetzung kommen. Daran waren unterschiedliche Gruppen beteiligt: Ausreisewillige und zufällig Herbeigeeilte, Neugierige, aber auch Randalierer, die die Konfrontation mit der Staatsmacht suchten.

Die Polizisten wurden in Auseinandersetzungen verwickelt, die die Widersprüche unserer Gesellschaft offenbarten. Sie mussten die Konflikte austragen, die durch Fehlentscheidungen der politischen Führung der DDR ausgelöst worden waren. Sie mussten, um es deutlich zu formulieren, die Suppe auslöffeln, die ihnen das Politbüro eingebrockt hatte.

Ich unterstützte die Entscheidung des Vorsitzenden der Bezirkseinsatzleitung, Hans Modrow, zur Aufrechterhaltung der Ordnung auch zentrale Kräfte anzufordern, um dem Vandalismus ein Ende zu setzen. Dafür wurde er später in der Bundesrepublik an den Pranger gestellt.

Die Erwartungen waren hoch, dass Erich Honecker am 6. Oktober in seiner Festansprache zum 40. Jahrestag ein offenes Wort zur aktuellen Lage in der DDR sagen würde. Es war die Rede eines körperlich Kranken und politisch Trotzigen. Wir alle lebten noch in der Illusion, dass sich gesellschaftliche Konflikte bis nach den Feierlichkeiten zum 40. Jahrestag der DDR verschieben lassen würden.

Am Abend jenes Tages fand in der Allee Unter den Linden der Fackelzug der FDJ statt. Dort, wo am 11. Oktober 1949 der Jugendverband unter Leitung Honeckers die Gründung der Republik und ihren ersten Präsidenten Wilhelm Pieck begrüßt hatte, zogen jetzt über 100000 FDJ-Mitglieder in ihren Blauhemden vorbei. Gorbatschow winkte den vorbeiziehenden Jugendlichen von der ersten bis zur letzten Minute. Diese Demonstration galt vernehmlich auch ihm. Die Rufe »Gorbi, Gorbi!« nahmen kein Ende. Er grüßte zurück: »Der Jugend wünsche ich, dass sie zuversichtlich die rote Fahne der Revolution trägt, die Stafette der älteren Generation übernimmt und mit weiten Schritten vorangeht.«[175]

Gorbatschow sah in diesem Fackelzug ein Zeichen, dass die UdSSR und die DDR zusammen die Kraft besäßen, die Krise des Sozialismus zu überwinden. Das war die Botschaft, die viele auf der Tribüne spürten. Eberhard Aurich, der 1. Sekretär des FDJ-Zentralrats, sprach das traditionelle Gelöbnis der Jugend. Der Text unterschied sich in vielem von den Gelöbnissen, die ich 1974 und 1979 vorgetragen hatte, besonders aber in einem Punkt: Es fehlte die Lobpreisung Erich Honeckers. Es war nicht mehr die Rede von der SED als Partei der Jugend. Es hieß schlicht: »Dies ist unser Land. Hier sind wir zu Hause. Hier haben wir noch viel vor.«[176]

Damit war ausgesprochen, was die Führung der FDJ in vielen Gesprächen mit den Teilnehmern des Fackelzugs diskutiert hatte: Wir wollen den Alten danken. Sie haben viel für uns erstritten und erkämpft. Wir wollen uns aber nicht von den im Alter starr Gewordenen sagen lassen, wie unsere Zukunft zu sein hat. Wir wollen unsere eigenen Pläne schmieden und verwirklichen.

Nach dem Fackelzug verabschiedete sich Honecker ohne ein Wort. Hingegen dankten Michail und Raissa Gorbatschow, Willi Stoph und etliche ausländische Gäste dem ersten Mann des Jugendverbandes. Ich schloss mich den Glückwünschen an.

Zwei Tage später tadelte mich Honecker: »Du hast den Fackelzug der FDJ im Sinne Gorbatschows manipuliert!«

Dazu hatte es keiner »Manipulation« bedurft, aber das konnte er offenbar nicht mehr verstehen. Natürlich gibt es keine Großveranstaltung ohne Regie, spontan war da selten etwas. Hier schon. Für mich bleibt dieser letzte Fackelzug der FDJ in Erinnerung als ein Bekenntnis von hunderttausend Jugendlichen zu ihrer DDR. Sie wollten sie anders. Sie wollten Veränderungen in der Politik und in der Führung. Das ist wohl wahr. Aber: Sie wollten die DDR! Sie hofften dabei auf die Unterstützung von Gorbatschow. Nicht ahnend – wie wir alle –, dass eben dieser Gorbatschow schon ein Vierteljahr später sein Ja zur Abschaffung der DDR geben würde.

Im Konferenzgebäude in der Nähe des Schlosses Berlin-Niederschönhausen traf sich am Nachmittag des 7. Oktober das Politbüro des ZK der SED mit dem ersten Mann aus Moskau. Manche Medien sprachen später von einem Donnerwetter, mit der Faust habe Gorbatschow auf den Tisch gehauen. Andere berichteten moderater von einer gespannten Atmosphäre. Nichts von dem ist wahr. Gemessen an dem, was auf dem Spiel stand, handelte es sich bei dieser Zusammenkunft eher um eine Versammlung von Ahnungslosen.

Das traf auf Gorbatschow so zu wie auf uns.

Bevor wir zusammenkamen, warteten die meisten von uns im Vorraum. Gorbatschow und Honecker sprachen noch unter vier Augen. Ob es mehr Augen waren, ob auch Mittag dabei war, darüber gibt es unterschiedliche Aussagen. Ich meine, er war dabei. Honecker hatte ihn längst zu seinem Favoriten gemacht. Falls ihm etwas zustoßen würde, sollte Günter die Geschäfte übernehmen. Jedenfalls waren wir gespannt zu erfahren, was die beiden Generale besprachen. Als sich die großen Türen öffneten und Honecker und Gorbatschow den Beratungsraum verließen, schienen beide gut gelaunt zu sein. Einen richtigen Krach, der der Situation vielleicht angemessen gewesen wäre, hatte es nicht gegeben. Niemand von uns wusste, ob es ein offenes Gespräch oder ein diplomatisches Geplänkel war. Dem Protokoll entnahm man später lediglich, dass sich beide einig gewesen seien.

Bei der Sitzung des Politbüros jedenfalls ging von Gorbatschow eine freundliche Atmosphäre aus. Er sagte, dass die

Gründung der DDR ein Wendepunkt in der Geschichte Europas gewesen sei und die Tatsache ihrer Existenz zur Stabilität auf dem Kontinent beitrage. Honecker bedankte sich bei ihm, dass er in seiner Festansprache die Souveränität der DDR hervorgehoben habe. Gorbatschow sagte zu Honecker, dass sich der Westen nicht in die inneren Angelegenheiten der DDR einmischen dürfe. Er sprach von dem widerspruchsvollen Weg der deutschen Arbeiterbewegung. Das Jubiläum der DDR sei für ihn ein gemeinsamer Feiertag der Menschen in der DDR und der Sowjetunion. »Ich glaube, die KPdSU und die SED sind die stärksten Parteien«, sagte er. Sie müssen ihre Taten untermauern auf der »Grundlage der Ideale und Ideen, die vom Oktober[177] proklamiert wurden«.

Aus der Entwicklung in Ungarn und Polen schloss Gorbatschow: »Polen und Ungarn haben uns überzeugt: Wenn die Partei nicht auf das Leben reagiert, ist sie verurteilt. Wir und Sie unternehmen gemeinsam Anstrengungen, die gesunden Kräfte in diesen Ländern zu unterstützten. Aber das ist nicht einfach.« Er kritisierte die Aufgabe von Parteipositionen in Polen und Ungarn. Der Westen sei schadenfroh und versuche, »Revanche zu nehmen und den Bereich des Sozialismus einzuengen«. Gorbatschow schilderte sodann Erfahrungen der Umgestaltung in der UdSSR und appellierte an uns: »Letzten Endes sind wir alle Kommunisten. Wir denken nicht nur daran, nicht nur etwas für unser eigenes Leben zu vollbringen, sondern wir denken an die kommenden Generationen.«[178] Der KPdSU-Generalsekretär hoffte auf »eine Wende in der Entwicklung des Landes« im Zusammenhang mit dem XII. Parteitag der SED 1990.

Dabei blickte Gorbatschow aufmerksam in die Runde, so, als wolle er prüfen, ob wir ihn auch verstanden hätten.

Ich entnahm seinen Ausführungen, dass er ein Einschwenken der DDR auf einen Umgestaltungskurs unter nationalen Bedingungen, auf Reformen und mehr Freizügigkeit – im Sinne seiner Konzeption des Neuen Denkens – als Grundlage für die weitere sozialistische Entwicklung der

DDR sah. Weder die SED noch die KPdSU wollten zur Stunde wahrhaben, wie tief ihre Länder in der Krise steckten. Wir verpassten die Möglichkeit, uns gegenseitig offen und ehrlich über die tatsächliche Lage in unseren Ländern zu informieren.

Oft werde ich gefragt, ob Gorbatschow Honeckers Absetzung befördert habe. Nein, Gorbatschow hat sich nicht eingemischt.

Hat er von seinem Sturz zuvor gewusst?

Ja, Harry Tisch überbrachte Gorbatschow in meinem Auftrag am 16. Oktober 1989 folgende mündliche Botschaft: »Wie Sie, lieber Michail Sergejewitsch, sich bei Ihrem Besuch in Berlin überzeugen konnten, befindet sich die DDR in einer tiefen politischen und moralischen Krise. Der Versuch, eine Mehrheit für eine Kurskorrektur im Sinn der Erneuerung des Sozialismus in der Sitzung des Politbüros am 10. und 11. Oktober zu gewinnen, ist gescheitert. Obwohl die Ihnen bekannte Erklärung des Politbüros noch halbherzig ist und der entstandenen Situation noch nicht voll Rechnung trägt, ist Genosse Honecker auf der Beratung mit den 1. Sekretären nicht bereit gewesen, die im Politbüro beschlossene Linie zu vertreten. Er setzt weiter nur auf Kontinuität statt auf Veränderung und Kontinuität. Wenn es nicht gelingt, schnell inhaltliche und personelle Änderungen vorzunehmen, besteht die Gefahr einer gewaltsamen Konfrontation mit Teilen der Bevölkerung. Der Flüchtlingsstrom in die Bundesrepublik wird in diesem Fall weiter zunehmen.

In Übereinstimmung mit weiteren Genossen des Politbüros informiert Genosse Krenz Sie darüber, dass vorgesehen ist, dass Genosse Willi Stoph auf der Sitzung des Politbüros am Dienstag, dem 17. Oktober, die Absetzung Erich Honeckers beantragen wird. Gleichzeitig wird er Genossen Krenz für die Funktion des Generalsekretärs vorschlagen. Wenn das Politbüro einverstanden ist, wird für Mittwoch, den 18. Oktober, eine Tagung des SED-Zentralkomitees einberufen. Es ist die Überzeugung des Genossen Krenz, dass eine so grundlegende Entscheidung nicht ohne Abstimmung mit dem ZK der KPdSU erfolgen kann. Er bittet Sie, lieber Michail Sergejewitsch, mein Hiersein nicht nur als Informationsübermittlung zu verstehen. Es geht vor allem darum, die Meinung der sowjetischen Führung zu erfahren.

Sollte das SED-Zentralkomitee einen neuen Generalsekretär wählen, dann ist zunächst das Wichtigste, den Schulterschluss zwischen der KPdSU und der SED, zwischen der UdSSR und der DDR zu erneuern, um die Politik der sozialistischen Umgestaltung, die wir als eine politische Wende bezeichnen wollen, konsequent durchzuführen.«[179]

Gorbatschow wünschte Harry Tisch und unserem Vorhaben viel Erfolg. Medien verbreiteten später die Meldung, er habe nicht mich, sondern einen anderen an Honeckers Statt gewünscht. Obwohl das für den Gang der Dinge kaum Bedeutung hatte, will ich darauf hinweisen: Ich kannte und kenne solche Pläne nicht. In seinen Erinnerungen nannte Gorbatschow 1993 meine Wahl eine »voraussehbare Entscheidung«.[180]

Außerdem unterstützte er mich von Anfang an. Ich war kaum gewählt, da schickte er Bundeskanzler Kohl und den wichtigsten Regierungschefs der Welt eine Botschaft. Seine Weisung an den Botschafter der UdSSR in der Bundesrepublik hatte folgenden Wortlaut: »Besuchen Sie umgehend Bundeskanzler Helmut Kohl und übermitteln Sie ihm im Auftrag Michail Gorbatschows folgende mündliche Botschaft: ›Wie der Kanzler wahrscheinlich bereits aus den Medien erfahren hat, ist in Berlin ein Plenum des ZK der SED zu Ende gegangen. Anstelle von Erich Honecker wurde Egon Krenz zum neuen Generalsekretär des ZK der SED gewählt. Es wurden weitere Kaderveränderungen vorgenommen.

Es liegt uns fern, mit Ihnen innere Angelegenheiten eines anderen Staates, der mit uns befreundeten und verbündeten Deutschen Demokratischen Republik, sowie einer anderen Partei, der Sozialistischen Einheitspartei Deutschlands, zu erörtern, mit der uns eine langjährige Solidarität und

Beziehungen zwischen Genossen verbinden. Die vollzogenen Veränderungen betrachten wir als eine Tatsache. Die Bedingungen dafür waren in der SED selbst herangereift, die auch die Stimmungen in der Gesellschaft in sich aufnimmt.

Wir sind davon überzeugt, dass der Kurs der neuen Führung der DDR auf die Vervollkommnung und Erneuerung der Gesellschaft gerichtet sein wird, wobei die Errungenschaften gewahrt werden, die tatsächlich vorhanden sind. Zweifellos kann eine allmähliche und schrittweise Bewegung hin zu Reformen erwartet werden.

Wir teilen diese Gedanken vertraulich mit, weil wir davon ausgehen, dass die BRD, wie Kanzler Kohl in unserem Telefongespräch am 11. Oktober versicherte, in keiner Weise an einer Destabilisierung der DDR interessiert ist und ihr nichts Schlechtes wünscht. Michail Gorbatschow erwartet, dass entsprechend diesen Versicherungen und der breiten Verständigung, die bei den Gipfeltreffen in Moskau und Bonn erreicht wurde, der Kanzler und die BRD insgesamt zu den Vorgängen in der DDR eine Position einnehmen, die den Interessen der Berechenbarkeit der Handlungen aller und der Forderungen der Stabilität in Europa entspricht.‹«[181]

Der 8. Oktober und die Gewalt

Am Abend des 7. Oktober kam es in Berlin zu gewaltsamen Zusammenstößen zwischen der Volkspolizei und Demonstranten. Gerade das sollte verhindert werden. Dafür gab es einen Plan des Nationalen Verteidigungsrates für Sicherheitsmaßnahmen, der von Honecker bestätigt worden war und für dessen Verwirklichung in Berlin Günter Schabowski verantwortlich zeichnete.

Als ich während des Staatsempfangs im Palast der Republik die Meldung erhielt, dass sich auf der gegenüberliegenden Seite des Spreeufers eine größere Menschenmenge sammelte, verließ ich, noch während Honecker sprach, den Festsaal. Vom vierten Stock aus blickte ich durchs Fenster auf die Menschen jenseits der Spree und hörte ihre Sprechchöre »Gorbi, Gorbi« und den Gesang der »Internationale«. Die Polizei hatte die Brücken über die Spree gesperrt und den Palast der Republik gesichert, was normal war. Immerhin befanden sich im Haus Partei- bzw. Staatschefs aus über hundert Ländern.

Um diese Uhrzeit sah alles noch ziemlich friedlich aus. Nichts deutete auf die nachfolgenden Ausschreitungen hin.

Kurz vor Mitternacht rief Honecker mich zu Hause an. Mielke, sagte er, habe ihm gerade gemeldet, Gorbatschows Fahrzeugkolonne habe auf dem Weg zum Flugplatz eine Ausweichstrecke fahren müssen, weil die geplante Route von Demonstranten blockiert worden sei. Das sei eine große Blamage. So etwas habe es letztmalig am 17. Juni 1953 gegeben, als Vize-Premier Otto Nuschke nach Westberlin verschleppt worden war.

Ich pflichtete ihm bei, dass das eine Blamage für uns sei, beruhigte ihn aber, dass bestimmt niemand eine Entführung Gorbatschows geplant habe. Außerdem bezweifelte ich, dass die Sicherheitsmannschaft von Gorbatschow überhaupt bemerkt hatte, dass sie einen Umweg nahmen.

Am nächsten Morgen – es war Sonntag, der 8. Oktober – fuhr ich mit Wolfgang Herger zu einer Beratung ins Ministerium für Staatsicherheit. Dort hatten sich die ranghöchsten Sicherheitsleute und Militärs des Landes versammelt, um sich über die Vorgänge am Abend und in der Nacht zu verständigen und Schlüsse aus dem offenkundigen Durcheinander zu ziehen. Noch bevor uns Mielkes Stellvertreter Mittig begrüßte, nahm ich ihn beiseite: »Rudi, was ist da gestern Abend schiefgelaufen? Warum wurde ich nicht informiert?«

»Was da passiert ist, war nicht nötig. Jemandem sind die Nerven durchgegangen.«

Wen er mit »jemand« meinte, sagte er nicht. Er sprach aber aus, was auch ich dachte: Die Zusammenstöße wären vermeidbar gewesen.

Bevor Mielke die offizielle, von ihm routiniert geleitete Sitzung beenden konnte, meldete ich mich zu Wort. Man konnte nicht einfach darüber hinweggehen, was da in den letzten 48 Stunden geschehen war.

»Ich habe eine Erklärung für das Politbüro ausgearbeitet und möchte diese gern mit euch beraten«, sagte ich, wohl wissend, dass ich mit dieser Ansage die Anwesenden ungefragt in Mithaftung nehmen würde. Deshalb schob ich nach: »Wer dabei sein will, kann bleiben.«

Erstaunlich: niemand ging.

Ich trug die knapp sechs Seiten vor. Der Schlüsselsatz lautete: »Mit militärischer oder polizeilicher Gewalt ist nichts zu machen. Politisch entstandene Probleme dürfen nur politisch gelöst werden!«

Die sonst eher nüchterne Arbeitsrunde applaudierte. Das war sehr ungewöhnlich, deutete aber auf uneingeschränkte Zustimmung der Generalität. Dies sollte für mich einer der entscheidenden Augenblicke im Herbst 1989 sein: Die Verantwortlichen aller Schutz- und Sicherheitsorgane der DDR hatten sich in dieser Stunde zum Prinzip der Gewaltlosigkeit bekannt.

Erich Mielke und sein Stellvertreter Rudi Mittig informierten im Anschluss alle Chefs der Bezirksverwaltungen des Ministeriums für Staatssicherheit; in Leipzig, wo am morgigen Montag erneut eine Großdemonstration zu erwarten war, rief der Minister selbst an. Seit 1967 leitete Generalleutnant Manfred Hummitzsch die dortigen Bezirksverwaltung.

Am 9. Oktober saß ich wie gewohnt um 7 Uhr an meinem Schreibtisch im Haus des Zentralkomitees und sah als Erstes wie üblich die Tagespresse durch. Honecker rief an. Das war ungewohnt früh. Seine Stimme klang ruhig. Ausnehmend zurückhaltend und äußerst höflich bat er mich zu sich. Das war ein anderer Ton als gestern, als er mir mitteilte, meine Erklärung nicht im Politbüro behandeln zu wollen. Hatte er sich über Nacht eines Besseren besonnen?

Ich traf ihn in seinem Arbeitszimmer hinter seinem Schreibtisch an. Er ließ sich Kaffee bringen und wies mir einen Platz auf dem Stuhl vor seinem Schreibtisch zu. Ohne große Vorrede ersuchte er mich freundlich, den Entwurf meiner Erklärung zurückzuziehen, um ihn nicht im Politbüro erörtern zu müssen.

Ich schüttelte den Kopf. »Wenn ich dies tue, verliere ich nicht nur meine Selbstachtung. Die dramatische Lage im Land erfordert sofortiges Handeln. Dazu ist ein Standpunkt des Politbüros unbedingt notwendig. Mein Entwurf mag unvollkommen sein, aber er ist ein Diskussionsangebot. Solange es keinen anderen Vorschlag gibt, ziehe ich meinen nicht zurück.« Ich sagte das so bestimmt, um Honecker bewusst zu machen: Ich lasse mich nicht mehr umstimmen.

Darauf änderte er seine Taktik. Er appellierte an meine Parteidisziplin.

Als auch das nicht griff, machte er mir den Vorwurf, die Einheit der Partei aufs Spiel zu setzen.

»Nicht ich setze die Einheit der Partei aufs Spiel! Es ist unsere Politik, die viele Parteimitglieder veranlasst, der Partei den Rücken zu kehren.«

Honecker zeigte sich enttäuscht und von mir im Stich gelassen. Nahezu resigniert sagte er schließlich: »Tu, was du nicht lassen kannst. Ich bin gegen deine Erklärung und setze sie nicht auf die Tagesordnung.«

Er geleitete mich zur Tür seines Arbeitszimmers, es wirkte nicht nur wie ein Rauswurf – es war auch einer. Ich war empört, ließ es mir aber nicht anmerken. Mir war in diesem Moment bewusst, dass sich unsere Wege nun endgültig trennten. Angesichts der Rolle, die er in meinem politischen Leben bisher gespielt hatte, war dieser Schritt für mich schmerzhaft. Ich hätte ihn gern vermieden. Das Schicksal der DDR war mir jedoch wichtiger als das persönliche von Honecker.

In meinem Büro erwartete mich bei meiner Rückkehr Professor Walter Friedrich im Vorzimmer. Er kam direkt aus Leipzig und war derart erregt, dass er mich nicht einmal begrüßte. »Egon, heute Abend darf kein Blut fließen!«

Ich verstand nicht, was er meinte. »Du bist wahrscheinlich irgendwelchen Gerüchten aufgesessen.«

Friedrich berichtete von den Ängsten in der Stadt. Polizei und Kampfgruppen seien in Bereitschaft. Es gebe eine diffuse Angst, am Abend könnte geschossen werden, um so die Montagsdemonstrationen der Leipziger endgültig zu beenden.

Ich versuchte ihn zu beruhigen und rief Wolfgang Herger hinzu. Der bestätigte Friedrich und mir, was gestern mit den Befehlsgebern besprochen worden sei: keine Gewalt! Er stehe mit Innenminister Dickel und mit Mielke in Verbindung, versicherte Herger, zwei seiner Mitarbeiter seien in Leipzig.

Der Professor schob mir ein Schriftstück[182] über den Tisch. Diese 18 Seiten habe er in der Nacht ausgearbeitet.

»Die Feierlichkeiten in Berlin haben vermutlich etwa 90 Prozent der DDR-Bevölkerung nicht interessiert. Sie haben sich die Übertragungen im Fernsehen nicht oder nur ganz kurz (vor allem Gorbatschows wegen) angesehen. Die

Rede des Genossen Honecker wurde selbst von engagierten Genossen als ›nichtssagend‹, als ›enttäuschend‹, als ›an den Problemen der Wirklichkeit vorbeigehend‹, als ›Rede eines gealterten Mannes‹ bezeichnet. Ich bezweifle nicht, dass die letzten Tage die Abneigung sehr vieler Menschen gegenüber unserer Politik und politischen Führern noch erhöht haben«, las ich. »Wir haben mit unserer Sprachlosigkeit, Bagatellisierung der Probleme und der falschen, weil höchst einseitigen Ursachenerklärung so elementare und unglaubliche Fehler gemacht, dass ich unsere Berichterstattung und Propaganda nur als ›systemschädigend‹ klassifizieren kann.«

Walter Friedrich war kein Panikmacher. Er stand politisch fest auf dem Boden der DDR. Ich nahm jeden seiner Sätze ernst.

Nachdem er mich verlassen hatte, telefonierte ich mit Rudi Mittig und teilte ihm mit, was mir Walter Friedrich aus Leipzig berichtet hatte.

»Mach dir keine Sorgen. Hummitzsch ist ein erfahrener Mann, er garantiert, dass niemand Gewalt anwenden wird«, antwortete Mittig mit fester Stimme.

In Leipzig verbreiteten Gewandhauskapellmeister Kurt Masur, der Theologe Dr. Peter Zimmermann, der Kabarettist Bernd-Lutz Lange sowie die Sekretäre der SED-Bezirksleitung Dr. Kurt Meier, Jochen Pommert und Dr. Roland Wötzel einen Aufruf: »Unsere gemeinsame Sorge und Verantwortung haben uns heute zusammengeführt. Wir sind von der Entwicklung in unserer Stadt betroffen und suchen nach einer Lösung. Wir alle brauchen freien Meinungsaustausch über die Weiterführung des Sozialismus in unserem Land. Deshalb versprechen die Genannten heute allen Bürgern, ihre ganze Kraft und Autorität einzusetzen, dass dieser Dialog nicht nur im Bezirk Leipzig, sondern auch mit unserer Regierung geführt wird. Wir bitten Sie dringend um Besonnenheit, damit der friedliche Dialog möglich wird.«[183]

Der Aufruf wurde ab 16 Uhr über den Stadtfunk verbreitet. Zeithistoriker und Medienmacher sollten ihn neuerlich lesen, bevor sie behaupten, am 9. Oktober sei es um die Beseitigung der DDR gegangen. Vielmehr ging es, wie es im Aufruf wörtlich heißt, um den »freien Meinungsaustausch über die Weiterführung des Sozialismus in unserem Land«.

In Leipzig versammelten sich am Abend etwa 70000 bis 80000 Menschen. In Berlin, Dresden, Halle und in anderen Städten fanden in den Kirchen »Friedensgebete« oder ähnliche Zusammenkünfte statt. Die Organisatoren hatten untereinander Verbindung. Alle blickten nach Leipzig. Westdeutsche Radiosender erhöhten die Anspannung, indem sie suggerierten, es gebe Befehle zum Schießen. Das war eine Lüge, die Befehlslage eindeutig.

Gegen 21 Uhr erhielt ich die Meldung: Die Demonstration löse sich auf, Wasserwerfer oder Schlagstöcke seien nicht eingesetzt worden, die Teilnehmer aus anderen Bezirken reisten mit Bussen und Bahn ab. Der 9. Oktober in Leipzig sei friedlich verlaufen. Viele Elemente haben dazu beigetragen: der Aufruf der Sechs ebenso wie die Aufforderung der Kirche »Lasst die Steine liegen!«, die Flugblätter des Neuen Forum und das Verhalten der Demonstranten, insbesondere aber die Zurückhaltung der Volkspolizisten, der Mitarbeiter des Ministeriums für Staatssicherheit und der Soldaten der Nationalen Volksarmee, die in Bereitschaft standen.

Bundespräsident Horst Köhler behauptete 20 Jahre später in einem Festakt in Leipzig: »Vor der Stadt standen Panzer, die Bezirkspolizei hatte Anweisung, auf Befehl ohne Rücksicht zu schießen. Die Herzchirurgen der Karl-Marx-Universität wurden in der Behandlung von Schusswunden unterwiesen, und in der Leipziger Stadthalle wurden Blutplasma und Leichensäcke bereitgelegt.«[184]

Weder gab es Panzer vor noch in der Stadt. Es gab keinen Befehl, auf Menschen zu schießen. Es waren weder Blutplasma noch Leichensäcke bereitgestellt worden. Nicht einmal eine »Stadthalle« gab es. Frei erfunden, vorgetragen vom Bundespräsidenten, wiederholt von anderen Festrednern und verbreitet von den Medien.

Für mich war die wichtigste Lehre aus den Vorgängen am 9. Oktober in Leipzig: Es müssen jetzt Befehle her, die garantieren, dass niemand mehr die Nerven verlieren kann. Erich Honecker hatte am 22. September ein Fernschreiben an die 1. Sekretäre der SED-Bezirksleitungen geschickt. Darin hieß es: »In letzter Zeit haben auf verschiedenen Ebenen Aktivitäten stattgefunden, die darauf gerichtet sind, entsprechend der bundesdeutschen Propaganda konterrevolutionäre Gruppen zu organisieren. Diese Fragen haben wir auf der letzten Beratung mit den 1. Sekretären der Bezirksleitungen besprochen. Es bestand Übereinstimmung, dass diese feindlichen Aktionen im Keim erstickt werden müssen. Da in einigen Kreisen nicht rechtzeitig die politisch-organisatorischen Maßnahmen getroffen wurden, ist es erforderlich, die bisher geleistete Arbeit zu überprüfen.«[185]

Zweierlei war für mich an diesem Fernschreiben besorgniserregend.

Zunächst das Etikett »konterrevolutionär«.

Sicher, die DDR hatte Feinde. Sehr starke sogar. Sie waren in diesen Tagen besonders aktiv. Sie standen in Verbindung mit bundesdeutschen Journalisten, die die Atmosphäre anheizten. Das war seit Gründung der DDR so.

Doch wer waren die Leute auf der Straße? Waren das Feinde? Es waren Bürger unseres Landes, die die gegenwärtige Politik ihrer Führung kritisierten, darunter sehr viele SED-Mitglieder. Sie entzogen uns, der Führung, ihr Vertrauen. Wir durften sie nicht als Feinde abstempeln.

Zum Zweiten: Es war arrogant, die Parteifunktionäre in den Kreisen und Bezirken für die von der Führung verschuldete Lage verantwortlich zu machen.

Das Fernschreiben war zwar von Honecker unterzeichnet, doch von Mittag verfasst und verschickt worden. Sein Inhalt musste schnell korrigiert werden, wenn es nicht zu weiteren Konfrontationen kommen sollte, die außer Kontrolle geraten konnten.

Wunsch an die Waffenbrüder: Bleibt in den Kasernen!

In den Vormittagsstunden des 13. Oktober stieg in Berlin-Schönefeld eine Sondermaschine vom Typ TU 154 in den Himmel und flog in Richtung Leipzig. An Bord befanden sich wichtige Entscheidungsträger für die Sicherheit der DDR: Wolfgang Herger, Leiter der Abteilung für Sicherheitsfragen des ZK, Generaloberst Fritz Streletz, Sekretär des Nationalen Verteidigungsrates und Stellvertreter des Ministers für Nationale Verteidigung, Generaloberst Rudi Mittig, Stellvertreter des Ministers für Staatssicherheit, und Generaloberst Karl-Heinz Wagner, Stellvertreter des Ministers des Innern und Chef des Stabes der Deutschen Volkspolizei, und ich. Wir wollen mit der Einsatzleitung des Bezirks Leipzig, einem nachgeordneten Organ des Nationalen Verteidigungsrates der DDR, über die Sicherung des friedlichen Verlaufs der Montagsdemonstration am 16. Oktober beraten.

Auf dem Leipziger Flugplatz begrüßte uns Generalleutnant Hummitzsch, der Chef der Bezirksverwaltung des MfS. Er informierte, dass die Sicherheitsorgane seit dem 8. Oktober strikte Weisung hätten, sich bei politischen Protesten zurückzuhalten. Gegen 13 Uhr gab der 2. Sekretär der SED-Bezirksleitung, Helmut Hackenberg – Horst Schumann, der 1. Sekretär, war krankheitsbedingt nicht anwesend – einen Bericht zur Lage in Leipzig.

Nach der Besprechung sagte ich Helmut Hackenberg: »Was es immer noch an anderen Befehlen geben mag, egal, von wem und welchen Rang oder Dienstgrad derjenige hat – es gilt ausschließlich, was wir besprochen haben.«

Mit dieser Weisung überschritt ich meine Befugnis. Ich wusste es, meine Begleitung wusste es, und die Leipziger Einsatzleitung war sich dessen ebenfalls bewusst. Es bedurfte zur Sanktionierung dieser Entscheidung eines offiziellen Befehls des Vorsitzenden des Nationalen Verteidigungsrates. Das war Erich Honecker. Sein Befehl aber lag nicht vor.

Als wir wieder mit dem Flugzeug in der Luft waren, sprach ich mit jedem einzeln: »Mit Erich Honecker wird es nicht weitergehen können. Das Politbüro wird darüber am Dienstag entscheiden müssen.«

Generaloberst Fritz Streletz darauf: »Ich bin auf die DDR vereidigt, nicht auf Personen.«

Im Verlauf unseres Gespräches informierte er, dass gegenwärtig die in der DDR stationierten sowjetischen Truppen wie gewohnt ihre Herbstmanöver durchführten. Besonders um Leipzig, Halle und Magdeburg seien große Einheiten disloziert. Wenn sie in dieser angespannten Zeit mit ihren Panzern und anderem militärischen Gerät auf die Übungsplätze rollten, gab er zu bedenken, könnte das von der Bevölkerung falsch verstanden werden. Und interessierte politische Kräfte könnten dies als Anlass für Provokationen nehmen.

Wir vereinbarten, die sowjetischen Freunde zu bitten, in diesem Herbst in den Kasernen zu bleiben und die Objekte nicht zu Manövern zu verlassen.

Gegen 16 Uhr trafen Herger, Streletz und ich wieder im Haus des ZK ein. In meinem Arbeitszimmer diktierte Fritz Streletz meiner Sekretärin den Befehl Nr. 9/89 des Vorsitzenden des Nationalen Verteidigungsrates.

Meine Sekretärin schrieb und schluckte, sie hatte die Brisanz erfasst.

Als der Befehl auf meinem Tisch lag, überprüfte ich noch einmal jedes Wort und jede Wendung. Dann rief ich Honecker an und bat, dass er Streletz und mich empfängt. Gegen 17 Uhr saßen wir in seinem Zimmer.

Streletz berichtete präzise und schnörkellos über die militärische Lage in Leipzig. Honecker hörte aufmerksam zu und machte sich Notizen. Der Generaloberst ließ allerdings keinen Zweifel daran, dass es sich in erster Linie nicht um eine militärische, sondern um eine politische Entscheidung handelte, die nunmehr getroffen werden musste.

Erich Honecker schlug vor, im Zentrum Leipzigs Absperrungen zu errichten. Es dürfe zu keiner Vereinigung der Teilnehmer der Gottesdienste in vier Leipziger Kirchen kommen. Dazu sollten Einsatzkräfte und auch technische Mittel bereitgestellt werden. Er verlangte von Streletz Karten von Leipzig, um sich selbst ein Bild von der taktischen Lage im Stadtzentrum zu machen.

Streletz und ich versuchten Honecker klarzumachen, dass Absperrungen unterbleiben müssten, wenn wir eine Konfrontation vermeiden wollten.

Nach längerer Diskussion unterschrieb Honecker schließlich den vorbereiteten Befehl. Darin hieß es unmissverständlich: »Der aktive Einsatz polizeilicher Kräfte und Mittel erfolgt nur bei Gewaltanwendung der Demonstranten gegenüber den eingesetzten Sicherheitskräften bzw. bei Gewaltanwendung gegenüber Objekten auf Befehl des Vorsitzenden der Bezirkseinsatzleitung Leipzig. Der Einsatz der Schusswaffe im Zusammenhang mit möglichen Demonstrationen ist grundsätzlich verboten.«[186]

Streletz informierte noch, dass die NVA außerhalb der Kasernen aktuell keine Manöver durchführen werde, um die Bürger nicht zu irritieren, was bei Honecker die Frage provozierte: »Und was machen die sowjetischen Truppen?«

Streletz antwortete, sie beabsichtigten wie in jedem Herbst Manöver abzuhalten.

Darauf reagierte umgehend Honecker: »Reden Sie mit Snetkow, dass seine Truppen in den Objekten bleiben.«

Gegen 18 Uhr rief ich über die WTsch-Leitung den sowjetischen Botschafter an. Wjatscheslaw Kotschemassow hatte zwar keinerlei Weisungsrecht für die sowjetischen Militärs, dennoch meinte ich ihn informieren zu müssen, dass Honecker einen Befehl erlassen habe, der den Einsatz bewaffneter Gewalt gegen die Demonstranten untersage. Ferner habe er Streletz beauftragt, dass dieser den Oberkommandierenden der sowjetischen Streitkräfte in Wünsdorf, Armeegeneral Boris W. Snetkow, ersuche, die Herbstmanöver auszusetzen. »Ich bitte Sie, unseren Vorschlag in Wünsdorf zu unterstützen.«

Kotschemassow sagte zu.

So waren die Abläufe und die Zusammenhänge. Überrascht nahm ich später zur Kenntnis, dass die Medien verbreiteten, der Befehl »Bleibt in den Kasernen!« sei aus Moskau gekommen – auch um der DDR-Führung bewusst zu machen, dass diese, sofern sie beabsichtigte, Gewalt gegen die eigene Bevölkerung anzuwenden, dabei von den sowjetischen Truppen nicht unterstützt werden würde. Diese »Verweigerung« habe schließlich Berlin zum Gewaltverzicht genötigt …

Was für eine Verdrehung der Tatsachen!

Ich habe später sowohl mit Armeegeneral Snetkow als auch mit dem Oberkommandierenden der Truppen des Warschauer Vertrages, Armeegeneral Luschew, gesprochen. Beide versicherten mir unabhängig voneinander, dass es einen solchen Befehl aus Moskau nie gegeben habe.

Kotschemassow verneinte 1997 in einem Gespräch mit dem Spiegel die Frage, ob Moskau damals, im Herbst '89, den Einsatz von Gewalt erwogen habe. Zwar hätten in der dramatischen Phase »unsere Generäle im Oktober und November 1989 einen militärischen Eingriff erwogen und angeboten«, aber dieses »Angebot« sei von Krenz nicht angenommen worden. »Ich habe ihn in seiner Haltung bestätigt, Gewalt dürfe in keinem Falle angewendet werden. Und habe sofort die Führung der sowjetischen Truppen in der DDR auf diese Haltung festgelegt.«[187]

Gorbatschow bestätigte diese Lesart in seinen »Erinnerungen«: »Zum Glück verfügte die neue Parteiführung über hinreichend Vernunft und Mut, um keinen Versuch zu unternehmen, die Unzufriedenheit der Bevölkerung in Blut zu ertränken.«[188]

Zwanzig Jahre später veröffentlichte Altbundespräsident Richard von Weizsäcker »Der Weg zur Einheit«[189]. Darin schrieb er: »Trotz ausdrücklicher Anforderung durch die Sicherheitskräfte der DDR blieben sowjetische Streitkräfte auf Befehl aus Moskau in ihren Quartieren.«

Woher nahm der Alt-Bundespräsident diese Information? Ich schrieb ihm einen Brief. Mir sei »nicht bekannt, dass Personen mit Befehlsgewalt in den Sicherheitskräften der DDR die Hilfe sowjetischer Streitkräfte angefordert hätten«. Nicht ganz frei von Sarkasmus fügte ich an, dass ich den Verdacht nicht loswürde, »der DDR-Führung soll unbedingt der Wille zur Gewaltanwendung gegen die eigene Bevölkerung unter Hinnahme eines möglichen Blutbades unterstellt werden. Angenommen, die DDR-Führung hätte wirklich Gewalt anwenden wollen, dann hätte sie dazu keine sowjetischen Streitkräfte anfordern müssen.«[190]

In der Überzeugung, dass Richard von Weizsäcker öffentliche Äußerungen genau abwäge, nähme ich an, »dass Sie zu Dokumenten oder Informationen Zugang haben, die mir als damals Verantwortlichem verborgen blieben. Ich wäre Ihnen daher sehr verbunden, wenn Sie mir mitteilen könnten, worauf sich die besagte Feststellung in Ihrem Buch stützt.«

Eine Antwort auf diesen Brief erhielt ich nie.

Am Sonnabend, dem 14. Oktober, bat mich Honecker am Abend zu sich nach Hause. Vor ihm lagen Karten von Leipzig auf dem Tisch.

Seine Fragen beunruhigten mich. Er warf erneut das Problem Absperrungen auf, dabei hatten wir das Thema doch erst gestern final verworfen. Zwar zweifelte ich auch jetzt nicht daran, dass er unverändert keine Gewalt auf der Straße wollte, aber er glaubte offenbar, die Demonstrationen durch administrative Entscheidungen verhindern zu können.

In Honeckers offenkundiger Fehleinschätzung der Situation lag die Gefahr einer ungewollten Eskalation. Ich riet ihm ab, solche Überlegungen anzustellen. Der innere Frieden im Land könnte nur auf politischem, nicht auf administrativem

Weg herbeigeführt werden. Der Befehl zur bedingungslosen Gewaltlosigkeit dürfe nicht unterlaufen werden.

Wieder zu Hause überfiel mich eine unglaubliche Unruhe. Noch war Honecker Generalsekretär, ausgestattet mit allen Vollmachten. Was, wenn er eigenmächtig Weisungen erteilte, die Präsenz bewaffneter Organe in Leipzig zu verstärken und gar das Stadtzentrum abzuriegeln? Es wäre nicht sein erster Alleingang.

Ich rief Fritz Streletz an. Wir vereinbarten, dass er mich sofort informierte, falls Honecker den Befehl vom 13. Oktober revidierte, d.h. durch einen anderen ersetzte?

Danach schrieb ich an Erich Honecker. Ich bat ihn inständig, keine Schritte zu unternehmen, die Konfrontationen provozierten, welche aus dem Ruder laufen könnten. »Das hätte verhängnisvolle Folgen für die Republik, da der Ausgang in Leipzig als Signal für andere wirkt.«[191] Ich teilte ihm ferner mit, dass ich mich am Montag mit den Ministern Mielke und Dickel sowie Streletz treffen würde, um gemeinsam dafür zu sorgen, dass niemand unseren Befehl vom Vortag unterliefe.

Wir kamen am Montag im Arbeitszimmer des Innenministers zusammen. Dort bestand eine Fernsehverbindung nach Leipzig, so dass wir live die Demonstration verfolgen konnten. Gegen 15 Uhr stieß Erich Honecker zu uns, er hatte kurz zuvor sein Kommen telefonisch angekündigt. Honecker wirkte angespannt und nervös. Er hielt sich an unsere Verabredung, keine eigenmächtigen, spontanen Entscheidungen zu treffen.

Als wir am Abend auseinandergingen, sagte Innenminister Dickel zu mir: »Ich hab in Spanien mit der Waffe in der Hand die Republik verteidigt. Ich würde das auch heute gegen jeden Aggressor tun – aber ich würde keine Waffe gegen unser Volk richten. Du hast meine volle Unterstützung.«

Dieses Bekenntnis berührte mich sehr.

Während meines Prozesses vor dem Berliner Landgericht wurde Egon Bahr als Zeuge vernommen. Ich fragte ihn, ob es in der alten Bundesrepublik auch ein Feindbild gegeben habe.

»Selbstverständlich«, antwortete er.

Ich fragte nach: »Und wie hieß dies?«

»Die DDR muss weg!«

Bahr widersprach nicht, als ich ergänzte: »Dieses Feindbild wurde nach 1990 in die Aufgabe umfunktioniert: An der DDR darf kein gutes Haar bleiben.«

Alle Militärs und Politiker der DDR, die in erster Linie die Gewaltlosigkeit im Herbst '89 verantworteten, wurden nach 1990 mit Strafen belegt.

Uns wurde durch die Justiz zudem ein übler Streich gespielt. Im sogenannten Honecker-Prozess, in dem auch Fritz Streletz angeklagt wurde, vernahm das Gericht zwei frühere Botschafter der UdSSR als Zeugen: Falin und Kwizinskij. Ihre Aussagen waren so widersprüchlich, dass das Gericht daraus irrtümlich schloss, dass die Verantwortung für die Grenze ausschließlich bei der DDR gelegen habe. Beide gehörten nicht der sowjetischen Führung an. Weder Falin noch Kwizinskij waren vor 1989 im KPdSU-Politbüro, in der Sowjetregierung, im sowjetischen Verteidigungsrat oder im Oberkommando der Sowjettruppen in Deutschland. An Beratungen der Warschauer Vertragsstaaten zu Militärfragen nahmen sie nicht teil. Dennoch steht im Urteil des Bundesverfassungsgerichtes vom 24. Oktober 1996: »Das Landgericht [...] ist zu dem vertretbaren und nachvollziehbaren Ergebnis gekommen, der Einfluss der UdSSR auf die tatsächliche Ausgestaltung der Grenzsicherungsanlagen [...] sei eher gering gewesen. Dabei hat es insbesondere die Zeugenaussage eines maßgeblichen Vertreters der politischen Führung der ehemaligen UdSSR eingehend berücksichtigt.«[192]

Wie kann jemand ein »maßgeblicher Vertreter« einer »politischen Führung« sein, der er nicht angehörte? Die Feststellung, dass der »Einfluss der UdSSR auf die tatsächliche Ausgestaltung der Grenzsicherungsanlagen [...] eher gering gewesen« sei, ist sachlich falsch.

Kompetentere Zeitzeugen wie etwa der langjährige sowjetische Botschafter in der DDR, Abrassimow, Marschall

Kulikow, die Armeegenerale Luschew und Gribkow setzten der Vermutung des Landgerichts und des Bundesverfassungsgerichts historische, juristische und militärische Tatsachen entgegen. Abrassimow schrieb: »Selbständig konnte die Führung der DDR nichts an der Grenze unternehmen. Dies hätte eine Bedrohung des Warschauer Vertrages dargestellt [...], wir hätten das niemals zugelassen.«[193] Der ranghöchste sowjetische Militär, Marschall Kulikow, ging ins Detail. Die DDR »war auf vielen Gebieten souverän«, schrieb er, »aber [...] nicht auf militärpolitischem und militärischem Gebiet«.[194]

»In einer quasi totalitären Gleichschaltung der Medien«[195] wurden die wichtigen russischen Zeitdokumente der deutschen Öffentlichkeit vorenthalten, schrieb Rechtsanwalt Helmut Walther, CDU-Mitglied in Baden-Baden, in einem Pressebeitrag.

Beide deutsche Staaten waren souverän, und sie waren es in gewisser Hinsicht doch wieder nicht. Die Bundesrepublik setzte nach 1990 das Rückwirkungsverbot – eine uralte Grundregel des bürgerlichen Rechtsstaates – für Ostdeutsche außer Kraft, um DDR-Hoheitsträger ins Gefängnis schicken zu können. So kam es, dass der Sekretär des Nationalen Verteidigungsrates der DDR, Fritz Streletz, der alle Dokumente für die Friedfertigkeit im Herbst '89 ausgearbeitet hat, fünfeinhalb Jahre ins Gefängnis geschickt wurde und als Generaloberst der NVA heute eine Rente in der Höhe eines Stabsfeldwebels der Bundeswehr bezieht.

Honeckers Sturz und Moskaus Reaktion

Die Auseinandersetzungen über die Absetzung Erich Honeckers zogen sich Tage hin. Am 10. Oktober um 10 Uhr kam das Politbüro zusammen. Noch war nicht entschieden, ob meine Vorlage erörtert werden würde. Für Honecker war ich inzwischen ein Kapitulant, der vor der Konterrevolution in die Knie gegangen war. Dabei war die vorbereitete Erklärung, gemessen an dem, was tatsächlich auf dem Spiel stand, ziemlich harmlos. »Über alle Fragen sollte ein breiter politischer Dialog mit allen gesellschaftlichen Kräften geführt werden.«[196]

Honecker eröffnete die Sitzung und erklärte, dass seine zum 40. Jahrestag gehaltene Rede die Basis sei für die weitere Arbeit der Partei und des Staates. »Die Mehrheit der Partei und der Arbeiterklasse steht hinter unserer Politik, die richtig war und richtig ist«, sagte er. Es sei das Verdienst der SED, rechtzeitig eine Gesellschaftskonzeption ausgearbeitet zu haben.

Dann kam er auf meine Vorlage zu sprechen. »Die auf Initiative von Egon Krenz eingereichte Erklärung findet nicht meine Unterstützung. Ich habe Egon Krenz von der Einreichung der Vorlage abgeraten. Dennoch hat er sie vorgelegt. Nach dieser Erklärung führt der Gegner den zweiten Stoß gegen uns.« Er bleibe dabei, dass mit dem »Europa-Picknick«[197] eine regelrechte Psychose geschürt worden sei. »Wir haben uns auf Ungarn verlassen. Vor Verrat ist niemand gefeit. Selbst wenn man die vorliegende Erklärung von Egon Krenz verbesserte, erreichen wir keine Klarheit.«

Honecker schlug im Weiteren vor, Beratungen mit den 1. Bezirkssekretären und den Vorsitzenden der Blockparteien durchzuführen.

Worüber?

Im November solle die 9. Tagung des ZK stattfinden. Er werde das Referat zur Vorbereitung des XII. Parteitages halten. Dann forderte Honecker, jeder Bürger müsse einen Reisepass erhalten und einen Antrag auf ein Visum stellen können.[198]

Mich erschreckte die Weltfremdheit, mit der Honecker an die Dinge heranging. Ich konnte mir das nicht erklären. Seine Rede vom 6. Oktober, die nichtssagend war, sollte die Plattform unserer künftigen Arbeit sein? Die Reisefrage wollte er mit Pässen regeln, was überhaupt nicht sicherte, dass die Bürger auch reisen konnten. Eine kritische Analyse unserer eigenen Arbeit wollte er nicht. Er hielt an der Devise fest, die seit Jahrzehnten galt: »Keine Fehlerdiskussion, Genossen.«

Schuld an unserer Lage waren nur die anderen: Gorbatschow, die Polen, die Ungarn und die BRD.

Ein sofortiges ZK-Plenum lehnte er ab, das könne bis November warten.

Nun wurde endgültig klar: Es existierten zwei Linien im Politbüro – die des Generalsekretärs und die meine. Die Reaktion auf Honeckers Einleitung war folglich auch sehr widersprüchlich. Pro und Kontra hielten sich zunächst die Waage. Hermann Axen, ein Genosse, auf den viele im Politbüro hörten und den ich sehr schätzte, unterstützte Honecker. »Egon, du verhältst dich hier wie die Kapitulanten am 17. Juni 1953.«

Dennoch lief die Aussprache nicht so, wie es sich der Generalsekretär vorgestellt hatte, weshalb er irgendwann die Aufforderung an mich richtete: »Sag endlich offen, was du willst und wer hinter der Vorlage der FDJ steckt!«

Obwohl außer mir keiner im Politbüro das kritische Papier aus dem FDJ-Zentralrat kannte, nutzte Honecker das Dokument zur Polemik gegen mich. Er zitierte daraus: »Es gibt unter der Jugend einen rapiden Vertrauensverlust zur Partei«.[199]

Es sei »das erste Mal in der Geschichte der DDR, dass die FDJ-Führung die Politik der Partei und ihrer Führung angreift«, empörte sich Honecker.

Es schien, als könnte ihm gelingen, vom Entwurf meiner Erklärung abzulenken und das Feuer auf die FDJ und mich zu richten. Zugleich spürte er zum ersten Mal, seit er Generalsekretär war, scharfen Gegenwind im Politbüro. Doch seine physische Kraft war erschöpft. Er schlug darum vor, die PB-Sitzung am Mittwoch fortzusetzen. Bis dahin müsse die Erklärung aber unbedingt umgearbeitet werden. Für die Redaktion schlug er Mittag, Herrmann und mich vor. Die Absicht war durchschaubar: Ich sollte eingebunden werden. Seine Vertrauten Mittag und Herrmann sollten mich zu Zugeständnissen und damit zu einem für ihn günstigen Kompromiss veranlassen. Ich bat daher darum, auch Schabowski in die Redaktionsgruppe aufzunehmen.

Als wir am Abend zu viert unsere Arbeit beginnen wollten, zog Mittag ein vorbereitetes Papier aus der Tasche: eine Kurzfassung der Rede Honeckers zum 40. Jahrestag der DDR. Sie sollte angenommen werden, nicht meine Erklärung.

Ich lehnte das ab.

Mittag und Hermann gaben sich geschlagen, erreichten aber, dass mein Entwurf überarbeitet und wenigstens verwässert wurde.

Honecker versuchte am Mittwoch zu kitten, was nicht mehr zu kitten war. Zu meiner Überraschung stellte er »Übereinstimmung« fest. »Ich bin für den politischen Kampf, doch für die Konterrevolution gibt es keinen Pardon«, erklärte er pathetisch.

Dem angenommenen Kompromisspapier konnte nun jeder entnehmen, was ihm genehm war. Die Zeit lief uns davon, weil Honecker nicht begreifen wollte oder konnte, wie ernst die Situation war. Die Frage jedoch, ob er darum seine Funktion abgeben müsste, wurde noch nicht gestellt.

Am 12. Oktober fand um 11.30 Uhr eine Beratung des Sekretariats mit den 1. Sekretären der SED-Bezirksleitungen statt. Schon nach zehn Minuten wurde klar, die Ausführungen entsprachen weder dem Ernst der Situation noch besaßen sie einen roten Faden, eine Linie. Das einzige, was ihnen Honecker über die beiden PB-Sitzungen mitteilte: Es bleibe dabei, dass die 9. Tagung des Zentralkomitees am 15. November stattfinde. Honecker endete nach anderthalb Stunden.

Das Bemerkenswerte in der anschließenden Aussprache war der Beitrag Günther Jahns. Der 1. Sekretär aus Potsdam erhob sich von seinem Platz und sagte: »Genosse Generalsekretär, ich stehe auf, um dir offen und ehrlich in die Augen zu schauen.« Er forderte die Einberufung einer Tagung des Zentralkomitees und eine Politik des vernünftigen Dialogs und der ausgestreckten Hand gegenüber den oppositionellen Kräften. Und dann: »In den letzten Monaten sind die Führungsschwächen an der Spitze offenbar geworden. Deshalb fordere ich dich, Genosse Generalsekretär, auf, daraus auch die persönliche Konsequenz zu ziehen. Im Fall Walter Ulbrichts hat ja unser Zentralkomitee auch gezeigt, dass man dies in ehrenhafter Weise ohne Gesichtsverlust vollziehen kann.«

Es herrschte Stille im Saal. Jeder wusste um die Tragweite dieser Aufforderung.

Wie würden sich jetzt die anderen 1. Sekretäre verhalten?

Niemand von ihnen trat Jahn zur Seite.

Honecker zeigte keine Regung.

Nach der Beratung bat ich Siegfried Lorenz und Hans Modrow in mein Arbeitszimmer. Mir lag viel daran, Modrow ins Vertrauen zu ziehen. Lorenz war einige Jahre sein Stellvertreter in der FDJ-Bezirksleitung in Berlin gewesen. Ich hoffte, dass dessen Teilnahme Modrow öffnen und er unser Vorhaben unterstützen würde.

»Hans«, sagte ich, »die heutige Beratung gibt uns die Möglichkeit, am Dienstag die Absetzung Erich Honeckers auf die Tagesordnung des Politbüros zu setzen.«

Modrow reagierte zurückhaltend. Er gab zu bedenken, ob es nicht besser sei, damit bis zur ordentlichen Sitzung des

Zentralkomitees am 15. November zu warten. Er schlug vor, unter Leitung von Alfred Neumann sodann eine Kaderkommission zu bilden, die dem Zentralkomitee personelle Veränderungen unterbreite.

»Zweifellos ein demokratischer Weg«, antwortete ich, »doch bis zum November sind es noch fast fünf Wochen. So viel Zeit haben wir nicht mehr«.

Modrow schwieg. Er hatte es eilig und wollte schnell nach Dresden zurück. Lorenz und ich hatten diese Zurückhaltung von ihm nicht erwartet. 2018 wurde Hans zu diesem Sachverhalt von einem Historiker in einem längeren Interview gefragt: »Herr Modrow, warum waren Sie unentschlossen? Können Sie das bitte darstellen?« Modrow antwortete darauf: »Egon Krenz gibt hier Aussagen wieder, die so nicht stimmen.«[200]

Ich will ja nicht über jeden Stock springen. Aber Wahrheit muss Wahrheit bleiben: Schließlich geht es um einen wichtigen Teil der Geschichte der letzten Monate der SED, an den sich Lorenz genauso erinnert wie ich.

Als nämlich am 17. Oktober 1989 um 10 Uhr die Mitglieder und Kandidaten des Politbüros zur Sitzung versammelt waren, fehlte Honecker. Er kam zu spät. Das war ungewöhnlich. Er war in der Regel die Pünktlichkeit in Person. Als er gegen 10.10 Uhr in den Sitzungssaal kam, war er in bester Stimmung. »Entschuldigt, Genossen«, rief er schon am Eingang, »Hans Modrow hat mich eben angerufen. Er will auf mich zukommen. Wir wollen morgen miteinander reden.«

Was ist denn in Hans gefahren?, schoss es mir durch den Kopf. Er wusste doch ganz genau, dass heute Honeckers Absetzung auf der Tagesordnung steht. Dass ausgerechnet er vor dieser entscheidenden Sitzung des Politbüros sich bei Honecker in Erinnerung brachte, verunsicherte mich stark. Mein Vertrauen blieb dennoch: Gegen starken Widerstand im Politbüro setzte ich mich wenig später mit dem Vorschlag durch, Hans Modrow als Kandidat für die Funktion des Ministerpräsidenten der DDR zu nominieren.

Mich überraschte, als Modrow einige Wochen später auf dem Sonderparteitag der SED sagte, die ZK-Tagung, die Honecker abgesetzt habe, sei manipuliert gewesen. Dort sei die Macht einfach »vom Herrscher zum Kronprinzen, von einer Hand in die andere gegangen«.[201] Der Leser wird sich anhand der geschilderten Fakten sein eigenes Bild darüber machen können.

Am 17. Oktober trat 10 Uhr das Politbüro zu seiner wöchentlichen Sitzung zusammen. Der Generalsekretär eröffnete, als sei die Lage in der DDR völlig normal und nichts passiert. Nicht einmal die Beratung mit den 1. Sekretären der SED-Bezirksleitungen schien ihm der Erwähnung wert. »Gibt es noch Vorschläge zur Tagesordnung?«, fragte er und schaute in die Runde.

Stoph meldete sich. »Ja. Ich schlage vor: Erster Punkt der Tagesordnung – Entbindung des Genossen Erich Honecker von seiner Funktion als Generalsekretär und Wahl von Egon Krenz zum Generalsekretär.«

Honecker reagierte nicht. Was ging ihm durch den Kopf? Scheinbar unbeeindruckt sagte er: »Gut, dann eröffne ich die Aussprache.«

Alle Mitglieder und Kandidaten erklärten sich für seine Ablösung.

Er selbst nahm als Letzter das Wort. Er sei tief betroffen, dass Willi Stoph die Forderung nach seiner Absetzung gestellt habe. »Ich muss davor warnen, dass mit meiner Absetzung die inneren Probleme gelöst werden können. Der Feind wird weiter heftig arbeiten. Nichts wird sich beruhigen«, erklärte er. In Ungarn und Polen habe der Sozialismus schon verloren. Die Errungenschaften der DDR dürften nicht angetastet werden. »Mein Auswechseln zeigt, dass wir erpressbar sind. Der Gegner wird dies ausnutzen. Mit der Auswechslung der Kader bin ich nicht einverstanden. In Ungarn hat Kadars Absetzung auch nichts geholfen.«

Er sage dies nicht als geschlagener Mann, sondern als Genosse bei bester Gesundheit. Da aber offensichtlich alle für seine Absetzung seien, wolle er sich nicht in den Weg stellen. Er ließ abstimmen.

Der Beschluss fiel einstimmig aus. Auch Honecker stimmte für seine Ablösung, und er tat dies mit einer Haltung, die mir wiederum imponierte. Auf dem 9. ZK-Plenum, das am 18. Oktober 1989 stattfinden würde, sollte dem Zentralkomitee der SED empfohlen werden, Honecker von seiner Funktion zu entbinden und Krenz zum Generalsekretär zu wählen.

Ebenfalls einstimmig war entschieden worden, dem ZK die Ablösung der ZK-Sekretäre Joachim Herrmann und Günter Mittag vorzuschlagen.[202]

Die nachfolgende 9. ZK-Tagung ist dokumentiert und oft kommentiert worden, weshalb ich es hier nicht noch einmal tun muss.

Der sowjetische Botschafter hatte mir kurz vor der Tagung mitgeteilt, dass er informiert worden sei, dass Werner Krolikowski die Funktion des Ministerpräsidenten anstrebe und Willi Stoph für den Posten des Staatsratsvorsitzenden vorschlagen wolle.

Ich hielt die politische Situation für ungeeignet, über Posten zu verhandeln. Und ich wusste auch, dass viele davon abrieten, alle drei Funktionen, die Honecker ausgeübt hatte, zu übernehmen. Darüber, so dachte ich damals, könne man später entscheiden. In dieser kritischen Situation aber, wo konzentriertes Handeln nicht nur in der Politik, sondern auch in der Ökonomie und vor allem auch im Sicherheitsbereich vonnöten war, hielt ich es für richtig, als SED- und Staatschef auch die Funktion des Vorsitzenden des Nationalen Verteidigungsrates zu übernehmen.

Das ZK stimmte dem Vorschlag einstimmig zu, dass ich diese drei Funktionen übernehme. In der Sitzung äußerte sich niemand dagegen.

Dann war ich an der Reihe. Ich trug meine Rede vor, die unter äußerst komplizierten Bedingungen ausgearbeitet worden war. Ich hatte mich in den vergangenen Tagen mehr den Gesprächen mit den Mitgliedern des Politbüros über die

Absetzung Honeckers als dem Inhalt der Rede widmen können. »Mit der heutigen Tagung werden wir eine Wende einleiten«, begann ich.

Um das Wort »Wende« war in meinem Umkreis heftig gestritten worden. Wie wollten wir unser Programm der Nach-Honecker-Zeit nennen? Übernehmen wir die russischen Worte »Perestroika« und »Glasnost«? Obwohl sie jeder ohne Übersetzung versteht, wollte ich sie nicht abschreiben. Ich musste einen deutschen Begriff finden, der sowohl eine Hinwendung auf das Bewährte aus 40 Jahren DDR zuließ als auch deutlich machte, dass wir uns abwenden von allem, was unser Land in die aktuelle Lage gebracht hatte. Ich entschied mich für die Formulierung, die ich dann gebrauchte.

Die politische Vokabel »Wende« wird bis heute sehr unterschiedlich gebraucht. Die von mir gewollte Wende wies nicht in Richtung deutsche Einheit, wohl aber öffnete sie die Tür für einen innenpolitischen Dialog. Wir mussten uns wieder dem Volk zuwenden, wie der Liedermacher Gerhard Schöne sang: »Mit dem Gesicht zum Volke.«

Besonders lag mir ein klares Wort zur Sowjetunion am Herzen. Wir betrachteten »die Umgestaltung in der UdSSR als einen unumgänglichen Vorgang, den die KPdSU mit ihrem Generalsekretär Michail Sergejewitsch Gorbatschow kühn in Gang gesetzt hat«, führte ich in meiner 45-minütigen Antrittsrede aus. »Vom Erfolg der Umgestaltung in der Sowjetunion hängt die Zukunft des Sozialismus ab.«

Nach dem Plenum, die Uhr ging auf 16 Uhr zu, erschien der sowjetische Botschafter in meinem Büro. Kotschemassow trug die Botschaft von Gorbatschow vor: »In Moskau ist man aufrichtig erfreut darüber, dass in der komplizierten Lage eine würdige Lösung gefunden wurde. Wir sind überzeugt, dass damit ein wichtiger Schritt zur Festigung des Sozialismus in der DDR getan wurde. Unser gegenseitiges Verständnis, die gegenseitige Offenheit und die Vertiefung der Zusammenarbeit auf allen Gebieten werden jetzt zweifellos eine neue Dimension erhalten.«

20. 10. 1989

4 Ex.

Ich wurde beauftragt, Ihnen im Namen Michail Gorbatschows den Text des Glückwunsches zu überreichen.

Der Text des Glückwunsches wurde sofort nach Erhalt der Mitteilung aus der DDR über die Beschlüsse der Tagung des ZK der SED vom sowjetischen Rundfunk und Fernsehen verbreitet. Heute wurde er in der zentralen sowjetischen Presse veröffentlicht.

In Moskau ist man aufrichtig erfreut darüber, daß in der komplizierten Lage eine würdige Lösung gefunden wurde. Wir sind überzeugt, daß damit ein wichtiger Schritt zur Festigung des Sozialismus in der DDR getan wurde. Unser gegenseitiges Verständnis, die gegenseitige Offenheit und die Vertiefung der Zusammenarbeit auf allen Gebieten werden jetzt zweifellos eine neue Dimension erhalten.

Ich wurde gleichfalls beauftragt, Ihnen die Einladung des Genossen Michail Gorbatschow zu überreichen, Moskau in allernächster Zeit einen Arbeitsbesuch abzustatten. Über den Termin des Besuchs könnte man sich auf dem Arbeitswege einigen.

Ich wurde beauftragt, Ihnen mitzuteilen, daß das ZK der KPdSU die führenden Repräsentanten der Bruderparteien der sozialistischen und einiger kapitalistischer Länder, die Regierungen einer Reihe von Ländern darüber informiert hat, daß es die Beschlüsse des Plenums des ZK der SED unterstützt. Ich wurde des weiteren beauftragt, Ihnen den Wortlaut der entsprechenden Weisungen zu übergeben, die an die sowjetischen Botschafter ergangen sind.

(Beigefügt ist der bereits veröffentlichte Text des Glückwunschtelegramms von Michail Gorbatschow an Egon Krenz.)

Mündliche Botschaft Gorbatschows, die vom sowjetischen Botschafter Kotschemassow in Berlin am 20. Oktober 1989 übermittelt wurde

20. 10. 1989

4 Ex.

Wortlaut der Weisung an den Botschafter der UdSSR in Bonn

Besuchen Sie umgehend Bundeskanzler Helmut Kohl und übermitteln Sie ihm im Auftrage Michail Gorbatschows folgende mündliche Botschaft:

Wie der Kanzler wahrscheinlich bereits aus den Medien erfahren hat, ist in Berlin ein Plenum des ZK der SED zu Ende gegangen. Anstelle von Erich Honecker wurde Egon Krenz zum neuen Generalsekretär des ZK der SED gewählt. Es wurden weitere Kaderveränderungen vorgenommen.

Es liegt uns fern, innere Angelegenheiten eines anderen Staates, der mit uns befreundeten und verbündeten Deutschen Demokratischen Republik, sowie einer anderen Partei, der Sozialistischen Einheitspartei Deutschlands, zu erörtern, mit der uns eine langjährige Solidarität und Beziehungen zwischen Genossen verbinden. Die vollzogenen Veränderungen betrachten wir als eine Tatsache. Die Bedingungen dafür waren in der SED selbst herangereift, die auch die Stimmungen in der Gesellschaft in sich aufnimmt.

Wir sind davon überzeugt, daß der Kurs der neuen Führung der DDR auf die Vervollkommnung und Erneuerung der Gesellschaft gerichtet sein wird, wobei die Errungenschaften gewahrt werden, die tatsächlich vorhanden sind. Zweifellos kann eine allmähliche und schrittweise Bewegung hin zu Reformen erwartet werden.

Wir teilen diese Gedanken vertraulich mit, weil wir davon ausgehen, daß die BRD, wie Kanzler Kohl in unserem Telefongespräch am 11. Oktober versicherte, in keiner Weise an einer Destabilisierung der DDR interessiert ist und ihr nichts Schlechtes wünscht.

Weisung Gorbatschows an den sowjetischen Botschafter in Bonn, die Bundesregierung über den Berliner Personalwechsel zu informieren

2.

Michail Gorbatschow erwartet, daß entsprechend diesen Versicherungen und der breiten Verständigung, die bei den Gipfeltreffen in Moskau und Bonn erreicht wurde, der Kanzler und die BRD insgesamt zu den Vorgängen in der DDR eine Position einnehmen, die den Interessen der Berechenbarkeit der Handlungen aller und der Festigung der Stabilität in Europa entspricht.

Der Botschafter übermittelte mir die Einladung des ZK der KPdSU zu einem Arbeitsbesuch und sagte, dass Gorbatschow Botschaften an die Staats- bzw. Regierungschefs der Großmächte, an Bundeskanzler Kohl und an die Bruderparteien der KPdSU zur Unterstützung der neuen Führung der DDR geschickt habe.

Am Sonnabendvormittag, es war der 21. Oktober, klingelte gegen 9.30 Uhr zu Hause mein WTsch-Apparat. Die Zentrale teilte mit: »Genosse Generalsekretär, ein Gespräch aus Moskau für Sie.«

Gorbatschow war in der Leitung, »Ich umarme dich symbolisch«, sagte er. »Von Herzen gratuliere ich dir jetzt persönlich zu deiner hohen Verantwortung. Ich beneide dich nicht. Wer außer dir hätte diese Last übernehmen können? Ich freue mich, dass du Mut gezeigt hast. Ich begrüße dich als meinen neuen Kollegen, mit dem ich gern zusammenarbeiten will.«

»Danke, Michail Sergejewitsch«, antwortete ich und suchte nach russischen Vokabeln: »Die größte Last liegt auf deinen Schultern. Vom Erfolg der Perestroika hängt das Schicksal des Sozialismus ab. Ich wünsche dir Kraft. Wie die Leute bei uns über dich denken, hast du an unserem Nationalfeiertagt selbst erlebt. Was mich betrifft, hast du mir mit deinen Botschaften an Kohl und viele Staatsmänner der Welt den Rücken gestärkt. Ich danke dir dafür.«

»Das bin ich der Freundschaft unserer Völker schuldig. In schwierigen Zeiten erkennt man seine Freunde. Ich möchte dich gern sehen. Wann kannst du nach Moskau kommen?«

»Wann immer du die Zeit hast«, antwortete ich.

»Ende Oktober, Anfang November wäre ein guter Termin. Dann kannst du gleich mit uns das Fest des Oktobers feiern.«

»Zum Feiern ist mir jetzt nicht zumute ... Ich muss mit dir über vieles reden. Auch über die BRD. Mein Bevollmächtigter fliegt Anfang der Woche nach Bonn. Er soll testen, wie Kohl die Veränderungen bei uns aufgenommen hat.«

»Lass dich von Kohl nicht erpressen. Der hat auf das Pferd des Nationalismus gesetzt. Das ist gefährlich. Er will Reformen nach Bonner Vorstellungen. Die sind für uns nicht akzeptabel. In seine Abhängigkeit darfst du dich auf keinen Fall begeben.«

Da habe er gewiss Recht, entgegnete ich. Kohl wolle die DDR wegreformieren, uns in die Knie zwingen. »Mir geht es im Gespräch mit dir vor allem um unsere gemeinsame Politik. Jeder in Europa, vor allem die Regierung der Bundesrepublik, muss spüren, dass die UdSSR und die DDR zusammengehören. Es muss wieder Gleichklang zwischen uns geben. Wir brauchen den engen Schulterschluss.«

»Damit bin ich voll einverstanden«, meinte Gorbatschow. »Was den Termin betrifft, will ich noch einmal in meinen Kalender sehen. Unsere Diplomaten können ihn abstimmen.«

Ton und Inhalt des Gesprächs gaben mir Zuversicht. In diesem Moment war ich überzeugt, gemeinsam die Krise überwinden zu können. Und ahnungslos, was sich in Moskau hinter meinem Rücken abspielte.

Ein Treffen, das von Gorbatschow schnell vergessen wurde

Am 1. November 1989 empfing mich Gorbatschow in Moskau. Fünf Jahre später, Ende 1994, entdeckte ich in einer Berliner Buchhandlung Gorbatschows erstes nach dem Anschluss der DDR an die Bundesrepublik in deutscher Sprache veröffentlichtes Buch.[203] Ich blätterte neugierig darin. Unser Gespräch vom 1. November 1989 fehlte. Warum? Das war für mich so schwer nicht zu erklären. Inzwischen hatte er neue Freunde. Es waren jene, die er mir gegenüber noch 1989 als »Nationalisten« verdammt hatte und vor denen ich mich in Acht nehmen sollte. Umso wichtiger, dass ich den Inhalt des dort ausgesparten Gespräches hier wiedergebe.

Während des Fluges nach Moskau las ich ein Material von Arno Peters von der Bremer Universität. Das war zwar schon einige Jahrzehnte alt, aber dennoch höchst aktuell. 1964 hatte er öffentlich gefordert, die Bundesrepublik solle der DDR einen Lastenausgleich in dreistelliger Milliardenhöhe für die von ihr für ganz Deutschland geleisteten Reparationen zahlen. Jetzt wiederholte er, was der deutsche Osten an Reparationen an die Sowjetunion und an Polen gezahlt hatte, während sich der Westen nicht an die im Potsdamer Abkommen fixierten Verpflichtungen gehalten hatte.[204]

Keine vier Wochen später kam auch der ehemalige CDU-Generalsekretär Kurt Biedenkopf darauf zurück. »Es ist ja offensichtlich, dass die DDR fast allein die Last der Reparationen getragen hat«, erklärte er in Bonn gegenüber *ADN*.

Dadurch sei die Bundesrepublik entlastet worden. Mit dem auf diese Weise »gesparten Kapital« habe man im Westen »gearbeitet«, weshalb er es »Treugut« nannte. »Und dieses Treugut muss natürlich zurückgeben werden.« Dann nannte *ADN* Zahlen, die Prof. Peters errechnet hatte: Jeder Bürger habe eine Reparationslast von 16 124 Mark getragen, der Bundesbürger lediglich von 126 Mark. Biedenkopf wollte dies nicht bestätigen. »Aber was ich sagen kann, ist, dass die Menschen in der DDR ein Vielfaches dessen haben aufwenden müssen, was wir aufgewendet haben.«[205]

Die erste Generation von DDR-Politikern hat öffentlich nie über die Reparationen geklagt. Allein aus moralischen Gründen war es ihr peinlich, sie als »Last« zu bezeichnen, denn die durch Demontage und aus der Produktion gewonnenen Werte konnten nicht im Entferntesten die Schäden und Verluste kompensieren, die Deutschland der Sowjetunion zugefügt hatte. Meine Generation übernahm diese kollektive Scham. Über Reparationen zu klagen, war tabu. Ab und zu hörte ich, dass Walter Ulbricht gegenüber Stalin dieses Thema angesprochen hatte und in Detailfragen auch Verständnis fand. So ist überliefert, dass es dem persönlichen Einsatz Ulbrichts zu verdanken war, dass die Meißner Porzellanmanufaktur nicht nach Leningrad umgesiedelt wurde.

Als die Reparationen die junge DDR-Volkswirtschaft überforderten, wandten sich Pieck, Grotewohl und Ulbricht am 6. Februar 1953 in Karlshorst an den Vorsitzenden der Sowjetischen Kontrollkommission.[206] Marschall Wassili I. Tschuikow sollte die Führung in Moskau bitten, die Last zu mindern.

Wie immer man zu den Reparationen stand, Tatsache war: Ganz Deutschland hatte den Krieg verloren, die Wiedergutmachung aber lastete allein auf den Schultern der Ostdeutschen in der Sowjetischen Besatzungszone, dann der DDR. Bis 1953 betrugen die Reparationsleistungen der DDR nach damaligen Preisen rund 15 Milliarden Dollar, das war 25-mal mehr, als die der BRD.

Auf dem Gebiet der DDR wurden mehr als 2000 Betriebe demontiert, immerhin die Hälfte der industriellen Kapazität der Vorkriegszeit. Die zweiten Gleise auf Hauptstrecken der Eisenbahn wurden fast vollständig abgebaut, insgesamt 11 800 Kilometer.

Im Osten Deutschlands waren durch Kriegseinwirkungen 45 Prozent der Industrieanlagen zerstört oder schwer beschädigt worden. Natürlich gab es auch Zerstörungen in Westdeutschland. Doch dort floss Geld aus dem Marshallplan, diese Starthilfe konnten Einsatzwillen und Enthusiasmus der Ostdeutschen nicht ausgleichen. Hinzu kam der Kalte Krieg mit Boykott und Embargo, mit Alleinvertretungsanspruch und Abwerbung.

Natürlich waren die Reparationen kein Thema für mein Gespräch mit Gorbatschow. Aber bei der Beurteilung der DDR-Volkswirtschaft durften solche Fragen nicht ausgeklammert werden. Nicht alles, was in unserer Ökonomie nicht funktionierte, war hausgemacht. Die unterschiedlichen Startbedingungen spielten eine besondere Rolle.

Mit solchen Überlegungen landete ich in Moskau. Wie oft hatte ich diese Stadt besucht. Die Sowjetunion war mir seit Langem eine zweite Heimat geworden. Ich fühlte mich hier immer wohl, als einer von ihnen.

Nach der Ankunft in der Residenz schaltete ich das sowjetische Fernsehen ein. Was ich dort sah und hörte, war nicht mehr die Sowjetunion, welche ich von früheren Besuchen kannte. Es waren die gleichen Menschen, die gleichen Vokabeln, teilweise die gleichen Redner, aber es war ein ganz anderes Land. Die Perestroika war sichtlich ins Stocken geraten. Es gab Warnungen, die Sowjetunion werde zu einer drittklassigen Macht, wenn Gorbatschows Umgestaltung außer Kontrolle gerate.

An jenem Abend erst wurde mir bewusst, dass die Sorgen des KPdSU-Generalsekretärs nicht geringer waren als die meinen. Schon im Sommer hatte mir einer unserer besten Sowjetunion-Kenner in der Internationalen Abteilung des Zentralkomitees, Bruno Mahlow, eine Untersuchung übergeben. »Einige Überlegungen zur Entwicklung in der Sowjetunion« hatte er die Analyse überschrieben, aus der hervorging, dass sich die Sowjetunion »in der schwierigsten Situation seit der Oktoberrevolution befinde«.

Ich telefonierte zunächst mit Freunden in Moskau, um aus erster Hand etwas über die Stimmung im Land zu erfahren. Im eigenen Lande gilt der Prophet bekanntlich wenig. Das schien auch für Gorbatschow zu gelten. Er genoss Achtung in der ganzen westlichen Welt, nicht aber hier. Viele waren der Meinung, dass der Lebensstandard unter Breshnew besser gewesen sei, die Versorgungsmängel wurden Gorbatschow angelastet. Eine meiner Dozentinnen aus Moskauer Studienzeiten meinte ironisch: »Es wird zu viel geredet und zu wenig gearbeitet.« Dieses Pauschalurteil schien mir ungerecht. Früher wurden die Mängel oft nur unter den Teppich gekehrt. Gorbatschows Politik machte sie öffentlich.

Von mir und, wie ich später erfuhr, auch von meinen Sicherheitsbegleitern unbemerkt war ein Mann mittleren Alters in mein Zimmer gelangt, der mich wie einen alten Bekannten begrüßte. Er sei vor zwei Jahren als Dolmetscher einer hochrangigen KGB-Delegation tätig gewesen, die das Ministerium für Staatssicherheit in Berlin besucht habe, sagte er.

Da ich keine Zeit verschwenden wollte, fragte ich direkt nach dem Grund seines Besuches zu so später Stunde.

Sein Blick ging zum Kronleuchter an der Zimmerdecke. Dann lud er mich zu einem kleinen Nachtspaziergang ein. Er wollte mir etwas mitteilen, was nur für meine Ohren bestimmt sei, sagte er vor der Tür.

Wir gingen in den kleinen Park vor der Residenz. Dort gab er sich als Mitarbeiter des KGB zu erkennen und überbrachte mir Grüße von nicht namentlich genannten guten Freunden, »die Sie davor bewahren möchten, dass Sie bei Gorbatschow ins offene Messer laufen«.

Ich wurde hellhörig. Ging es um einen freundschaftlichen Rat, oder wollte mir jemand eine Falle stellen?

Obwohl ich deutlich zu verstehen gab, dass ich an kein »offenes Messer« bei Gorbatschow glaube, beharrte mein Gesprächspartner auf seiner Position: Ich solle nicht so gutgläubig sein. Aus der Umgebung des Generalsekretärs sei bekannt, dass er seit seinen Gesprächen mit Kohl im Juni in Bonn ein neues Verhältnis zur Bundesrepublik habe. Dies könnte sein Verhalten gegenüber der DDR verändern. So habe Gorbatschow nach seiner Rückkehr von den Feierlichkeiten zum DDR-Jubiläum mit dem Bundeskanzler telefoniert. Was dort besprochen worden sei, wisse nicht einmal das Politbüro.

Ich widersprach: Botschafter Kotschemassow habe mich über das Telefonat zwischen Gorbatschow und Kohl am 11. Oktober informiert.

»Dennoch«, meinte der nächtliche Besucher, und das hatte mir schon Mahlow gesagt, »wir haben die schwierigste Lage seit der Oktoberrevolution. Um da heil herauszukommen, braucht man reiche Freunde.«

Was meinte er damit?

»Das Fehlen einer Konzeption für die Innenpolitik unseres Landes, die Aufforderung, alles ohne Rücksicht auf alte Schablonen zu erörtern, die prinzipienlose Geschichtsdiskussion haben dazu geführt, dass immer mehr Kräfte in Erscheinung treten, die nicht mehr auf dem Boden des Sozialismus stehen. Wenn man nicht weiß, wohin man geht, führt kein Weg zum Erfolg. Genosse Krenz, seien Sie wachsam, die Gefahren für die DDR sind groß!«

Wer waren die Leute, die mich warnten? Wer stand hinter ihnen? Sollte ich auf meine Loyalität zur sowjetischen Führung geprüft werden, oder meldete sich hier eine Anti-Gorbatschow-Fraktion zu Wort?

Ich weiß es bis heute nicht.

Solche »Botschaften« hinter dem Rücken des sowjetischen Generalsekretärs waren noch vor einigen Monaten undenkbar. Deuteten sich hier schon Auflösungserscheinungen an, oder sah so die neue Offenheit aus?

Es blieben Fragen, die ich nicht beantworten konnte.

Der Bruderkuss

Gorbatschow empfing mich am 1. November 1989 nicht im Kreml, sondern in seinem Arbeitszimmer im Hause des Zentralkomitees. Er wollte damit unterstreichen, dass wir als Generalsekretäre der führenden Parteien unserer Länder zusammentrafen. Die Führung durch die Arbeiterklasse und ihre marxistisch-leninistischen Parteien war sowohl in der DDR als auch in der Sowjetunion noch Verfassungsgrundsatz. Gorbatschow wollte damals nicht daran rütteln lassen, obwohl oder vielleicht gerade, weil er wusste, wie kontrovers dieses Thema in der DDR bereits diskutiert wurde.

Demonstrativ kam Gorbatschow vor laufenden Kameras auf mich zu, umarmte und begrüßte mich mit Bruderkuss. Einige aus meiner Begleitung meinten noch am selben Tag, dies sei der Judaskuss gewesen!

Waren sie gehässig oder weitsichtig? Wussten sie einfach mehr? Ich kann es auch heute nicht mit Gewissheit sagen. Damals jedenfalls glaubte ich, keinen Grund zu haben, Michail Gorbatschow zu misstrauen. Er war sichtlich bemüht, eine warmherzige Atmosphäre zu schaffen. »Alle Welt sieht, dass die SED einen Kurs auf rasche Veränderungen eingeschlagen hat. Die Sowjetunion wird natürlich in diesem Prozess an der Seite der Genossen in der DDR stehen. Dies war niemals infrage gestellt, auch nicht, als Probleme auftauchten, die eigentlich hätten offen beraten werden müssen. Es hat für die Sowjetunion und die KPdSU niemals einen Zweifel daran gegeben, dass die Deutsche Demokratische Republik ihr engster Freund und Verbündeter ist. Nach dem Volk der DDR ist das sowjetische Volk wahrscheinlich dasjenige, das der DDR bei ihren Vorhaben am meisten Erfolg wünscht.«

Diese eindeutige Position bestärkte mich, ohne diplomatische Rücksichtnahme alle Fragen zu besprechen, die mir in diesen Tagen von Bedeutung schienen.

Als wir uns, noch in Anwesenheit vieler Journalisten, an den langen Verhandlungstisch seines Arbeitszimmers setzten, erwähnte ich beiläufig, dass ich am frühen Morgen in der *Prawda* die Losungen der KPdSU zum 72. Jahrestag der Oktoberrevolution gelesen habe. Ich sagte ihm, mich freue, dass darin auch die Gemeinschaft der sozialistischen Staaten positiv vorkäme.

Gorbatschow nahm das sofort als Stichwort auf. Man dürfe dem politischen Gegner nicht gestatten, einen Keil zwischen die sozialistischen Länder zu treiben. Bündnistreue sei angesagt. Er nannte die Behauptungen im Westen, man könne die Sowjetunion von ihren Verbündeten trennen, »ausgesprochenen Unsinn«. Es müsse alles für die Einheit der sozialistischen Staatengemeinschaft getan werden.

Angesichts der Situation in Polen und Ungarn schien mir diese Feststellung reichlich vereinfacht. Gorbatschow meinte jedoch, dass sich seriöse Politiker in der ganzen Welt darüber klar seien, dass eine Destabilisierung in Osteuropa unübersehbare Folgen für ganz Europa hätte. »Wir müssen den Politikern des Westens widersprechen, wenn sie behaupten, dass 1789 eine Linie ihren Anfang nimmt, die zu den heutigen prosperierenden und demokratischen Staaten Westeuropas geführt hat, während im Oktober 1917 eine Entwicklung einsetzte, die der Menschheit nur Ungemach gebracht habe.«

Wenn Gorbatschow philosophierte, war er in seinem Element. »Natürlich werden wir die ideologischen Gegner widerlegen. Der Sozialismus hat der Welt schon viel gegeben. Doch seine Hauptleistungen stehen erst bevor. Die Vorzüge der neuen Ordnung können jedoch nicht mit noch so einleuchtenden Argumenten, sondern müssen mit realen Taten nachgewiesen werden.«

Leidenschaftlich argumentierte er gegen jene, die den Weg seit dem Roten Oktober als geschichtlichen Irrtum bezeichneten. Einen Weg zurück zum Kapitalismus würden die sowjetischen Kommunisten nicht zulassen ...

Aussagen, von denen ich jede einzelne hätte unterschreiben können.

Die Erneuerung in beiden Ländern und meinen Besuch in Moskau bezeichnete Gorbatschow als »Symbol für die Treue zu den Idealen der Oktoberrevolution«.

Dafür war ein Schulterschluss mit ihm längst überfällig.

Der Mann, der zu spät kam

Ich wollte Gorbatschow eigentlich ein Kompliment machen, nämlich dass er mit seiner Mahnung (»Wer zu spät kommt, den bestraft das Leben«) dazu beigetragen habe, Honeckers Absetzung auf die Tagesordnung zu setzen. Doch Gorbatschow blieb dabei, was er uns am 7. Oktober 1989 während der Politbürositzung gesagt hatte: »Ich glaube, die KPdSU und die SED sind die stärksten Parteien«, und dass sein Satz allgemeiner Natur und nicht auf die DDR bezogen gewesen sei. »Unsere Erfahrungen und die Erfahrungen von Polen und Ungarn haben uns überzeugt: Wenn die Partei nicht auf das Leben reagiert, ist sie verurteilt. Die polnischen Genossen haben die nach 1980 gebotenen Möglichkeiten nicht wahrgenommen, vielleicht auch nicht Genosse Kádár. Wir haben nur die Wahl, entschieden voranzugehen. Sonst werden wir vom Leben selbst geschlagen. »[207]

Das Verhältnis Gorbatschows zur DDR, das wurde mir zunehmend bewusst, war widersprüchlich. Er war lange Zeit von der politischen und ökonomischen Stabilität seines wichtigsten Verbündeten überzeugt, obwohl ihm die vermeintlich ungebrochene Erfolgsbilanz unheimlich war. Er sah, dass die DDR von allen sozialistischen Staaten über die besten Voraussetzungen für einen erfolgreichen Sozialismus verfügte. Gorbatschow lobte unsere gut ausgebildete Arbeiterklasse, die Verbundenheit der Bauern mit ihren Genossenschaften, die Kreativität der Intelligenz und das Bildungssystem. Westdeutsche, so Gorbatschow, hätten ihm gesagt, dass es aufgrund der Übereinstimmungen im gesellschaftlichen System für die Sowjetunion einfacher und besser sei, Erfahrungen der

DDR statt die der Bundesrepublik zu studieren. Otto Wolff von Amerongen, einer der einflussreichsten Unternehmer der BRD, habe ihm sogar geraten, das ausgezeichnete System der Berufsausbildung der DDR zu übernehmen.

Ich hatte immer den Eindruck, Gorbatschow wäre froh gewesen, hätte ihm seine Umgestaltungspolitik vergleichbare Resultate gebracht wie unsere Wirtschaft. Für ihn war die DDR so etwas wie der »sozialistische Westen«. In diesem Sinne riet er mir: »Du musst das, was in der Vergangenheit gut und nützlich war, bewahren. Bei den Veränderungen der Politik darf es nicht zu einer vollständigen Negation der Vergangenheit kommen. Das wäre eine Missachtung des Volkes, das die bisherigen Errungenschaften der DDR geschaffen hat.«[208]

Obwohl ich wusste, dass der sowjetische Botschafter in Berlin mehrmals täglich Berichte über die Lage in der DDR nach Moskau schickte, die auch auf Gorbatschows Tisch landeten, wollte der an jenem 1. November 1989 von mir im Detail wissen, wie sich die Dinge in der DDR entwickelten.

Ich schilderte ihm die Auseinandersetzungen, die der Absetzung Honeckers vorausgegangen waren, sprach über die Situation im Politbüro, unsere wirtschaftliche Lage, die Beziehungen zur Bundesrepublik, informierte über beabsichtigte Veränderungen in der DDR-Führung und dass ich Weisung erteilt hätte, jeden Schusswaffengebrauch an der Staatsgrenze zu unterlassen, ausgenommen, wenn Leben und Gesundheit der Grenzsoldaten bedroht würden.

Dann sprachen wir über die in Berlin für den 4. November geplante Demonstration.

Das Politbüro habe entschieden, sagte ich, die Parteimitglieder Berlins aufzurufen, sich an der Kundgebung zu beteiligen. Unter den 17 Rednern würden auch Günter Schabowski und zwei weitere zuverlässige Genossen sein. Auf diese Weise bliebe die politische Opposition nicht unter sich. Die SED-Führung sei entschlossen, politische Probleme mit politischen Mitteln zu lösen. Demonstrationen seien legal, gegen

Demonstranten werde keine Polizei eingesetzt. Eine Kriminalisierung politischer Demonstranten werde es in der DDR nicht mehr geben.

Gorbatschow nahm dies mit sichtlicher Zustimmung auf. »Antisozialistische und kriminelle Elemente sind die eine Seite. Aber insgesamt kann man das Volk nicht als Feind betrachten. Wenn es sich gegen die Politik auflehnt, muss man überlegen, was an der Politik zu ändern ist, damit sie den Interessen des Volkes und dem Sozialismus entspricht.«

Diese Aussage Gorbatschows traf sich mit den Vorstellungen, die wir im Zusammenhang mit der 9. Tagung des SED-Zentralkomitees hatten. Wir wollten die Tür für einen ehrlichen innenpolitischen Dialog öffnen.

Ich spürte aber, dass Gorbatschow fürchtete, die Demonstrationen und Kundgebungen in der DDR könnten eine eigene Dynamik entwickeln. Falsche Losungen und antisozialistische Kräfte könnten an Einfluss gewinnen. »Das wäre ein großes Unglück. Es könnte dadurch eine ausweglose Lage entstehen.« Auch diese Sorge teilten wir, denn die DDR lag nach wie vor an der Frontlinie zwischen Warschauer Vertrag und NATO. Jede Instabilität würde unabsehbare Folgen für den Frieden haben.

Gorbatschow über sich und über Honecker

Er hege keinen Groll gegen Honecker, sagte Gorbatschow. Es sei nur schade, dass er die notwendigen Veränderungen vor drei, vier Jahren nicht selbst eingeleitet habe. Dies hätte zum Höhepunkt seines politischen Lebens werden können. Schließlich habe die DDR unter Honeckers Führung sehr viel erreicht. In den letzten Jahren wären allerdings gewisse negative Veränderungen nicht mehr zu übersehen gewesen. Erich Honecker habe sich offensichtlich für die Nummer Eins im Sozialismus, wenn nicht sogar in der Welt gehalten. Sein Realitätsverlust sei groß gewesen.

Ich sagte, dass mich diese Entwicklung aufgrund meiner persönlichen Beziehungen zu ihm sehr betroffen gemacht habe. Gorbatschow schaute mich prüfend an. »Darauf baut der Westen gewisse Spekulationen auf. Du solltest keine Furcht davor haben. Schließlich sind wir alle Kinder unserer Vorgänger.«

Wollte er mir damit zu verstehen geben, dass man zu seiner Vergangenheit stehen sollte oder es besser ließe, es zu thematisieren, weil es etwas Normales sei? Es war mir nicht klar, was er damit sagen wollte.

Gorbatschow erinnerte sich, wie seine Differenzen mit Honecker begannen. »Für uns war immer klar, dass die DDR ohne die ökonomische Hilfe der UdSSR nicht lebensfähig ist«, meinte er. »Gleichzeitig haben wir uns immer gefragt, warum die Sowjetunion in so aufdringlicher Weise von Erich Honecker mit den Erfolgen der DDR traktiert wurde. Dies war besonders schwer zu ertragen, weil wir die wirkliche Lage kannten. Einmal habe ich versucht, mit Erich über die Verschuldung eures Landes zu sprechen. Er hat dies schroff zurückgewiesen, da es seiner Auffassung nach keine Verschuldung der DDR gäbe.« Gorbatschow suchte nach treffenden Worten. »Genosse Honecker hat sich offensichtlich als Retter des Vaterlandes gefühlt. Die ganze Entwicklung ist ein großes persönliches Drama für ihn. Da er jedoch eine hohe Funktion innehatte, wurde daraus ein großes politisches Drama.«

Er selbst habe sich dennoch bis zum Schluss um ein gutes menschliches Verhältnis zu Honecker bemüht. Dies sei nicht leicht gewesen, weil er dessen Aussprüche und seine wirkliche Meinung kannte. Wenn ein Führer versuche, seine Position um jeden Preis zu halten und nur noch Zustimmung von seiner Umgebung erwarte, entstünden zwangsläufig Probleme. Er habe jedoch Honeckers Widersprüchlichkeit toleriert, weil es wichtigere Dinge gab. Die Sowjetunion habe gegenüber der DDR immer größte Zurückhaltung geübt, weil man keine Missstimmung in den Beziehungen habe aufkommen lassen wollen. Man habe Geduld bewiesen, weil die SED und die ganze Gesellschaft auf revolutionäre Veränderungen erst vorbereitet werden mussten.

»Erich war blind, hat sich nur auf Günter Mittag gestützt, dich und Willi Stoph ausgeschaltet und entsprechend isoliert regiert. Das musste schief gehen. Insbesondere Willi Stoph tut mir leid, weil er von Honecker in den letzten Jahren erniedrigt worden ist«, konstatierte Gorbatschow.

Ich konnte diesen Standpunkt gut verstehen. Ministerpräsident Willi Stoph hatte Erich Honecker immer wieder auf die kritische ökonomische Situation hingewiesen. Als langjähriges Politbüromitglied kannte er ihn offensichtlich am besten. Schon 1971 hatte er Honeckers Wahl zum Parteichef nur unter der Bedingung zugestimmt, dass dieser die Kollektivität des Zentralkomitees achten und sich um ökonomische Sachkenntnis bemühen würde. Als Honecker seine Machtposition jedoch gefestigt hatte, wurde Stoph Schritt für Schritt kaltgestellt. Gleichzeitig trat Mittag immer stärker in den Vordergrund.

In der Sowjetunion wurde diese Entwicklung mit Unbehagen verfolgt, weil Stoph als sehr enger Freund Moskaus galt. Gorbatschow bestätigte dies. »Ich schätze Willi sehr. Er war in den vergangenen Jahren in einer schwierigen Situation. Dennoch bewahrte er seine Würde, als er von Mittag förmlich an die Wand gespielt wurde. In entscheidenden Situationen hat er eine prinzipielle Position bezogen.« Als wolle er mich mahnen, nicht die alten Fehler zu wiederholen, sagte er: »Egon, wirf nicht alle alten Genossen in einen Topf! Vielleicht sollte Willi auch im neuen Politbüro verbleiben. Wir haben gesehen, wie Erich Honecker das Politbüro immer mehr erweiterte, um in diesem großen Gremium einen Genossen gegen den anderen ausspielen zu können.«

Ich sei bemüht, würdige Lösungen für das Ausscheiden langjähriger Führungsmitglieder zu finden, und erzählte Gorbatschow, dass Erich Mielke unmittelbar nach meiner Wahl zum Generalsekretär zu mir gekommen sei und um seine Entlastung von allen Partei- und Staatsämtern gebeten habe.

Generalsekretär des
Zentralkomitees der Sozialistischen
Einheitspartei Deutschlands
Genossen Egon Krenz

Werter Genosse Krenz!

Ich bin mir durchaus der Verantwortung für die Ereignisse bewußt, die unser Land gegenwärtig durchlebt. Das spüre ich heute stärker als zu dem Zeitpunkt, als ich im Ergebnis einer Beratung des Politbüros das Zentralkomitee bat, mich von der Funktion des Generalsekretärs, als Vorsitzenden des Staatsrates und Nationalen Verteidigungsrates der Deutschen Demokratischen Republik zu entbinden, da es mir an Kraft und Energie fehlte, die die Geschicke unserer Republik und des Volkes heute und künftig verlangen. Das Zentralkomitee hat meiner Bitte entsprochen.

Seitdem ist die Entwicklung weitergegangen. Es genügten nicht mehr die Erklärungen, die damals von mir und Genossen Egon Krenz abgegeben wurden. Es kam auf dem 10. Plenum zum Rücktritt des bisherigen Politbüros, das für die entstandene Lage die volle Verantwortung übernommen hat.

Ich schließe mich davon nicht aus. Meine Verantwortung fällt unter diesem Gesichtspunkt noch stärker ins Gewicht, da ich drei Funktionen hatte. Gleichzeitig möchte ich zum Ausdruck bringen, daß ich die Beschlüsse der 10. Tagung mit trage und meine Bereitschaft zum Ausdruck brachte, an ihrer Verwirklichung in dieser oder jener Weise mitzuwirken.

Staatsmännische Selbstkritik und Mahnung Erich Honeckers vom 15. November 1989

2

Im Rahmen dieser Erklärung würde es zu weit führen, auf alle Fragen der Politik unserer Partei und Regierung einzugehen, auf die ich eingehen müßte. Das hat gegenwärtig keinen Zweck in einer Situation, in der das Zentralkomitee bestrebt ist, in Anwendung der Dialektik von Kontinuität und Erneuerung den Schwerpunkt auf Erneuerung zu legen, wobei man davon ausgeht, daß ernste Fehler des abgelösten Generalsekretärs und des abgelösten Politbüros Partei und Gesellschaft in eine tiefe Krise geführt haben.

Ich trage die Hoffnung mit allen, daß es gelingt, auf dem eingeschlagenen Weg aus der Krise herauszufinden, in der sich Partei und Volk befindet.

Ich teile mit allen die Sorge um die Existenz der Partei und der Republik.

Zu einer Frage kann und darf ich jedoch nicht schweigen. Das ist der jetzt aufgeworfene Vorwurf des Amtsmißbrauches. Ich werde immmer - wo dies auch sei - diesen Vorwurf bei allen Fehlern, die ich begangen habe, zurückweisen. In keiner Phase meines Lebens habe ich in meiner Tätigkeit etwas mit Amtsmißbrauch zu tun. Dies sage ich in voller Verantwortung für begangene Fehlentscheidungen sowohl im Interesse unserer Partei als auch des Volkes der DDR. Das liegt auch im Interesse derer, die im Kampf für die weitere sozialistische Entwicklung unserer Republik, der Festigung der Freundschaft mit der Sowjetunion und zu allen sozialistischen Ländern nicht enttäuscht werden dürfen.

Mit sozialistischem Gruß

E. Honecker

Berlin, den 15.11.89

Er sagte, dass er sich schon viele Jahre mit dem Gedanken trage, den Weg für Jüngere freizumachen, aber geblieben sei, um seinen persönlichen Einfluss geltend machen, damit die Beziehungen zur Bundesrepublik nicht zu eng und die zur Sowjetunion nicht zu locker werden würden.

Gorbatschow zeigte sich informiert und berief sich auf sein gutes Verhältnis zu Mielke. Dieser war bei seinem 80. Geburtstag 1987 zum fünften Mal mit dem Leninorden – der höchsten Auszeichnung der Sowjetunion – geehrt worden. Und Gorbatschow hatte Mielke im Sommer 1988 zu einer geheimen Visite im Kreml empfangen, ohne dass zuvor Honecker darüber informiert worden war. Im SED-Politbüro hatte es über dieses Treffen entgegen allen Gepflogenheiten auch keinen Bericht gegeben.

Gorbatschow kommentierte meine Bemerkung über Mielkes Angebot nach meiner Wahl: »Genosse Mielke wollte mit seinem Rücktrittsgesuch als alter Kommunist anderen ein Signal geben. Er hat dir so die Möglichkeit gegeben, Kaderfragen von den inhaltlichen Fragen der Erneuerung zu trennen.«

Gorbatschow machte eine kurze Pause. Ich spüre, wie er versuchte, sich an irgendetwas zu erinnern. Dann formulierte er: »Negativ bin ich berührt gewesen, wie mit Genossen Modrow umgesprungen wurde.«

Sorgenvolle Ökonomie

Gorbatschow nannte Polen und Ungarn, meinte aber auch die DDR, als er sagte: »Die Sowjetunion kann ökonomisch wenig tun. Es ist absurd anzunehmen, die Sowjetunion könne 40 Millionen Polen aushalten. Die Ursachen liegen bereits bei Gierek, der Kredite in Höhe von 48 Milliarden Dollar aufnahm. Nunmehr haben die polnischen Genossen bereits 52 Milliarden zurückgezahlt und immer noch 49 Milliarden Schulden.

Im Januar 1987 erhielt Genosse Kádár ein Ultimatum vom Internationalen Währungsfonds, in dem zahlreiche Forderungen gestellt wurden, bei deren Nichterfüllung mit der Einstellung der Kredite gedroht wurde.«

Gorbatschows Ansagte deutete ich so, dass ich erstens mit ökonomischer Hilfe aus der Sowjetunion nicht würde rechnen können, und zweitens die Finger vom IWF lassen sollte. Polens und Ungarns innenpolitische Schwierigkeiten wurzelten in der Abhängigkeit vom Internationalen Währungsfonds, der an die Vergabe von Krediten innenpolitische Maßnahmen knüpfte. Damit bestimmte der IWF faktisch über diese Länder.

Gorbatschow sicherte mir aber zumindest zu, dass die Sowjetunion ihre Verpflichtungen bei der Lieferung von Rohstoffen voll erfüllen werde. Das gelte für den nächsten Fünfjahrplan 1991–1995. Gleichzeitig mahnte er: »Wichtig ist die Fortführung der prinzipiellen Politik gegenüber der BRD. Es muss vermieden werden, dass die BRD über die bekannten Mechanismen Druck auf die DDR ausüben kann.«

In Abstimmung mit dem Politbüro sollte ich in »allgemeiner Form« offenlegen, dass die DDR in den letzten Jahren über ihre Verhältnisse gelebt habe. Mir könne man für die dadurch entstandene Situation die Schuld nicht anlasten.

Mir ging es allerdings weniger um die Schuldfrage, sondern um einen Ausweg aus der schwierigen Lage. Den sah Gorbatschow in der Vertiefung der Kooperation im Dreieck UdSSR-DDR-BRD.

Einen Tag vor meiner Abreise nach Moskau hatte das Politbüro eine Analyse[209] der ökonomischen Situation der DDR behandelt. Die 24 Seiten steckten voller Widersprüche. Zum ersten Mal waren sowohl die unbestreitbaren Leistungen der Volkswirtschaft als auch deren Probleme dargestellt.

Die DDR war zwar eines der wenigen Länder der Welt, die die Entwicklung und Produktion mikroelektronischer Bauelemente beherrschten. Doch ihr Einsatz in der Volkswirtschaft wurde mit über drei Milliarden Mark im Jahr gestützt. Seit

1970 waren fast drei Millionen Wohnungen gebaut und damit für nahezu neun Millionen Bürger die Wohnbedingungen verbessert worden – doch in vielen Städten zerfiel die Altbausubstanz. Das Eisenbahnnetz war mit großem Aufwand zu 40 Prozent elektrifiziert worden – doch der Zustand der Autobahnen und vieler Straßen ließ zu wünschen übrig. Das Realeinkommen der Bevölkerung war zwischen 1980 und 1988 um durchschnittlich 4,4 Prozent jährlich gewachsen, während die Steigerung des produzierten Nationaleinkommens nur 4,2 Prozent pro Jahr betrug. Das Anwachsen der Nettogeldeinnahmen der Bevölkerung führte zu einem Kaufkraftüberhang. Ende 1989 verfügte die Bevölkerung über mehr als 175 Milliarden Mark Spareinlagen, ohne dass der Bedarf nach hochwertigen Konsumgütern befriedigt werden konnte. Die Akkumulationsrate betrug 1988 zwar insgesamt 21 Prozent, doch im produktiven Bereich war sie von 16,1 Prozent im Jahre 1970 auf 9,9 Prozent im Jahre 1988 zurückgegangen. Die Werktätigen waren fleißig, doch wegen der Überalterung von Produktionsanlagen, chronischer Materialknappheit und eines übermäßigen Verwaltungsaufwandes lagen wir im Vergleich der Arbeitsproduktivität um 40 Prozent hinter der Bundesrepublik. Seit 1971 war der Konsum schneller als die Eigenleistung der Volkswirtschaft gestiegen …

Was ich zu jenem Zeitpunkt noch nicht wusste: Die Autoren der Analyse[210] hatten die Höhe unserer Auslandsverpflichtungen zweckdienlich stark dramatisiert und unsere Guthaben nicht berücksichtigt, die der Bereich Kommerzielle Koordinierung erwirtschaftet hatte. Sie wollten damit die politische Führung zwingen, sparsamer mit den vorhandenen Ressourcen umzugehen. Im Gespräch mit Gorbatschow ging ich von diesen Zahlen aus, was bei ihm den Eindruck verstärkte, die DDR sei ziemlich verschuldet, was nicht stimmte.

Nach dem offiziellen Abschlussbericht der Deutschen Bundesbank[211] betrug die Nettoverschuldung der DDR Ende 1989 tatsächlich 19,9 Milliarden Valutamark, was umgerechnet nicht einmal zehn Milliarden Euro waren, nicht eingerechnet die Guthaben der DDR bei der Internationalen Bank für Wirtschaftliche Zusammenarbeit (IBWZ) aus dem Handel der DDR mit den sozialistischen Ländern. Diese Guthaben betrugen Ende 1990 etwa zehn Milliarden Transferrubel, was umgerechnet 23,4 Milliarden DM bedeuteten, also mehr als zehn Milliarden Euro. Daraus ergibt sich, dass die DDR unterm Strich weder überschuldet noch überhaupt verschuldet war. Den Auslandsverbindlichkeiten standen reale Guthaben gegenüber, die Bilanz war somit ausgeglichen. Die Verbindlichkeiten in kapitalistischen Ländern von 19,9 Milliarden VM wurden durch reale Guthaben in sozialistischen Ländern von 23,4 Milliarden VM mehr als kompensiert. Mit dem Überschuss wurden später osteuropäische Beitrittskandidaten für die EU gesponsert.

Ich behaupte nicht, dass unsere Wirtschaft 1989 ohne ernsthafte Probleme gewesen wäre. Aber pleite, wie mit Verweis auf jenes »Schürer-Papier« unverändert behauptet wird, war die DDR nicht. Die Industrie im Osten kollabierte nicht zu DDR-Zeiten, sondern Anfang der 1990er Jahre unter der neuen Ordnung. Der Kahlschlag damals übertraf den Niedergang nach den beiden Weltkriegen. 1919 wurden noch 57 Prozent der Vorkriegsproduktion erreicht, 1946 immerhin noch 42 Prozent – 1994 hingegen waren es gegenüber 1989 nur noch 39 Prozent.

Gorbatschow: »Die deutsche Einheit steht nicht auf der Tagesordnung«

Ich nutzte das Gespräch mit Gorbatschow, ihn nach der sogenannten deutschen Frage und der Sicht Moskaus darauf zu befragen. Gerüchteweise war in den letzten Jahren immer wieder gestreut worden, die Sowjetunion strebe die deutsche Einheit an, was besonders Honeckers Misstrauen hervorgerufen hatte.

Ich fragte also direkt: »Welchen Platz räumt die Sowjetunion beiden deutschen Staaten im gesamteuropäischen Haus ein?«

Gorbatschow tat, als habe er meine Frage nicht verstanden.

Ich ergänzte: »Die DDR ist ein Ergebnis des Zweiten Weltkrieges und des nachfolgenden Kalten Krieges, also auch euer Kind. Es ist für uns wichtig zu wissen, ob ihr weiter zu eurer Vaterschaft steht?«

Ob damals ernst gemeint oder schon Täuschung, ist schwer zu sagen: Gorbatschow erklärte: »Nach den Völkern der Sowjetunion ist uns das Volk der DDR das liebste.«

Im Weiteren informierte er mich über ein Gespräch zwischen ZK-Sekretär Alexander Jakowlew, seinem engen Berater, und Zbigniew Brzeziński, dem ehemaligen Sicherheitsberater mehrerer US-Präsidenten. Die beiden hätten diskutiert, ob eine Wiedervereinigung der beiden deutschen Staaten vorstellbar sei. Brzezinski habe gesagt: unvorstellbar. Für ihn wäre die Einheit Deutschlands der Zusammenbruch der Sicherheitsarchitektur in Europa.

Gespräche mit Margaret Thatcher, François Mitterrand, aber auch mit Wojciech Jaruzelski und Giulio Andreotti hätten ihm, Gorbatschow, bewusst gemacht, dass auch sie die in der Nachkriegszeit entstandene Realität einschließlich der Existenz zweier deutscher Staaten zu erhalten wünschten. Die Frage nach der Einheit Deutschlands sei für alle explosiv. Er fragte rhetorisch: »Weißt du auch warum?« und gab die Antworte: »Niemand kann sich die deutsche Einheit vorstellen, solange die NATO und der Warschauer Vertrag existieren.« Und niemand wolle eine Auflösung von Warschauer Vertrag und NATO.

Auch ein Ausscheiden Polens und Ungarns aus dem Warschauer Vertrag sei kein Thema. Das Gleichgewicht in Europa dürfe nicht gestört werden, weil niemand die Folgen für die Welt abschätzen könne.

Auch die USA bezögen bisher eine ähnliche Haltung. In letzter Zeit gebe es allerdings einige Nuancen, die man noch untersuchen müsse.

An dieser Stelle meldete sich Gorbatschows Berater Georgi Ch. Schachnasarow zu Wort. »Diese Nuancen sind doch wohl mehr für das breite Publikum bestimmt«, erklärte er.

Sein Einwurf machte mich hellhörig. Ausgerechnet bei diesem Thema hielt es der Berater für opportun, seinen Chef zu unterbrechen. Ich musste an Honeckers Misstrauen denken. Als Ronald Reagan 1987 jenseits des Brandenburger Tores von Gorbatschow gefordert hatte, das Tor zu öffnen und die Mauer niederzureißen, war Honecker der Meinung, Reagan hätte dies nie so gesagt, wenn er nicht gewusst hätte, dass Gorbatschow ähnliches dachte.

Gorbatschow legte stets großen Wert auf das Urteil der SPD-Führung, wenn es um die Beziehungen zwischen der Bundesrepublik und der DDR ging. Daher verwunderte es mich nicht, als er Willy Brandt zitierte. Der hatte die Meinung vertreten, dass ein Verschwinden der DDR auch eine eklatante Niederlage der Sozialdemokratie sei, denn diese betrachte die DDR als eine Errungenschaft des Sozialismus. Er hatte sich zwar scharf von den Kommunisten abgegrenzt, aber er betrachtete die Sozialdemokratie als einen Zweig der Arbeiterbewegung und hielt an der sozialistischen Idee fest.[212]

Auf meine Frage, ob ich richtig gehört habe, bejahte Gorbatschow und fügte hinzu: »Auch Egon Bahr hat dies kürzlich offen ausgesprochen.«

So verwunderlich war diese Aussage nicht. Als sich Brandt und Honecker während des BRD-Besuches im September 1987 trafen, hatte der Präsident der Sozialistischen Internationale – mit Bezug auf sein Gespräch mit János Kádár – Erich Honecker gefragt, ob man bei dem Trennungsstrich zwischen Sozialdemokraten und Kommunisten von 1918 stehenbleiben müsse. Brandt gab damals zu überlegen auf, ob nicht auch zwischen Sozialdemokraten und Kommunisten Gemeinsamkeiten über die Friedensfrage hinaus festzustellen seien, die es hervorzuheben gelte. Er, Brandt, habe feststellen können, dass es bei Gorbatschow ähnliche Gedanken gebe.

Der erste Mann im Kreml jedenfalls erklärte nun am 1. November 1989 mir gegenüber, es sei für die sozialistischen Länder am besten zu betonen, dass die gegenwärtige Lage ein Ergebnis der geschichtlichen Entwicklung sei. Natürlich ließe sich nicht ignorieren, dass zwischen beiden deutschen Staaten mannigfaltige menschliche Kontakte bestünden. Diese müsse man aber unter Kontrolle halten und steuern. Die sowjetische Seite sei bereit, sich mit der DDR über einige politische Korrekturen abzustimmen, die sich daraus ergäben. Gorbatschow ließ über das Ziel dieser Abstimmung keinen Zweifel: Es komme darauf an, die Beziehungen im Dreieck DDR-BRD-UdSSR besser zu koordinieren.

Damit sprach er ein Thema an, das mir sehr am Herzen lag. In den letzten Jahren war es häufig leider so, dass bundesdeutsche Politiker die Sowjetunion über die inoffiziellen Kontakte der Bundesrepublik zur DDR-Führung informierten. Gorbatschow sagte dazu: »Die Sowjetunion wusste aus anderen Quellen, wie sich die Beziehungen zwischen der DDR und der BRD entwickelten. Heute ist die Lage so, dass jeder von jedem alles weiß. Wenn im Nationalen Sicherheitsrat der USA über uns gesprochen wird, wissen wir das gleich danach. Auch deshalb ist es völlig unnötig, unter engen Bündnispartnern voreinander Geheimnisse zu haben.«

Gorbatschow fuhr fort, dass die Sowjetunion auch bemüht sei, die BRD enger an sich zu binden. Dies werde auch der DDR helfen. Die Bundesrepublik scheine bereit, mit der UdSSR und der DDR zusammenzuarbeiten. Zugleich erwarte sie aber, dass die Sowjetunion bei einer möglichen Vereinigung Deutschlands Hilfestellung leiste. Sie betone immer wieder, dass der Schlüssel für die Vereinigung in der Sowjetunion liege. »Dies sagen auch die Amerikaner. Für sie ist das die bequemste Ausrede. Sie sprechen gegenüber der BRD von ihrer Unterstützung für die Wiedervereinigung, verweisen aber stets auf die Schlüsselrolle Moskaus. Mit diesem Unsinn soll

Moskau der Schwarze Peter zugeschoben werden. Zugleich dürfen wir nicht übersehen, dass die USA nicht erfreut sind, wenn es zu einer Annäherung zwischen Bonn und Moskau auf ökonomischem und politischem Gebiet kommt.«

Für die DDR sei Vorsicht geboten, damit der ideologische Gegner nicht in eine Position komme, die er gegen uns ausnutzen könnte. »Die DDR«, so Gorbatschow, »muss bei ihren Beziehungen zur BRD darauf achten, nicht in die Umarmung dieses Staates zu geraten.« Dies lasse sich vermeiden, wenn die DDR mit vielen anderen Ländern, nicht nur mit der BRD, zusammenarbeite.

Gorbatschows Monolog erschien mir wie ein Vortrag in Sachen Dialektik. Einerseits sollten wir mit der Bundesrepublik kooperieren, zumindest dort, wo es sich nicht vermeiden ließe. Andererseits hätten wir immer zu berücksichtigen, dass die Sowjetunion mit am Tisch säße. Deren Interessen lagen offenkundig zwar mehr bei den Amerikanern, es schien jedoch zulässig, wenn man die beiden deutschen Staaten dabei nutzen konnte.

Der KPdSU-Generalsekretär blieb beim Thema. Wenn die Tendenz der Annäherung in Europa mehrere Jahrzehnte lang anhalte und sich die Integrationsprozesse unabhängig von den Gesellschaftssystemen entwickelten, dann könne die Frage der Einheit Deutschlands sich eines Tages stellen. Diese Frage sei allerdings nicht aktuell.

»Die Einheit Deutschlands steht nicht auf der Tagesordnung. Darüber hat sich die Sowjetunion mit ihren früheren Partnern aus der Zeit der Antihitlerkoalition geeinigt.« Gorbatschows Resümee: »Genosse Krenz, übermittle dies bitte den Genossen des SED-Politbüros.«[213]

Ich bohrte weiter, um auf meine Frage nach dem Platz der deutschen Staaten im gesamteuropäischen Haus, von dem Gorbatschow seit Jahren sprach, eine verbindliche Antwort zu erhalten. Man spreche heute viel von den allgemeinmenschlichen Werten. Dies werfe auch die Frage nach den allgemein-deutschen Werten auf. Wie werde sich das Grenzregime des Warschauer Paktes zum Westen entwickeln? Dies stehe im unmittelbaren Zusammenhang mit der Berliner Mauer. Ich sagte: »Die DDR befindet sich in der komplizierten Situation, diese Dinge verteidigen zu müssen, obwohl sie nicht mehr in die Zeit passen.«

Gorbatschow gab mir Recht. Man müsse vieles neu durchdenken. »Wenn die DDR nicht die Formel dafür findet, die es ermöglicht, dass die Menschen ihre Verwandten besuchen können, dann ist das für die Gesellschaft der DDR ein sehr unbefriedigender Zustand. Die DDR wird neue Ultimaten gestellt bekommen. Sie muss jedoch die Initiative in der Hand haben. Wir in der Sowjetunion sind bereit, mit euch gemeinsam solche Fragen zu beraten. Es ist aber an der Zeit, auf Kanzler Kohl stärkeren Druck auszuüben. In den Regierungsparteien gibt es Leute, die Kohl loswerden wollen. Er hat jedoch auf das Pferd des Nationalismus gesetzt. In der BRD wird mit diesem Thema wild spekuliert.«

Darauf kam ich auf das Telefonat zu sprechen, das ich Ende Oktober mit Helmut Kohl geführt hatte. Michail Gorbatschow meinte dazu: »Kohl ist keine intellektuelle Leuchte, sondern ein Kleinbürger. Diese Schichten verstehen ihn am besten. Dennoch ist er ein geschickter und hartnäckiger Politiker.«

Ich informierte Gorbatschow auch über unsere Absicht, mit einem Gesetz den DDR-Bürgern Reisen ins westliche Ausland zu ermöglichen und dass wir sie kaum mit Devisen ausstatten könnten.

Dieses für uns existenzielle Problem schien für ihn nicht relevant. Er schlug vor, die Mark der DDR konvertierbar zu machen. Das sei ein Anreiz für die Werktätigen, besser zu arbeiten und nach einer höheren Arbeitsproduktivität und besseren Qualität zu streben.

Auch ohne finanzökonomische Kenntnisse wusste ich, dass dies völlig unmöglich war. Zudem wollten die Leute sofort reisen und nicht erst, wenn wir uns mit den Nachbarn über die Finanzierung verständigt hätten.

Nach vier Stunden Gespräch setzte Gorbatschow zum Schlusswort an.

»Dein Besuch, Genosse Krenz, so kurz nach deiner Wahl, ist außerordentlich notwendig für die gegenseitige Abstimmung am Beginn einer neuen Etappe unserer Zusammenarbeit. Es geht darum, gemeinsam zu demonstrieren, dass wir zusammenstehen, dass die Entwicklung in der Sowjetunion der DDR sehr nahe ist und umgekehrt. Dies ist wichtig auch für die anderen sozialistischen Länder und für die ganze Welt. Auch in der Bundesrepublik Deutschland wird man sich dafür interessieren, worüber sich Gorbatschow und Krenz abgestimmt haben.«

Ich war mit dem Verlauf des Gesprächs sehr zufrieden. Nichts deutete darauf hin, dass ich »ins offene Messer« gelaufen war, wovor mich am Vorabend der nächtliche Besucher meinte warnen zu müssen.

Beim anschließenden Mittagessen im Kreml waren Gorbatschows engste Mitstreiter zugegen: Außenminister Schewardnadse, die ZK-Sekretäre Jakowlew und Medwedew, KGB-Chef Krjutschkow und Leute aus dem Apparat. Die Atmosphäre war freundschaftlich und entspannt, man erzählte Anekdoten und trank trotz der Anti-Wodka-Beschlüsse auf dieses und jenes, wie ich es auch bei früheren Besuchen in der Sowjetunion erlebt hatte.

Gorbatschow plauderte über seine Gespräche, die er kurz zuvor mit dem finnischen Staatspräsidenten geführt hatte, und dass er demnächst den Papst und US-Präsident George Bush treffen werde. Er erzählte von seiner Familie und trug mir »allerherzlichste Grüße von Raissa Maximowna für Erika« auf.

Ich war überzeugt, dass man so nur mit guten Freunden verkehrte. Der Inhalt der Gespräche und der vertrauensvolle Umgang miteinander ließen mich an eine gute Zukunft und an einen Neuanfang glauben. Ein Ende der DDR? Angesichts des Schulterschlusses mit der Sowjetunion war das für mich ausgeschlossen.

Natürlich dachte ich in den Kategorien des Sozialismus, für andere Optionen war in meinem Kopf kein Platz. Dies ging offenbar auch Gorbatschow so, denn bei der Verabschiedung bekräftigte er: »Egon, denk daran, die Erneuerung des Sozialismus ist ein historischer Prozess, der bis ins nächste Jahrhundert reicht. Was wir heute tun, tun wir für unsere Enkel.«

Information oder Provokation?

Während des Mittagessens im Kreml bat mich KGB-Chef Wladimir A. Krjutschkow um ein Gespräch unter vier Augen. Er setzte sich neben mich und flüsterte: »Wir haben die Information, dass sich am 4. November eine größere Menschenmenge von der auf dem Alexanderplatz geplanten Großkundgebung abspaltet und in Richtung Brandenburger Tor marschiert, um die Mauer zu überwinden.«

Die Mitteilung wühlte mich auf und stiftete Sorge. Ein spontaner Sturm auf die Mauer besaß das Potential für eine militärische Auseinandersetzung, die weit über die DDR hinausgehen könnte.

Da ich vom Ministerium für Staatssicherheit eine solche Information noch nicht erhalten hatte, war ich mir unsicher, wie ich mit dieser Nachricht umgehen sollte. Traf sie zu? Oder war sie gedacht, um uns zu administrativen Maßnahmen zu drängen, die Kundgebung am 4. November gar zu verbieten? War es eine Provokation?

Mit diesen Fragen im Hinterkopf traf ich mich am nächsten Tag mit dem polnischen Präsidenten Wojciech Jaruzelski in Warschau. In unserem Nachbarland mehrten sich die Sorgen über die Entwicklung in der DDR, vor allem fürchtete man um die gemeinsame Grenze an Oder und Neiße und deren Zukunft. Der Präsident kam gleich zur Sache: »Es ist wichtig, dass Ihr Besuch, Genosse Krenz, vor dem Besuch von Bundeskanzler Kohl erfolgt.«

Was die Frage einer möglichen Wiedervereinigung betreffe, sei bekannt, dass die westeuropäischen Staaten denselben Standpunkt vertraten wie Polen. Cossiga, Andreotti, Mitterrand und Thatcher hätten ihm versichert, dass die Vereinigung Deutschlands überhaupt nicht möglich sei. Frau Thatcher habe in einem Vier-Augen-Gespräch erklärt, eine Wiedervereinigung sei für sie absolut unannehmbar. Man dürfe das nicht zulassen, sonst würde die BRD auch noch Österreich schlucken. Das wäre eine reale Kriegsgefahr.

Parteichef Mieczyslaw Rakowski sagte, den Polen könne »es nicht gleichgültig sein, wer jenseits der Oder-Neiße-Grenze regiere. Die Götter haben dem polnischen Volk in seiner Geschichte zwei Geschenke dargebracht: Das erste war der Sieg über den Kreuzritterorden bei Grunwald. Dieses Geschenk wurde nicht genutzt. Das zweite Geschenk für das polnische Volk war dann die Gründung der DDR. Unabhängig von den tagespolitischen Ereignissen darf man nicht leichtfertig übersehen, dass die Saat des Sozialismus in den deutschen Boden eingebracht wurde. Dies ist von bleibendem Wert.«[214]

Rakowski fügte hinzu, er habe Angst wegen der Berliner Mauer. Er befürchte, »dass eine der nächsten Demonstrationen die Mauer ansteuert und große Menschenmassen damit beginnen, die Grenze zu demontieren«.

Das war die gleiche Botschaft, die mir am Vortag der KGB-Chef in Moskau zugeflüstert hatte.

Ich flog mit sehr gemischten Gefühlen nach Berlin zurück. Was immer in Polen reformiert werden würde: Der Staat bleibt Polen. Was aber, wenn die SED verliert? Ohne sie würde es keine DDR geben. Otto Reinhold, der Rektor der Akademie für Gesellschaftswissenschaften, hatte das unlängst auf den Punkt gebracht: Für zwei kapitalistische deutsche Staaten gebe es keine Existenzberechtigung. Die Existenz der DDR sei an den Sozialismus gebunden.

In der Überzeugung, dass wir uns durch nichts und niemanden provozieren lassen dürften, traf ich mich nach meiner Polenreise mit dem Sekretär des Nationalen Verteidigungsrates der DDR. Was, wenn die Informationen stimmten, die ich in Moskau, Warschau und inzwischen auch vom Ministerium für Staatssicherheit erhalten hatte? Zwar war ich überzeugt, dass es nicht im Interesse der Demonstranten liegen konnte, in den grenznahen Raum einzudringen. Aber wenn Extremisten provozierten? Wenn jene Leute, die schon jetzt riefen: »Kommunisten an den Galgen«, testen wollen, wie weit sie mit ihren Forderungen gehen konnten? Nichts durfte ausgeschlossen werden.

Ich erließ darum den von Streletz vorbereiteten Befehl Nr. 11/89 (»Maßnahmen zur Gewährleistung der Sicherheit und Ordnung in den Bezirken der Deutschen Demokratischen Republik«). Es sollten Vorbereitungen getroffen werden, »damit Demonstranten nicht in das Grenzgebiet eindringen. Im Fall eines solchen Eindringens sind die Demonstranten durch Anwendung körperlicher Gewalt und geeigneter Mittel daran zu hindern, dass es zu Grenzdurchbrüchen kommt«.[215]

Der entscheidende Punkt lautete: »Die Anwendung der Schusswaffe im Zusammenhang mit möglichen Demonstrationen ist grundsätzlich verboten.« Faktisch wurde mit diesem Befehl die gesetzliche Anwendung der Schusswaffe im Grenzgebiet der DDR außer Kraft gesetzt. Dazu war eigentlich nur die Volkskammer berechtigt, die 1982 das Grenzgesetz beschlossen hatte. Als Vollmacht für diesen Befehl betrachtete ich meine Erklärung vom 24. Oktober 1989 vor der Volkskammer, in der ich gesagt hatte, dass politische Probleme auch nur politisch gelöst werden dürften. Mit dem Befehl vom 3. November 1989 wurde das gewährleistet.

Am frühen Morgen des 4. November richteten wir zwei Führungspunkte ein: Siegfried Lorenz und Wolfgang Herger waren Diensthabende im Haus des Zentralkomitees. Mein Führungsstab befand sich im Arbeitszimmer des Innenministers. Mit mir zusammen waren dort Ministerpräsident Willi Stoph, Verteidigungsminister Heinz Keßler, Staatssicherheitsminister Erich Mielke und Innenminister Friedrich Dickel. Jene also, die auf dem Alexanderplatz geschmäht wurden, sorgten dafür, dass diese Kundgebung sicher verlief.

Für alle Fälle war eine Telefonverbindung zum Oberkommando der Westgruppe der Sowjetischen Streitkräfte in Wünsdorf, zum Chef der Berliner KGB-Vertretung in Berlin-Karlshorst und auch nach Moskau geschaltet.

Allen, die in irgendeiner Weise Befehlsgewalt über die Schutz- und Sicherheitsorgane hatten, standen Sonderleitungen zur Verfügung. Ich war für sie telefonisch erreichbar. Zu den wichtigen Punkten im Stadtzentrum und am Brandenburger Tor waren Fernsehstandleitungen geschaltet. Ich konnte mir jederzeit ein Bild von der Lage machen. Die Losungen, die zu sehen und zu hören waren, waren Ausdruck von Hoffnung und Misstrauen, Nachdenklichkeit und Sarkasmus, Kritik und Aufmunterung, Bitterkeit und Witz. Sie reichten von: »Es lebe die Oktoberrevolution 1989«, »SED allein – darf nicht sein« und »Alle Macht dem Volke« über »Honi war jut, Egon ist jut – alles wird jut«, »Kein Artenschutz für Wendehälse« und »Privilegien für alle« bis hin zu »Unbekrenzte Macht den Räten«, »Eure Politik war und ist zum Davonlaufen«, »Macht die Volkskammer zum Krenzkontrollpunkt« und »Die Armee wird reduziert, wann folgen die Krenztruppen?«

Obwohl ich mit beißendem Spott persönlich angegriffen wurde, versuchte ich kühlen Kopf zu bewahren. Es schmerzte mich natürlich mehr als ich zugeben wollte. Ich machte mir selbst Mut, indem ich das alles nicht vordergründig als Reaktion auf meine Wahl zum Nachfolger Honeckers sah. Über Jahre hatte es im Topf gekocht. Jetzt war der Deckel gehoben worden. Das Politbüro, die Regierung und ich in Person bekamen die Quittung für alle Fehlentwicklungen der letzten Jahre. Die SED und ihre Führung – die führende Partei – sahen sich für alles zuständig. Jetzt mussten wir – das war nur konsequent und logisch – auch die Verantwortung für alle Fehler tragen.

Wir verfolgten auf den Monitoren, wie 29 Politiker, Schauspieler, Schriftsteller, Künstler, Vertreter der Kirche, Journalisten, Juristen, Hochschullehrer und Studenten mehrere

Stunden lang zu den Demonstranten auf dem Alexanderplatz sprachen. Manchmal lief es mir kalt über den Rücken. Ich hatte viele Jahre geglaubt, im Grundsatz sei unsere Politik richtig gewesen, ihre Entstellungen könnten wir wieder gutmachen. Die vorgebrachte Kritik war aber inzwischen so grundsätzlich, dass sich mir nun doch die Frage stellte: Ist unsere Konzeption vom Sozialismus überhaupt noch zu verwirklichen?

Wäre ich der Meinung gewesen, dass dort »Konterrevolutionäre« sprachen, fiele mir die Antwort darauf leicht. Natürlich nicht. Aber die meisten Redner waren engagierte DDR-Bürger, die sich für einen reformierten Sozialismus aussprachen. Viele von ihnen kannte ich persönlich. Einige gehörten der SED an und hatten dort auch Funktionen ausgeübt. Knapp 500 000 Menschen, darunter sehr viele SED-Mitglieder, applaudierten den Rednern. Manches fand auch meinen Beifall. Vieles verletzte aber auch. Mir schien, dass sich eine neue Intoleranz aufbaute und Erwartungen geweckt wurden, die niemand würde erfüllen können, der es ernst meinte mit der Absicht, die DDR als souveränen Staat zu erhalten. Ich wunderte mich auch darüber, dass so erfahrene Persönlichkeiten aus ganz verschiedenen gesellschaftlichen Bereichen, darunter auch ein ehemaliger Generaloberst des Ministeriums für Staatssicherheit, nicht auch auf die Gefährdungen aufmerksam machten, die westlich von uns auf uns lauerten.

Es waren viele Illusionen im Spiel. Vieles, was damals für die DDR gefordert wurde, ist heute für die Bundesrepublik aktuell.

Wahrheiten und Legenden vom 9. November

Am 6. November veröffentlichten wir den Entwurf eines neuen Reisegesetzes. Er sah vor: »Die Bürger der Deutschen Demokratischen Republik haben das Recht, in das Ausland zu reisen.«[216] Das war für mich der entscheidende Satz. Hätten wir dieses Recht früher gewährt, wären uns viele unangenehme politische Probleme erspart geblieben: Republikfluchten, Verurteilungen, Abschiebungen, Botschaftsbesetzungen ... Noch vor Weihnachten sollte das Gesetz unter Berücksichtigung der Veränderungsvorschläge der Bürger von der Volkskammer verabschiedet werden. Als ich im Laufe des Tages die Informationsberichte und die eingehenden Fernschreiben und Telegramme las, hielten sich noch zustimmende und ablehnende Äußerungen zum Gesetzentwurf die Waage. Je älter der Tag wurde, umso mehr nahmen die Ablehnungen zu.

Vor einem halben Jahr wäre dieser Gesetzentwurf noch ein Fortschritt gewesen. Jetzt aber war er schon am Tag seiner Veröffentlichung Makulatur. Rechtsanwalt Gregor Gysi will uns gewarnt haben, diesen Entwurf zu veröffentlichen. Seine Warnung drang damals nicht bis zu mir. Er empfahl, freies Reisen ohne jegliche Einschränkung zu gestatten. Für jemanden, der reisen konnte und DM in der Tasche hatte, war diese Forderung verständlich. In einer Marktwirtschaft stellt sich solche Frage auch nicht. Da kümmert es den Staat nicht, ob einer Geld zum Reisen hat oder nicht. Ich glaubte damals, DDR-Bürger kämen sich veralbert vor, wenn wir »freies Reisen« proklamierten und ihnen die Reisemittel vorenthielten, also verweigerten. Die Kosten, die von der DDR für jeden Reisenden getragen werden mussten, waren erheblich: Die Bundesrepublik stellte uns jeden mit der Bundesbahn gefahrenen Kilometer in Rechnung – und zwar in Devisen. Wir mussten also mit ihr verhandeln, wie sie sich an den gewünschten Erleichterungen im Reiseverkehr beteiligen konnte. Deshalb so zögerliche Schritte bei der Gesetzesvorlage.

Die Bundesregierung aber nutzte die zugespitzte Situation in der DDR, um uns unter massiven Druck zu setzen. Man machte in Bonn »keinen Hehl daraus, dass es nach der ›Sonnabend-Veranstaltung‹[217] große Zurückhaltung seitens der verantwortlichen Politiker der Regierungskoalition gebe«[218], hatte mir mein persönlicher Beauftragter für die Kontakte zur Bundesrepublik, Alexander Schalck-Golodkowski, berichtet. Schäuble habe ihm gesagt, für die Bundesrepublik sei die Änderung der DDR-Verfassung das Grundproblem. Plötzlich also ging es nicht mehr um das Reisen! Es ging der Bonner Regierung schon nicht mehr um die Menschen, sondern um die Vereinnahmung der DDR.

Der letzte Absatz der Schalck-Information an mich lautete: »Schäuble empfahl abschließend nochmals dringend, dass der Generalsekretär Egon Krenz in seiner Rede die geäußerten Gedanken aufgreift. Andererseits wäre Bundeskanzler Kohl nicht in der Lage, vor dem Bundestag finanzielle Hilfen aus Steuergeldern zu begründen.«[219]

Das war nackte Erpressung! Die Forderung widersprach der telefonischen Erklärung Kohls, nicht an einer Destabilisierung der DDR interessiert zu sein. Bonn verlangte quasi von der DDR eine Verfassungsänderung gegen Valuta.

Diesem Druck wollte ich mich nicht beugen. Ich schloss daher nicht mehr aus, eine sofortige Lösung für das Reisen zu finden, ohne jedoch einen Vorschlag für den Umtausch von Mark der DDR in Deutsche Mark anbieten zu können. So entstand die Idee, bis zur gesetzlichen Regelung eine »Sofortige Reiseverordnung« zu erlassen, die durch Beschluss der Regierung in Kraft gesetzt werden konnte.

Ich nutzte die 10. Tagung des ZK, die am 8. November begann, um noch einmal meinen Standpunkt zur Reiseproblematik zu erläutern: Das Zentralkomitee müsse wissen, sagte ich, dass es große Schwierigkeiten bei der Finanzierung der Reisen gebe.

Bevor wir anderentags das Plenum fortsetzten, fragte ich Ministerpräsident Willi Stoph: »Was macht die Reiseverordnung?«

»Du erhältst sie heute am Nachmittag«, versicherte er mir.

Von Wolfgang Herger wusste ich, dass er direkten Kontakt mit Innenminister Dickel unterhielt, unter dessen Leitung die Reiseverordnung erarbeitet wurde.[220] Als Herger von ihm den Entwurf erhalten hatte, schob er ihn mir im Präsidium während der ZK-Tagung zu.

In der Pause gegen 12 Uhr trug ich den Mitgliedern und Kandidaten des Politbüros den Entwurf vor. Es gab Hinweise für einige kleine stilistische Korrekturen. Ansonsten waren alle damit einverstanden. Ich bat Herger, Stoph anzurufen und diese mitzuteilen, damit wir nicht zwei unterschiedliche Fassungen bekämen.

Um 15.30 Uhr traf ich mich mit Johannes Rau. Der Stellvertretende SPD-Vorsitzende und Ministerpräsident von Nordrhein-Westfalen wollte wissen, was mit unserem Reisegesetz werde. Die Antwort auf diese Frage war für mich schwierig. Sollte ich ihm sagen, dass wir in der Nachmittagssitzung des Zentralkomitees über eine »Reiseverordnung« sprechen würden? Dass wir planten, am 10. November die Grenzübergänge für den Reiseverkehr zu öffnen? Meine Erfahrungen mit Gesprächspartnern aus dem Westen sprachen dagegen. Ich fürchtete, Rau würde diese vertrauliche Information sofort nach Bonn melden. Und dann käme sie über die Medien aus dem Westen wieder in die DDR zurück. Das wollte ich nicht. Die Erstinformation musste von uns selbst kommen.

Ich informierte Rau daher nur allgemein. Der Reiseverkehr zwischen beiden deutschen Staaten sei nicht vergleichbar mit anderen Ländern in der Welt. Selbst 1988, als die Reisemöglichkeiten noch eingeschränkt waren, hatte es sechs Millionen Reisen aus der DDR in die BRD und nach Berlin (West) gegeben. Jetzt würden wir mit 12 bis 13 Millionen Reisenden von Ost nach West rechnen. Das würde Milliarden DM kosten, die die DDR allein nicht würde aufbringen können. Ich bat den SPD-Politiker, sich dafür einzusetzen, dass sich die BRD-Regierung im Interesse der Menschen daran beteiligte.

Als ich wieder im Zentralkomitee war, übergab mir Stoph die inzwischen in der Regierung beschlossene Reiseverordnung. Sie war identisch mit der Umlaufvorlage, die den Mitgliedern der Regierung zur Bestätigung übergeben worden war. Während im Plenum die Diskussion über mein Referat weiterlief, las ich Satz für Satz der Verordnung noch einmal durch. Ich ahnte damals nicht, welche Auseinandersetzung es bei den Autoren der Verordnung gegeben hatte und welche Intentionen dabei eine Rolle gespielt hatten. Wer an der Erarbeitung der Vorlage beteiligt war, gehörte nicht zu meiner Verantwortung. Für mich war entscheidend, dass ich das Dokument vom Regierungschef erhielt. Ich verließ mich auf dessen Mitteilung, dass die Verordnung in der Regierung einstimmig beschlossen worden war.

Dennoch war mir beim Lesen bewusst, dass wir uns damit eine ungeheure Last komplizierter politischer und wirtschaftlicher Probleme aufladen würden. Wären wir aber zu dieser Entscheidung nicht fähig, würde die Politik der Erneuerung scheitern. Ich wollte eine souveräne Entscheidung der DDR und keine von der Bundesrepublik erzwungene.

Wegen der politischen Tragweite wollte ich unbedingt das Zentralkomitee über den Regierungsbeschluss informieren und es so in die Entscheidung mit einbeziehen.

Gegen 16 Uhr erhob ich mich von meinem Platz, richtete das Mikrofon so, dass mich jeder gut verstehen konnte und sagte langsam, damit die Bedeutung jedes Satzes klar wurde: »Ich muss noch einmal von der Tagesordnung abweichen. Euch ist ja bekannt, dass es ein Problem gibt, das uns alle belastet: die Fragen der Ausreisen. Die tschechoslowakischen Genossen empfinden das allmählich für sich als eine Belastung, wie früher auch die ungarischen. Und: Was wir auch machen in dieser Situation, wir machen einen falschen Schritt. Schließen wir die Grenzen zur ČSSR, bestrafen wir im Grunde genommen die anständigen Bürger der DDR, die dann nicht reisen können«, sagte ich. »Selbst das würde aber nicht dazu führen, dass wir das Problem in die Hand bekommen; denn die Ständige Vertretung der BRD hat schon mitgeteilt, dass sie ihre Renovierungsarbeiten[221] abgeschlossen hat. Das heißt, sie wird öffnen, und wir würden auch dann wieder vor diesem Problem stehen.

Genosse Stoph hat als amtierender Vorsitzender des Ministerrates eine Verordnung vorgeschlagen, die ich jetzt verlesen möchte, weil sie zwar vom Politbüro bestätigt worden ist, aber doch solche Wirkung hat, dass ich das Zentralkomitee nicht ohne Konsultation lassen möchte.«[222] Dann las ich den »Beschluss zur Veränderung der Situation der ständigen Ausreise von DDR-Bürgern nach der BRD über die CSSR« vor.[223]

Danach verlas ich den Entwurf einer Pressemitteilung, die am 10. November in den Printmedien veröffentlicht werden sollte.[224] Dann wiederholte ich: »Wie wir es machen, machen wir es verkehrt. Aber das ist die einzige Lösung, die uns die Probleme erspart, alles über Drittstaaten zu machen, was dem internationalen Ansehen der DDR nicht förderlich ist.«

Gegen 17.15 Uhr kam Günter Schabowski zu mir und meldete sich für den Rest der Tagung ab. Er müsse zu einer internationalen Pressekonferenz, die um 18 Uhr beginne. Er wolle von mir nur wissen, ob ich noch Hinweise hätte.

»Du musst unbedingt über den Reisebeschluss informieren. Das ist die Weltnachricht!«

Da er angeblich nicht die authentische Ministerratsverordnung bei sich hatte, übergab ich ihm mein Exemplar[225].

Im Internationalen Pressezentrum löste Schabowski durch seine Unkonzentriertheit Verwirrung aus. Um 18.53 Uhr fragte ihn ein Journalist nach dem Stand der Ausarbeitung einer neuen Reiseregelung. Schabowski antwortete: »Mir ist eben mitgeteilt worden, der Ministerrat hat beschlossen ...« Er hielt sich an den Text der Verordnung und die Pressemitteilung. Aber dann der Irrtum: Die Grenzöffnung sollte am Morgen des 10. November erfolgen. Zu diesem Zeitpunkt hätten die Befehle für die Grenztruppen, das Ministerium für Staatssicherheit und die Volkspolizei vorgelegen. Günter Schabowski antwortete jedoch auf eine Nachfrage nach dem Zeitpunkt sichtlich verwirrt: »Wenn ich richtig informiert bin, nach meiner Kenntnis unverzüglich.«

Vor 20 Uhr waren an allen Grenzübergängen in Berlin nicht einmal hundert Leute versammelt. Das änderte sich schlagartig nach Ausstrahlung der ARD-Nachrichtensendung um 20.00 Uhr, in der es hieß: »Reiseverkehr frei. Tore in der Mauer weit offen. Völlig komplikationslos nach Westberlin.« Erst jetzt begaben sich Berliner an die Grenzübergänge in der Annahme, die veröffentlichten Informationen würden stimmen. Nachweisbar also kein spontaner »Sturm auf die Mauer«, sondern ein Spaziergang auf »Einladung Schabowskis« mit starker Medienunterstützung.

Kurz vor 21 Uhr rief mich Erich Mielke an. Er habe soeben erfahren, dass sich viele Menschen in Richtung Grenze bewegten. Schabowski solle irgendetwas auf einer Pressekonferenz gesagt haben. Er wisse noch nicht genau, was los sei, werde mich aber sofort anrufen, wenn er im Bilde ist. Nach wenigen Minuten meldete er sich ein zweites Mal. Tausende, so informierte er, seien in Richtung Grenzübergangsstellen unterwegs, teils zu Fuß, teils mit dem Pkw. »Was sollen wir machen?«, fragte er mich.

Ich wollte vor meiner Entscheidung noch mit Verteidigungsminister Keßler sprechen, dem die Grenztruppen der DDR unterstanden. Sein Amtssitz befand sich in Strausberg. Dort erreichte ich ihn jedoch nicht. Er war dort noch nicht von der ZK-Tagung eingetroffen, Handys gab es noch nicht.

Mielke meldete sich erneut und war hörbar erregt: »Wenn wir nicht sofort entscheiden, was zu tun ist, dann verlieren wir die Kontrolle.«

Ich frage Mielke: »Was schlägst du vor?«

»Generalsekretär bist du.«

Es war für mich sein Signal: Das Ministerium für Staatssicherheit wird sich meiner politischen Entscheidung nicht widersetzen. Das war außerordentlich wichtig.

»Wir werden ja wegen der paar Stunden bis zum 10. November – dann sollten die Grenzübergangsstellen ohnehin geöffnet werden – nicht noch eine Konfrontation mit der Bevölkerung riskieren. Also, hoch mit den Schlagbäumen!«

Mielke darauf, ziemlich leise: »Hast recht.«

Wolfgang Herger, der sich in meinem Arbeitszimmer befand und das Telefonat mitgehört hatte, ermunterte mich zu dieser Entscheidung. Auch Siegfried Lorenz meinte, dass die Entscheidung gegen Gewalt die einzig vernünftige sei.

Lorenz und Herger waren die einzigen der neu gewählten Politbüromitglieder, die zusammen mit mir die schwierigsten Stunden der Grenzöffnung im Haus des ZK erlebten. Alle anderen Führungskader waren zu Hause oder in ihren Hotelzimmern.

Die Situation war für uns alle beispiellos: Eine spontane Grenzöffnung ohne entsprechende Befehle für die Sicherheitsorgane an den Grenzübergängen, das konnte äußerst kritisch werden. Mir war wohl bewusst, dass in dieser Nacht ohne stabsmäßige Vorbereitung beängstigende Gefahren lagen.[226] Eine Grenze, die 1961 durch Beschluss aller Staaten des Warschauer Vertrages befestigt worden war und die in Berlin nach wie vor unmittelbar die Interessen der vier Alliierten aus dem Zweiten Weltkrieg betraf. Mich bewegte: Was, wenn es in dieser Nacht auch nur einen Toten geben würde? Wenn Panik ausbricht? Wenn im Gedränge Menschen ums Leben oder zu Schaden kamen? Was, wenn es Provokateure gab, die den Einsatz von Gewalt heraufbeschwören?

Die Entscheidung: Schlagbäume hoch oder Gewalt, war eine weltpolitische, aber auch eine schwierige Gewissensentscheidung. Es stimmte, den Grenzübergangsstellen konnten wegen der unerwarteten irritierenden Äußerungen

Schabowskis noch keine schriftlichen Befehle zur Öffnung der Übergänge vorliegen. Doch es gab den entscheidenden Befehl vom 3. November 1989, der den Einsatz der Schusswaffe auch im Grenzgebiet untersagte.

Wolfgang Herger schlug vor, eine »Operative Führungsgruppe« des Nationalen Verteidigungsrates zu bilden, die die Situation ununterbrochen analysieren und notwendige Entscheidungen für die politische Führung vorbereiten sollte. Ich berief Fritz Streletz zum Leiter des Gremiums. Er hielt den direkten Kontakt zum Oberkommandierenden der Vereinten Streitkräfte des Warschauer Vertrages und der Westgruppe der sowjetischen Streitkräfte in Wünsdorf. Unsere sowjetischen Verbündeten auf dem Territorium der DDR standen bereit, uns jede notwendige Unterstützung zu geben, so wir sie darum bitten würden. Sie befanden sich in »Erhöhter Gefechtsbereitschaft«[227] und ihre Führungsorgane in »Voller Gefechtsbereitschaft«.

Am frühen Morgen des 10. November rief mich im Auftrage Gorbatschows der sowjetische Botschafter an. Der sonst so zurückhaltende Kotschemassow war äußerst aufgebracht: »Genosse Krenz, in Moskau ist man beunruhigt über die Lage an der Berliner Mauer, wie sie sich heute Nacht entwickelt hat.«

»Das wundert mich«, erwiderte ich. »Im Prinzip wurde doch nur um Stunden vorgezogen, was heute ohnehin vorgesehen war. Unser Außenminister hat die Reiseverordnung doch mit Ihnen abgestimmt.«

»Ja, aber das stimmt nur zum Teil. Es handelte sich nur um die Öffnung von Grenzübergängen zur Bundesrepublik. Die Öffnung der Grenze in Berlin berührt die Interessen der Alliierten.«

Kotschemassow konfrontierte mich in diesem Moment mit einer Frage, die in den Beziehungen zwischen der UdSSR und der DDR in den letzten Jahren praktisch kaum noch eine Rolle gespielt hatte. Aus unserer Sicht galt das Vierseitige Abkommen[228] nur für Westberlin, nicht aber für die Hauptstadt der DDR. Nun wurde plötzlich der Vier-Mächte-Status ins Spiel gebracht. Ich sagte: »So habe ich die Sache nicht verstanden. Doch dies ist jetzt nur noch eine theoretische Frage. Das Leben hat sie heute Nacht praktisch beantwortet. Die Grenzöffnung wäre nur durch militärische Mittel zu verhindern gewesen. Das hätte ein Blutbad gegeben.«

Kotschemassow entgegnet: »Sie haben Recht. So sehe ich das auch. Schreiben Sie das Genossen Gorbatschow.«

Fritz Streletz war in der Lage, die Details der Öffnung in der Nacht auf Russisch darzulegen, und ich übergab diesem den Hörer, damit er Kotschemassow unterrichtete.

Ich ärgerte mich über den Inhalt des Telefonats. Gestern hatte mir Stoph bestätigt, dass der Entwurf der Reiseverordnung mit Moskau abgestimmt worden sei. Nun wollte die sowjetische Seite nichts mehr davon wissen. Ich fragte mich: Wer spielte hier mit falschen Karten?

Gegen 11 Uhr, während der Sitzung des Zentralkomitees, legte mir Streletz das gewünschte Staatstelegramm an Gorbatschow vor.

»Lieber Michail Sergejewitsch Gorbatschow!

Im Zusammenhang mit der Entwicklung der Lage in der DDR war es in den Nachtstunden notwendig zu entscheiden, die Ausreise von Bürgern der Deutschen Demokratischen Republik auch nach Berlin (West) zu gestatten. Größere Ansammlungen von Menschen an den Grenzübergangsstellen zu Berlin (West) forderten von uns eine kurzfristige Entscheidung. Eine Nichtzulassung der Ausreisen nach Berlin (West) hätte auch zu schwerwiegenden politischen Folgen geführt, deren Ausmaße nicht überschaubar gewesen wären. Durch diese Genehmigung werden die Grundsätze des Vierseitigen Abkommens über Berlin (West) nicht berührt; denn die Genehmigung über Ausreisen zu Verwandten gab es nach Berlin (West) schon jetzt.

In der vergangenen Nacht passierten ca. 60 000 Bürger der DDR die Grenzübergangsstellen nach Berlin (West). Davon kehrten ca. 45 000 wieder in die DDR zurück. Seit heute

Morgen 6.00 Uhr können nur Personen nach Berlin (West) ausreisen, die über das entsprechende Visum der DDR verfügen. Das gleiche gilt auch für ständige Ausreisen aus der DDR.

Ich bitte Sie, lieber Genosse Michail Sergejewitsch Gorbatschow, den Botschafter der UdSSR in der DDR zu beauftragen, unverzüglich mit den Vertretern der Westmächte in Berlin (West) Verbindung aufzunehmen, um zu gewährleisten, daß sie die normale Ordnung in der Stadt aufrecht erhalten und Provokationen an der Staatsgrenze seitens Berlin (West) verhindern.

Berlin, 10. November 1989

Mit kommunistischem Gruß

Egon Krenz

Generalsekretär.«[229]

Schon nach wenigen Stunden rief mich Kotschemassow an.

Sein Ton hatte sich geändert. »Genosse Krenz«, sagte er, »im Namen von Michail Gorbatschow, im Namen der sowjetischen Führung beglückwünsche ich Sie und alle deutschen Freunde, die die Grenze geöffnet haben, zu ihrem mutigen Schritt.«

Ich antworte nur: »Ich danke Ihnen. Ich bitte Sie, Michail Sergejewitsch für diese Solidarität zu danken. Übermitteln Sie ihm, dass wir uns über die Übereinstimmung unserer Ansichten freuen.«

Ich fragte mich, was inzwischen in Moskau passiert war. Innerhalb so kurzer Zeit zwei so grundsätzlich verschiedene Reaktionen. Welche Auseinandersetzungen hatte es hinter den Kulissen gegeben? Wer hatte das Sagen in Moskau? Der Generalsekretär oder sein Apparat? Der Außenminister? Der Verteidigungsminister? Mich beunruhigte diese Unklarheit. Zumindest aber war man sich in Moskau bewusst, welche Gefahren mit der Grenzöffnung verbunden waren.

Das sowjetische Staatsoberhaupt schickte eine dringende Botschaft an Bundeskanzler Kohl. Sie wurde später von offizieller bundesdeutscher Seite immer wieder heruntergespielt.

Daher will ich sie an dieser Stelle noch einmal ins Gedächtnis rufen:

»Wie Ihnen natürlich bekannt ist, hat die Führung der DDR einen Beschluss gefasst, der den Bürgern dieses Landes die Möglichkeit der freien Ausreise über die Grenzen zur BRD und Berlin (West) ermöglicht. Es ist verständlich, dass dieser Beschluss der neuen Führung der DDR durchaus nicht leichtgefallen ist. Zugleich bestätigt er aufs Neue, dass gegenwärtig in der DDR tiefe und bedeutende Veränderungen vor sich gehen. Die Führung der Republik handelt zielstrebig und dynamisch im Interesse des Volkes, sie entfaltet einen breiten Dialog mit verschiedenen Gruppen und Schichten der Gesellschaft. Erklärungen aus der BRD, die vor diesem politischen und psychologischen Hintergrund abgegeben werden, die unter Losungen der Unversöhnlichkeit gegenüber der realen Existenz zweier deutscher Staaten Emotionen und Leidenschaften anheizen sollen, können kein anderes Ziel verfolgen, als die Lage in der DDR zu destabilisieren und die sich dort entwickelnden Prozesse der Demokratisierung und Erneuerung aller Bereiche des gesellschaftlichen Lebens zu untergraben. Wir haben die Mitteilung erhalten, dass heute in Berlin (West) ein Meeting stattfinden wird, an dem offizielle Vertreter aus der BRD und Berlin (West) teilnehmen werden. Zur gleichen Zeit ist auch ein Meeting in der Hauptstadt der DDR geplant. Bei den gegenwärtig faktisch offenen Grenzen und den gewaltigen Menschenströmen in beiden Richtungen kann eine chaotische Situation mit unübersehbaren Folgen entstehen. Angesichts der Kürze der Zeit und der zugespitzten Situation habe ich es für notwendig erachtet, Sie im Geiste der Offenheit und des Realismus zu ersuchen, Ihrerseits die notwendigen und äußerst dringlichen Maßnahmen zu treffen, damit eine Komplizierung und Destabilisierung der Situation nicht zugelassen wird.«[230]

In Botschaften an US-Präsident Bush, an Frankreichs Präsident Mitterrand und an die britische Premierministerin Margaret Thatcher bat Gorbatschow die Repräsentanten der drei Westmächte, ihren Vertretern in Westberlin Weisungen zu erteilen, »damit die Ereignisse nicht einen Verlauf nehmen, der nicht wünschenswert wäre. Insgesamt möchte ich hervorheben, dass gegenwärtig in der DDR tiefe und bedeutende Veränderungen vor sich gehen. Wenn aber in der BRD Erklärungen laut werden, die auf ein Anheizen der Emotionen im Geiste der Unversöhnlichkeit gegenüber den Nachkriegsrealitäten, d.h. der Existenz zweier deutscher Staaten, abzielen, dann können solche Erscheinungen des politischen Extremismus nicht anders eingeschätzt werden denn als Versuche, die sich jetzt in der DDR dynamisch entwickelnden Prozesse der Demokratisierung und Erneuerung aller Bereiche des gesellschaftlichen Lebens zu untergraben. Mit Blick auf die Zukunft kann dies eine Destabilisierung der Lage nicht nur im Zentrum Europas, sondern auch darüber hinaus nach sich ziehen.«[231] Gorbatschow wies also großdeutsche Ambitionen der BRD zurück. Er sah in ihnen die Gefahr, dass nicht nur Europa, sondern die ganze Welt in ein Abenteuer gestürzt werden konnte.

Das Politbüro beauftragte Alexander Schalck, Bonn über die von der DDR getroffenen Maßnahmen zur Verwirklichung der Reiseverordnung des Ministerrates zu informieren. Er sollte mit dem Bundeskanzleramt über ein baldiges Gespräch zwischen Kohl und mir reden. Außerdem wurde er bevollmächtigt, mit der Bundesregierung und dem Senat von Berlin (West) über die Öffnung neuer Grenzübergangsstellen zu verhandeln. Innerhalb kurzer Zeit wurden 50 neue Grenzübergangsstellen geschaffen. Das kostete die DDR zwischen 700 und 800 Millionen Mark. Wir beschlossen, auch das Grenzregime an der gesamten Westgrenze zu verändern. Die Sperrzone wurde aufgehoben. Zu den schon bestehenden zwanzig Grenzübergangsstellen werden zusätzlich elf neue eingerichtet. Die Seegrenze wurde in ihrer gesamten Breite von zwölf Seemeilen für den Sportbootverkehr zugelassen.[232]

Nach meiner Meinung waren die Grenztruppen der DDR überfordert, diese Aufgaben zusätzlich zu erfüllen. Ich vereinbarte daher mit Verteidigungsminister Keßler, dass sich Einheiten der Nationalen Volksarmee in Bereitschaft hielten, um bei Notwendigkeit die Grenztruppen zu unterstützen. In der Nationalen Volksarmee wurde aus diesem Grunde für einige Einheiten die »Erhöhte Gefechtsbereitschaft« befohlen. Parallel dazu gab es Absprachen mit der Westberliner Schutzpolizei.

Auch der Oberkommandierende der Westgruppe der sowjetischen Streitkräfte traf mit den Alliierten Maßnahmen zur Sicherheit der Stadt.

Am Abend fanden in Berlin zwei Kundgebungen statt. Eine vorm Schöneberger Rathaus und eine im Berliner Lustgarten. Dort sprach ich vor 150000 Menschen. Vom Lustgarten fuhr ich zu einem vereinbarten Gespräch mit Kotschemassow in die sowjetische Botschaft. Er empfing mich in seinen Privaträumen. Wir sprachen offen über die Ereignisse der letzten Nacht und über Irrungen und Wirrungen in Berlin und Moskau. Ich bat ihn, Gorbatschow zu empfehlen, einen persönlichen Beauftragten nach Berlin zu schicken, mit dem ich alle notwendigen Fragen besprechen könnte, die sich aus der Grenzöffnung ergeben haben, vor allem die deutschlandpolitischen und internationalen Konsequenzen. Als wir uns verabschiedeten, erinnerte mich der Botschafter an einen Tatbestand, den er nun schon zum zweiten Mal erklärte: »Beachten Sie, Genosse Krenz, dass nicht alle Genossen des Politbüros, denen Sie vertrauen, auch Ihnen vertrauen. Ich versuche, einige Hitzköpfe zu beruhigen. Bedenken Sie aber bitte auch, dass ich zwar der sowjetische Botschafter bin, es gibt aber noch andere sowjetische Institutionen in der DDR, über die ich nicht Bescheid weiß.«

Ich nahm die Information zur Kenntnis, ohne mir darüber Gedanken zu machen. Ich war seit 30 Jahren in der Politik aktiv und wusste, dass es Intriganten gab. Das war keine Besonderheit der DDR. Beunruhigt war ich aber über den Hinweis, es gebe sowjetische Institutionen in der DDR, über die der Botschafter nicht Bescheid wisse. Als Gorbatschows

Vertraute Medwedew und Jakowlew 1987 und 1988 durch verschiedene Bezirke der DDR reisten, glaubte Honecker ohnehin, sie suchten Leute aus, mit denen sie ihre Perestroika in der DDR organisieren könnten. Der Verdacht wurde verstärkt, als Genscher in einem persönlichen Gespräch mit Otto Reinhold wissen wollte, ob Medwedew sich in innere Angelegenheiten der DDR eingemischt habe. Zeitgleich löste ein vermeintlicher KGB-Mitarbeiter ein kleines politisches Erdbeben aus. Er hatte einem DDR-Bürger in Schwerin tendenziöse Fragen nach der Stimmung im Lande gestellt, dessen Antwort heimlich mitgeschnitten, dann aber das Band verloren. Die Abschrift gelangte auf Umwegen auf Honeckers Tisch. Der forderte die Ausweisung des Residenten des KGB. Dabei stellte sich heraus, dass der Betreffende weder von der Botschaft noch von der offiziellen KGB-Vertretung in Karlshorst kam. So mussten wir annehmen, dass eine nichtlegale sowjetische Vertretung in der DDR arbeitete.

An jenem 10. November war ich jedoch vor allem auf die internationalen Reaktionen der Grenzöffnung gespannt. Genadij Gerassimow, Pressesprecher des sowjetischen Außenministeriums, erklärte, dass die Grenzöffnung eine »souveräne Entscheidung der DDR war, die von Partei- und Staatschef Krenz ausgegangen ist«. Er erinnerte an meine Äußerung, die Grenze sei zwar offen, aber nicht verschwunden.

Für Mitterrand war die Grenzöffnung ein »freudiges Ereignis«. Er bestätigte seine Absicht, »bald die DDR zu besuchen und mit Krenz zusammenzutreffen«.

US-Präsident Bush begrüßt die neue Reiseregelung. »Wenn die DDR das verwirklicht«, meinte er, »dann wird die 1961 gebaute Mauer von geringerer Bedeutung sein.« Auch er sprach nicht von einem »Fall der Mauer«. Bush schrieb mir: »Verehrter Herr Vorsitzender Krenz! Sie haben Ihre Pflichten als Vorsitzender des Staatsrates zu einer Zeit übernommen, die äußerst bedeutsam für Ihr eigenes Land, für Europa und für den künftigen Gang der Ost-West-Beziehungen ist. Die Vereinigten Staaten begrüßen Ihre Entscheidung, die Grenzen der DDR für ständig denen zu öffnen, die das Land in Richtung Westen verlassen oder lediglich dorthin reisen möchten. Diese Entscheidung wie auch die Bewegung in Richtung demokratischer Reformen wird zum historischen Prozess, der niemanden bedroht, sondern vielmehr die Sicherheit aller erhöht.«[233]

Selbst Kohl sprach nicht vom »Fall der Mauer«, als er mich anrief. Er war vernehmlich in Hochstimmung und sprach in Schlangensätzen. Kaum einen vollendete er richtig. »Ich habe den dringenden Wunsch, dass ich in einer sehr nahen Zukunft mit Ihnen zusammentreffe ... Wobei ich Ihnen gleich sage, ich komme auf keinen Fall nach Ostberlin.« Er wolle mit mir intensiv reden, was die »Diplomaten eine ›Tour d'horizon‹ nennen«. Er schlug vor, dass Bundeskanzleramtsminister Seiters nach Berlin käme, um unser Treffen vorzubereiten.

Bevor ich mich auf ein Termingespräch einließ, sagte ich: »Ich wäre sehr dafür, Herr Bundeskanzler, wenn wir vor allem bestimmte Emotionen ausräumen bei Leuten, die nun am liebsten alles über Nacht beseitigen möchten. Die Grenze durchlässiger zu machen bedeutet ja noch lange nicht, die Grenze abzubauen. Ich wäre Ihnen dankbar, wenn Sie in dieser Beziehung beruhigend einwirken könnten.«

Ich dachte dabei auch an die neuen Ausschreitungen am Brandenburger Tor. Einige Leute gingen von der Westseite mit Vorschlaghammer und Meißel gegen die Mauer vor.

Kohl reagierte auf meinen Hinweis etwas verlegen: »Na ja, ich hab ja, ich habe immer wieder darauf hingewiesen, ... dass jede Form von Radikalisierung gefährlich ist.« Er erläuterte seinen Standpunkt: »Wir werden uns nicht zu unterhalten brauchen, was für Gefahren das sein könnten. Das kann sich jeder leicht ausrechnen.« Er schlug vor: »Und wenn noch irgendwas ist, Herr Krenz, um das klar zu sagen, das ist ja eine Situation, die leicht dramatisch werden könnte, dann greifen Sie zum Telefon, und ich tue es auch.«

Am Montag, dem 13. November, war der Bundespräsident am Grenzübergang am Potsdamer Platz. Man legte mir nahe,

13. 11. 1989

4 Ex.

I n f o r m a t i o n

über den Inhalt des Telefongesprächs zwischen Michail Gorbatschow und Helmut Kohl

Das Gespräch fand am 11. November auf Initiative des Bundeskanzlers statt.

Der Kanzler erklärte, daß er auf die mündliche Botschaft Michail Gorbatschows antworten wolle, die ihm am Vortage vor Beginn des Meetings in Berlin (West) übergeben wurde.

Helmut Kohl stellte fest, in der BRD begrüße man den Beginn der Reformen in der DDR und wünsche, daß sie in einer ruhigen Atmosphäre durchgeführt werden. Er sagte: "Ich lehne jegliche Radikalisierung ab und wünsche keine Destabilisierung der Lage in der DDR."

Der Kanzler gab zu, daß die Mehrheit der Bürger der DDR, die in den letzten Tagen die Grenze zur BRD überschritten haben, dort nicht für ständig bleiben wollen. Dabei versicherte er, daß die Führung der BRD dies auch nicht anstrebe. Nach seinen Worten wäre eine Massenumsiedlung in die BRD eine absurde Entwicklung. "Wir wollen, daß die Deutschen bei sich zu Hause ihre Zukunft bauen." Kohl teilte mit, daß er sich auf eine Begegnung mit Krenz Ende November vorbereitet. Dabei bemerkte er, daß die neue Führung der DDR unter den gegenwärtigen Bedingungen die Reformen im Lande dynamisch realisieren sollte.

Zu den gegenwärtigen tiefgreifenden Veränderungen in der Welt betonte Michail Gorbatschow, daß diese in verschiedenen Ländern natürlich unterschiedlich verlaufen und sich nach Formen und

3

andere in dem Rahmen zu halten, die der Zeit und ihren Erfordernissen entspricht.

Kohl stimmte den Ausführungen Michail Gorbatschows zu. Nach seinen Worten sei diese Frage auf der Sitzung der Regierung der BRD in diesem Sinne erörtert worden.

Der Kanzler betonte sein Interesse, die Kontakte weiterzuführen, darunter auch im Zusammenhang mit der DDR.

Gorbatschow telefonierte mit Kohl am 11. November 1989

Richard von Weizsäcker offiziell zu begrüßen. Ich lehnte es ab. Nicht nur, weil er nach unserer Rechtsauffassung als Bundespräsident in Westberlin keine offiziellen Amtshandlungen ausführen durfte. Ich wollte in diesen Tagen keine demonstrativen Handlungen in Richtung Westen unternehmen, was von den sowjetischen Verbündeten als deutsch-deutscher Alleingang hätte gewertet werden können.

Am 14. November schlug ich auf Grund des Drucks dem Politbüro vor, »die Möglichkeit der Öffnung des Brandenburger Tores für Fußgänger mit der sowjetischen Seite zu konsultieren«.[234] Obwohl dies bei weitem kein Plan zur Öffnung ist, musste jemand dies der Presse gesteckt haben, was wir mit der sowjetischen Seite besprechen wollten. Die Agenturen meldeten, das Tor werde geöffnet. Als diese Meldung über den Fernschreiber ging, war ich in einer Sitzung des Sekretariats des ZK. Aufgeregt kam eine Mitarbeiterin in den Sitzungssaal und sagte: »Du wirst dringend aus Bonn verlangt.« Aus Bonn? »Das kann möglicherweise der Bundeskanzler sein«, sagte ich den anderen Mitgliedern des Sekretariats als Entschuldigung für das Verlassen der Sitzung. Ich ging in mein Arbeitszimmer und nahm den Hörer ab.

»Ja, hier Krenz.«

Es war nicht Kohl, sondern Schalck. »Ich spreche hier aus dem Bundeskanzleramt«, sagte er. So machte er mich darauf aufmerksam, dass er nicht allein im Raum war. »Soeben hat der Bundeskanzler die Meldung bekommen, dass das Brandenburger Tor geöffnet wird. Sollte diese Meldung zutreffen, werden nach Meinung des Bundeskanzlers die Verhandlungen zwischen der DDR und der BRD sofort abgebrochen.«

Ich war erstaunt. »Wir stehen in Konsultation mit der sowjetischen Seite. Wenn Kohl die Öffnung nicht will – mir kann das nur recht sein. Ich brauche sie nicht. Bestelle dem Bundeskanzler, dass das Brandenburger Tor erst geöffnet wird, wenn sich beide Seiten einig sind.«

Mich wunderte längst nicht mehr, welchen Rang Bundeskanzler Kohl der Öffnung des Brandenburger Tores einräumte. Des Tores wegen aber wollte er die Verhandlungen zwischen beiden deutschen Staaten platzen lassen? Das konnte ich mir nur schwer vorstellen. Ihm ging es ganz offensichtlich um Präsentation und Selbstdarstellung.

Darüber sprach ich am Abend mit Schalck. Er berichtet mir von der Hektik, die in dieser Frage in der Umgebung Kohls herrschte.

Die Verhandlungen mit der BRD gestalteten sich weiterhin sehr schwer und zäh. Bonn stellte immer neue Bedingungen. Selbst das, was wir auf der 10. Tagung des Zentralkomitees an tiefgreifenden Reformen angekündigt hatten, genügte Bonn nicht mehr. Jede neue Demonstration und jede kritische Äußerung gegen die Partei- und Staatsführung der DDR griff Kohl als Bestätigung für seine Politik auf. Er tat so, als würden die Demonstrationen in der DDR für ihn stattfinden.

Schalck berichtete mir, dass Seiters ihn für eine halbe Stunde in sein Arbeitszimmer gebeten hatte. Unter vier Augen habe der Minister gesagt, der Bundeskanzler sei bei der Agenturmeldung über die Öffnung des Brandenburger Tores außer sich gewesen. Es gehe nach Meinung des Kanzlers nicht an, dass andere Jubelfeiern veranstalteten, während die Bundesregierung arbeite und dafür Geld geben solle. Die DDR solle keine Verhandlungen mit Politikern aus der Bundesrepublik führen, die nicht kompetent sind. Der Bundeskanzler würde sich persönlich brüskiert fühlen, wenn die Öffnung des Brandenburger Tores ohne vorherige Kenntnis der Bundesregierung erfolgte. Sollten die Agenturmeldungen zutreffen, dann würden die laufenden Verhandlungen mit der DDR abgebrochen werden.

Das nannte man eine politische Erpressung.

Nur, auch ich bin von der Öffnung des Tores nicht begeistert, allerdings aus anderen Gründen als Kohl. Er war am 9. November nicht vor Ort, weil er zum Besuch in Warschau war. Am 10. November war er vor dem Schöneberger Rathaus ausgepfiffen worden. Er wollte also, dass die Öffnung des Brandenburger Tores zu *seiner* Stunde wurde. Soll er seinen

Willen haben, dachte ich. Ich würde allerdings gern wissen wollen: Welche »anderen«, die »Jubelfeiern« veranstalteten, meinte der Kanzler? Genscher, der am 16. November mit seinem britischen Amtskollegen in Westberlin weilte? Meinte er den Bundespräsidenten, der am Potsdamer Platz war und einen Besuch der DDR angekündigt hatte? Vielleicht auch den Regierenden Bürgermeister von Berlin (West)? Walter Momper hatte am Vortag auf einer Pressekonferenz gesagt, die DDR habe ein Patronat nicht nötig.

Wen Kohl auch immer meinte: Er war es, der die Öffnung des Brandenburger Tores im November 1989 verhindert hatte. Die fand in seiner Anwesenheit erst kurz vor Weihnachten statt, als ich schon kein Amt mehr hatte.

Der 9. November war weder der »Tag des Mauerfalls« noch des »Sturms auf die Mauer«. Das sind ideologisch geprägte Begriffe, die im Nachhinein entstanden und historisch nicht korrekt sind. Der 9. November 1989 war der Tag der Öffnung von Grenzübergängen von Ost nach West (nicht von West nach Ost!), und nicht nur in Berlin, sondern an der gesamten Grenze zwischen der DDR und der Bundesrepublik Deutschland. Am Abend des 9. Novembers gab es auf der Ostseite nicht einen »Mauerspecht« und niemanden, der sich mit Hacke oder Hammer an den Abriss der Mauer gemacht hätte. Diesbezügliche Bilder, die immer wieder im Fernsehen gezeigt werden, wurden entweder von der Westseite der Mauer oder erst viel später aufgenommen. Am 17. November 1989 schrieb Theo Sommer, Chefredakteur der Wochenzeitung *Die Zeit:* »Die Mauer steht noch, aber sie ist vielfältig durchlöchert.« So war es. Alles andere sind Begriffe, die nichts mit den Tatsachen des Tages zu tun haben. Interessant ist in diesem Zusammenhang eine Zeugenaussage von Egon Bahr: »Die Ironie der Geschichte wollte es«, sagte er, »dass die erste wirkliche souveräne Entscheidung in dieser Existenzfrage der DDR am 9. November 1989 erfolgte. Präsident Gorbatschow erfuhr davon erst am Morgen danach und konnte sie nur noch billigen.«

Die Nachwirkungen

Schon wenige Tage nach der Grenzöffnung tauchten in Leipzig bei der Montagsdemonstration deutsche Reichskriegsflaggen auf. Eine kleine Gruppe von Jugendlichen skandierte dazu: »Wir sind ein Volk!« Unsere Sicherheitsorgane berichteten mir, dass diese Schreier mit Reisebussen aus der Bundesrepublik gekommen waren. Das war offenkundig der Startschuss zur Umfunktionierung der Leipziger Montagsdemonstration durch Westdeutsche, die eigens dafür herantransportiert wurden. Die Demonstrationen, wir erinnern uns, waren ursprünglich auch als Reaktion auf die Massenfluchten von DDR-Bürgern entstanden, erkennbar an der Losung: »Wir bleiben hier!« Und nachdem die Sprachlosigkeit des Politbüros andauerte und diese unerträglich wurde, machten die Leipziger auch mit Losungen deutlich, wer der Souverän im Lande war: »Wir sind das Volk!«

Die von westdeutschen »Polittouristen« importierte Parole »Wir sind ein Volk!« hatte nachweislich ihren Ursprung nicht in der DDR. Das sahen auch realistische Kräfte in der Bundesrepublik und in Westberlin so. Willy Brandt forderte von seinen Landsleuten in der Bundesrepublik, »auf unerbetene Ratschläge an die DDR zu verzichten«, Walter Momper warnte vor einer »Okkupationspolitik«. Und Heinz Galinski, Vorsitzender des Zentralrats der Juden, erklärte: »Ich warne davor, dass jetzt Elemente glauben, ihre Zeit sei gekommen, um Thesen der Vergangenheit zu verbreiten.«

Die sowjetische Nachrichtenagentur TASS reagierte ebenfalls auf diese nationalistischen Töne. »Besorgniserregend sind die Versuche bestimmter Kreise der BRD, die die Wiedervereinigung auf der Tagesordnung sehen möchten.«

Eine Blitzumfrage von Soziologen in der DDR zeigte, dass zu diesem Zeitpunkt keine Mehrheit für eine Vereinigung der beiden deutschen Staaten existierte. Selbst die Frankfurter Allgemeine Zeitung stellte fest, das Regime in der DDR könne sich in einem Punkt sicher sein: »Die Forderung nach Beseitigung der Zweistaatlichkeit braucht es nicht zu fürchten.«

Bärbel Bohley, oft als »Mutter der Revolution« bezeichnet, äußerte sich in einem Interview mit der französischen Zeitung *Figaro*. Auf eine Frage zur Wiedervereinigung erklärt sie: »Nein. Das ist ein Thema für Wahlkampagnen in Westdeutschland. Nach vierzig Jahren gibt es zwei verschiedene Gesellschaften. Die westdeutsche Lebensweise ist uns ganz und gar fremd [...]. Was die BRD will, ist eine Vereinigung, bei der sie ihr Modell durchsetzt. Die Ostdeutschen wollen sich aber nicht 40 Jahre ihrer Geschichte entledigen.«

Das war 1989.

Die Vertrauensleute des Deutschen Theaters Berlin wandten sich in einem Brief an Bundeskanzler Kohl, in dem es hieß: »Mit zunehmender Verärgerung beobachten wir Ihren Einsatz für Demokratie in der DDR, hören Ihren Ruf nach freien Wahlen in unserem Land, von denen Sie die wirtschaftliche Zusammenarbeit abhängig machen wollen. Das Volk der DDR hat seine Reformen selbst erkämpft und wird es auch künftig tun. In dem hart geführten Dialog mit unserer Regierung und der SED benötigen wir keine politische Schützenhilfe Ihrer Regierung und ihrer Partei. [...] Wir haben nichts dagegen, wenn Sie, Herr Bundeskanzler, für freie Wahlen auf die Straße gehen, aber wir wollen Sie nicht unter den Trittbrettfahrern unserer Reformbewegung sehen. [...] Was sollen das außerdem für freie Wahlen sein, die mit dem Geld der Bundesrepublik erkauft werden?«[235]

Natürlich wusste ich, dass die Grenzöffnung auch ihre Kritiker hatte und bis heute hat. Bürgerrechtler betrachteten sie als »Staatsstreich«, als »Rache der SED«. Sie meinten, dadurch wolle die SED den Weg zu einer reformierten DDR verbauen. Andere kritisierten sie als »Ausdruck der Kopflosigkeit der SED-Führung«. Ich kann mit solchen Vorwürfen leben und versuche immer wieder klarzumachen, dass die Alternative am 9. November lautete: Öffnung oder Anwendung von Gewalt!

Auch die Zahl der Kritiker von links nahm bald zu. PDS-Funktionäre warfen mir vor, die Öffnung der Mauer »ökonomisch verschenkt« zu haben. Bei richtiger Verhandlungsführung mit der Bundesregierung, so meinten sie (und meinen das noch heute), hätte die DDR noch Milliarden DM von Bonn bekommen können. Das war und ist eine großen Illusion. 1989 hätte Bonn keinen Heller mehr für die Öffnung der Grenze gezahlt. Die Bundesregierung wusste, dass die Vorgänge in der DDR früher oder später die Öffnung erzwingen würden. Wer mir vorwarf, die Mauer aufgemacht zu haben, ohne vorher ökonomische Bedingungen an Bonn zu stellen, hatte falsche Vorstellungen über die Absichten der bundesdeutschen Regierung über die DDR und auch über die inzwischen eingetretene Veränderung des internationalen Kräfteverhältnisses. Längst war mir zu Ohren gekommen, dass sowjetische Deutschlandpolitiker hinter unserem Rücken mit Bonn über eine mögliche Vereinigung beider deutscher Staaten sprachen. Ich wusste nur nicht, ob sie das hinter dem Rücken Gorbatschows oder mit seinem Wissen taten. Testeten sie die Stimmung in der Umgebung von Kohl? Oder spielten Portugalow und Genossen auf unterschiedlichen Klavieren?

Ich bat Gorbatschow, mich mit einem seiner Vertrauten über die neue Situation nach der Grenzöffnung beraten zu können, ohne Berlin verlassen zu müssen. Gorbatschow schickte mir am 24. November Valentin Falin, den Leiter der Internationalen Abteilung des ZK der KPdSU, der die DDR nicht besonders gut kannte, dafür aber die Bundesrepublik umso besser. Er gehörte zu den intelligentesten Deutschlandspezialisten, über die Moskau verfügte.

Honecker kannte ihn und hatte schlechte Erinnerungen an die Nachkriegszeit, als Falin in der Besatzungsbehörde angeblich einen überharten Kurs gefahren sei, auch bei den

Reparationen. Falin hingegen besaß auch keine gute Meinung über Honecker. Angeblich wollte er schon 1971 gegenüber Andropow prognostiziert haben, dass die DDR unter Honecker der Sowjetunion als Bündnispartner verloren gehen würde. Wenn das die Auffassung des KGB gewesen sein sollte, dann frage ich mich, warum die sowjetische Führung unter Breshnew Ulbricht durch Honecker ersetzte? Kurz und gut: Die Chemie zwischen Erich Honecker und Valentin Falin stimmte nicht. Aber Honecker war weg. Mich tangierte ihr Verhältnis nicht.

Jochen Willerding war bei seinen Moskau-Reisen als FDJ-Funktionär von Falin wiederholt empfangen worden, seine Notizen über die Gespräche hatte er mir jedes Mal zukommen lassen. So wusste ich zumindest vom Papier, wie Falin in deutschen Angelegenheiten in der Vergangenheit gedacht hatte.

Unsere Begegnung am 24. November 1989 sollte – aus welchem Grunde auch immer – geheim bleiben. Zum ersten Mal in meinem Leben fuhr ich konspirativ in die sowjetische Botschaft. Ich hatte auch Ministerpräsident Hans Modrow hinzugebeten. Er kam später, weil er noch Termine hatte.

Ich gab Falin ein ungeschöntes Bild über die Lage der DDR. Er reagierte mit längeren Ausführungen. Er verknüpfte die Situation der DDR mit der Lage der UdSSR. »Unter Führung Breshnews«, sagt er, »sind die Grundinteressen des Sozialismus aufs Spiel gesetzt worden. Dadurch ist der Handlungsspielraum der Partei wesentlich eingeschränkt. Der politische Gegner hat die Schwierigkeiten des Sozialismus skrupellos ausgenutzt. Dies ist auch hinsichtlich der DDR so. Die Manövrierfähigkeit der DDR ist dadurch eingeschränkt.«[236]

Nach seinem historischen Ausflug kam er auf ein aktuelles Ereignis zu sprechen. »Das bevorstehende Treffen zwischen Michail Gorbatschow und George Bush wird sehr hart sein. Der amerikanische Präsident und seine Administration sind offensichtlich der Meinung, jetzt ist die Stunde gekommen, die Schwierigkeiten der sozialistischen Gemeinschaft zu nutzen. Während man öffentlich von der Notwendigkeit der Stabilität spricht, ist man bemüht, sozialistische Positionen in Europa abzubauen. Dies schließt den Abbau grundlegender Errungenschaften und Werte des Sozialismus in der DDR ein.«

Die Besonderheit der DDR bestünde darin, meinte er, dass die hier auftretenden konterrevolutionären Kräfte die Unterstützung mächtiger Kreise nicht nur der BRD, sondern des gesamten Westens erhalten. »Die Pläne, Absichten und Träume, die man im Westen mit der Perestroika in der DDR verbindet, gehen soweit, das Bild des ganzen Kontinents, das Kräfteverhältnis hier und in gewissem Maße sogar in der Welt insgesamt zu verändern. Wenn man bedenkt, dass die Entstehung der DDR als unabhängiger Staat eine Wende in der Entwicklung Europas darstellte, dann bedeutete auch ein Infragestellen der Existenz der DDR, eine Abschwächung oder gar das Verschwinden dieses Faktors eine ebensolche Wende.«

Falin glaubte, die BRD sei nicht gut beraten, wenn sie die DDR unter Druck setzte. Kohl selbst habe in internen Gesprächen zugegeben, dass die BRD auf eine Vereinigung überhaupt nicht vorbereitet sei. Sie verkrafte nicht einmal die massenhafte Ankunft von DDR-Flüchtlingen.

Es gebe, so Falin weiter, einen harten Konkurrenzkampf zwischen der SPD und der CDU um die Gunst der DDR. Während die CDU versuche, ihr Ziel durch Druck auf die DDR zu verwirklichen, sei die SPD geneigt, mit der DDR einen Konsens zu finden. Die bundesdeutschen Parteien seien der Meinung, wer die Zuneigung der DDR bekäme, werde die nächsten Bundestagswahlen gewinnen. Kürzlich seien Brandt, Rau und Bahr zu Gesprächen in Moskau gewesen, so Falin weiter. Sie hätten betont, dass für die SPD die Wiedervereinigung keine Frage der aktuellen Politik sei. Solange die beiden Blöcke existierten, sei eine Wiedervereinigung unrealistisch. Die Sozialdemokraten seien für das Weiterbestehen der NATO und des Warschauer Vertrages als stabilisierende Faktoren in

Europa, so lange eine kollektive Sicherheit in dieser Region noch nicht erreicht sei.

Falin insistierte: Die DDR dürfe nicht zulassen, dass die CDU bei den turnusmäßigen Bundestagswahlen im kommenden Jahr von den Veränderungen in der DDR profitiere. Bonn müsse klar begreifen: Fragen der Veränderung der Verfassung der DDR, Reformen in der DDR, das Wahlgesetz, der Wahltermin in der DDR, die Zulassung neuer Parteien könnten nicht Gegenstand von Verhandlungen sein, wie dies die BRD wolle. Diese lehne die Anerkennung der DDR-Staatsbürgerschaft unverändert ab und berufe sich dabei auf ihr Grundgesetz. Es könne demzufolge kein Mitspracherecht der Bundesregierung in Fragen des politischen Systems der DDR geben. Die Linie Kohls stehe im Gegensatz zum Grundlagenvertrag. Er versuche, der DDR vorzuschreiben, was legal oder illegal, was demokratisch oder undemokratisch sei. Darauf könne die DDR nicht eingehen.

Falin, viele Jahre Botschafter der UdSSR in der BRD, meinte, die BRD würde sich langfristig wieder an ihre Grundinteressen erinnern. Diese könnten nicht in der Konfrontation mit der DDR liegen. Dennoch dürfe die DDR das Thema der deutschen Einheit nicht dem politischen Gegner in Bonn überlassen. Für die DDR sei wichtig, die grundlegende Frage aufzuwerfen: Wer trägt die Verantwortung für die deutsche Spaltung? Die DDR habe dabei gute Karten: Die Politik der Westmächte und Adenauers hätten Deutschland gespalten. Viele Wege, die die UdSSR und die DDR zur deutschen Einheit gewiesen haben, seien vom Westen grundlos abgelehnt worden. Der amerikanische Außenminister Dulles habe seinerzeit sogar versucht, Adenauer zu überreden, dem Vorschlag Walter Ulbrichts zur deutschen Konföderation zu folgen. Ergebnislos. Im Dezember 1958 sei in der *Washington Post* ein Artikel erschienen, in dem die Amerikaner ihre Verärgerung über die Ablehnung Adenauers zum Ausdruck gebracht hätten. Sie hätten damals formuliert, dass freie Wahlen nicht der einzige Weg zur Wiedervereinigung Deutschlands seien. Damals sei durch die Schuld Adenauers die Chance für eine deutsche Konföderation verpasst worden. Heute bestünden keine objektiven Voraussetzungen mehr für eine solche Konföderation. Die BRD sei an der Spaltung Deutschlands mitverantwortlich. Sie sei mit dem Marshall-Plan belohnt worden, weil sie den USA ihr Territorium für deren aggressive Pläne gegen die UdSSR zur Verfügung gestellt hätte. Dafür seien die USA bereit gewesen, der BRD zu verzeihen, dass sie das Potsdamer Abkommen nicht erfüllt habe, darunter auch die Zahlung von Reparationen.

Aus seiner subjektiven Analyse schlussfolgerte Falin, er sei gegen den Begriff »Wiedervereinigung«. Man soll den Prozess besser »Neuvereinigung« nennen. Diese Meinung vertrete auch die SPD.

Modrow, der inzwischen hinzugekommen war, warf ein: Wiedervereinigung sei mit der Philosophie der Grenzen von 1937 gekoppelt. Schon deshalb sei diese Idee unbrauchbar.

Falin, der sehr gut Deutsch sprach, ergänzte: »Das Wort ›Wiedervereinigung‹ weckt Erinnerungen an das Wort ›Anschluss‹, das sehr in Verruf geraten ist. Wenn die BRD bereit ist, für ihre Schuld an der Spaltung Deutschlands und den damit verbundenen Lasten für die Bevölkerung der DDR Wiedergutmachung zu leisten, dann könnte man auch über eine ›Neuvereinigung‹ nachdenken.«

Falin forderte uns auf, die Theorie von zwei deutschen Nationen zu revidieren. Wie auch andere Fakten war ihm diese Tatsache offenbar unbekannt, dass die Theorie von zwei deutschen Nationen von seinem Kollegen Semjonow in die Welt gesetzt worden war.

Falin verlangte, in Gesprächen mit Westpolitikern diesen deutlich zu sagen: Es hänge vom Verhalten der BRD ab, ob es eine deutsche Nation gebe oder in Zukunft zwei. Wenn Bonn seine gegenwärtige Politik weiterführe, könne dies durchaus geschehen. Wenn aber die Regierung die deutschen Interessen höher stelle als ihre eigenen ideologischen Interessen, dann könne man optimistisch sein.

Falin weiter: Der Botschafter der BRD in Moskau, Andreas Meyer-Landrut, der Bundespräsident von Weizsäcker nahestehe und demnächst Chef des Bundespräsidialamtes werden würde, habe unlängst gesagt, dass man die deutsche Frage »entideologisieren« solle. Wenn dies geschieht, kann die DDR ganz nüchtern sagen: Die Schuld für die deutsche Spaltung darf nicht ihr zugeschoben werden. Dies sei wichtig, um in der nationalen Frage nicht wieder in die Defensive zu geraten. Wenn man sich aber nur auf das Argument beschränke, die deutsche Frage stehe nicht auf der Tagesordnung, dann werde man in der Defensive bleiben.

Wenn die DDR in die Ecke gedrängt werden soll, dann sollten wir erklären: »Wir sind für ein einheitliches, neutrales demokratisches Deutschland ohne Angriffswaffen.« Dies würde die Regierungen in allen westlichen Hauptstädten sofort mobilisieren.

Falins Ausführungen waren interessant, aber doch mehr ein Vortrag zur deutschen Frage denn ein konstruktives Gespräch. Seine Vorschläge, wie wir in der deutschen Frage in die Offensive kommen sollten, gingen im Kern auf die Stalin-Note von 1952 zurück. Glaubte Falin ernsthaft, dass sich 1989 die herrschenden Kreise in den USA oder der BRD auf ein neutrales Deutschland einließen? War er wirklich der Meinung, man könne die deutsche Frage »entideologisieren«? Alle Bundesregierungen hatten die NATO-Interessen stets höher gestellt als die nationalen Interessen der Deutschen.

Dennoch war das Gespräch mit Falin für mich wichtig. Zum ersten Mal hatte ich im direkten Gespräch von einem sowjetischen Politiker erfahren, dass man in Moskau tatsächlich über die Vereinigung nachdachte. Zwar nicht über die »Wiedervereinigung«, aber immerhin über eine »Neuvereinigung«.

Vor knapp vier Wochen, am 1. November, hatte das bei Gorbatschow in Moskau noch ganz anders geklungen. Er hatte jede Diskussion über die Vereinigung beider deutscher Staaten als Illusion bezeichnet.

Nach diesem Gespräch mit Falin überkam mich das beklemmende Gefühl, dass über die DDR inzwischen nicht nur in Bonn gefeilscht wurde.

Botschafter Kotschemassow begleitete mich zum Ausgang im Erdgeschoss. Er flüsterte mir, nun schon zum dritten Mal innerhalb kurzer Zeit, auf der Treppe zu, ich solle nicht so vertrauensselig sein.

Tage darauf schickte mir Gorbatschow eine Botschaft, in der er über seine Vorbereitung auf das Gipfeltreffen mit George Bush in der ersten Dezemberwoche vor Malta informierte. Er wolle dort das Ende des Kalten Krieges erklären, kündigte er an.

Den USA fiel damit ein strategischer Sieg in den Schoß, der durch einen heißen Krieg nie zu erreichen gewesen wäre. Die DDR war ein Kind des Kalten Krieges. Mir war klar: Sollte ein Schlussstrich unter diesen gezogen werden, war zwangsläufig auch das Schicksal der DDR besiegelt.

Auf Malta wurden keine Dokumente unterzeichnet. Gorbatschow erklärte auf einer gemeinsamen Pressekonferenz: »Die Welt verlässt eine Epoche und betritt eine andere. Wir befinden uns am Anfang eines langen Weges in eine friedliche Ära. Gewaltandrohung, Misstrauen, psychologischer und ideologischer Kampf sollten der Vergangenheit angehören.«[237]

Das war reichlich naiv. Bush, neben ihm sitzend, hatte zwar hinzugefügt: »Wir können einen dauerhaften Frieden verwirklichen und die Ost-West-Beziehung in eine dauerhafte Zusammenarbeit umwandeln. Das ist die Zukunft, mit welcher der Vorsitzende Gorbatschow und ich hier in Malta begonnen haben.«[238] Doch der Kalte Krieg ging weiter.

Es ist aus meiner Sicht ein Betrug und Selbstbetrug, wenn aktuelle Politiker davon reden, der Kalte Krieg sei 1990 zu Ende gegangen und man stehe heute wieder vor einem neuen Kalten Krieg. Er war nie zu Ende. Beendet wurde lediglich die Systemauseinandersetzung zwischen Sozialismus und Kapitalismus in Europa, nicht aber die Feindschaft der NATO zu Russland.

Gorbatschow hatte kapituliert. Alles andere – einschließlich der Gespräche mit Kohl im Kaukasus – war nur noch diplomatisches Beiwerk. Die deutsche Einheit wurde im Wesentlichen bei stürmischer See vor Malta versprochen. Nicht umsonst verglichen später internationale Medien Malta mit Jalta. Damals hatten im Februar 1945 auf der Krim die Großen Drei die europäische Nachkriegsordnung besprochen, die nun auf dem sowjetischen Kreuzfahrtschiff »Maxim Gorki« beerdigt worden war.

Wegen eines starken Sturms auf See hatten Gorbatschow und Bush die beiden Kriegsschiffe, auf denen sie sich hatten treffen wollen, verlassen und die im Hafen vertäute »Maxim Gorki« aufsuchen müssen. Die Journalisten sprachen darum vom »Seasick Summit«, was man etwa mit »Gipfeltreffen der Seekranken« übersetzen kann. Keine so falsche Bezeichnung …

Ich glaube nicht an Verschwörungstheorien. Deshalb war ich zunächst auch skeptisch, als mir das Buch »Das Komplott« in die Hände kam. Auf dem Cover waren Gorbatschow und Honecker zu sehen, wie sie sich umarmten und küssten.[239] Die meisten Kritiker verteilten keine guten Noten. *Die Zeit* sprach von »Etikettenschwindel«. Denn die Antwort auf die im Untertitel gestellte Frage »Wie es wirklich zur deutschen Einheit kam« blieben die beiden Autoren schuldig. »Geboten wird eine Geschichte im wohlfeilen Schnelldurchlauf, Bekanntes gemixt mit schon tradierten Medienklischees.«[240] Hingegen schwärmte der *Spiegel*: »Es ist die bisher genaueste und detaillierteste Rekonstruktion der Vorgänge in der DDR vom Oktober 1985, dem Zeitpunkt, da Gorbatschow sein Programm der Demokratisierung bekannt gab, bis zum Fall der Mauer im November 1989 und dem endgültigen Ende der DDR ein knappes Jahr später.«[241]

Nun ja, die Ansprüche waren und sind halt verschieden.

In diesem also sehr unterschiedlich bewerteten Buch stand zu lesen, dass im Frühjahr 1992 eine kleine Gruppe ausgewählter Verantwortungsträger der Bundesrepublik vom

Verfassungsschutz über eine geheime KGB-Struktur in der DDR informiert worden sei. Diese Gruppe habe unabhängig operiert von den nachrichtendienstlichen Einrichtungen der Sowjetunion, die beim Ministerium für Staatssicherheit offiziell akkreditiert waren. Faktisch war sie illegal wie die in der DDR tätigen Geheimdienste aus Feindesland. Sie habe den Namen »Lutsch« (»Strahl«) getragen und den Auftrag gehabt, eine Umgestaltung nach sowjetischem Vorbild in der DDR zu inspirieren und zu befördern. Bei den Kadern, die man zu gewinnen hoffte und vielleicht auch gewann, habe es sich um Entscheidungsträger in allen gesellschaftlichen Bereichen gehandelt.

Behauptungen des Bundesamtes für Verfassungsschutz misstraue ich nach wie vor. Die deutschlandpolitischen Analysen waren in der Regel oberflächlich oder zeugten von Unkenntnis, denken wir nur an den 13. August 1961 oder den 9. November 1989.

Bei all meinem Vorbehalt: Im »Fall Lutsch« kam mir manches bekannt und keineswegs abseitig vor. Dreimal hatte mich Botschafter Kotschemassow innerhalb kurzer Zeit aufmerksam gemacht, dass er nicht wisse, welche Institutionen – außerhalb der legalen sowjetischen – Berichte nach Moskau lieferten. Ich erinnerte mich auch an eine als Urlaub getarnte Reise durch die DDR, die Alexander Jakowlew im Sommer 1987 unternahm, und dessen Versuche, sich außerhalb des offiziellen Programms mit DDR-Persönlichkeiten zu treffen. Dieser Mann, der schon Reden für Chruschtschow schrieb und für alle nachfolgenden Generalsekretäre einschließlich Gorbatschow arbeitete, gestand in seiner Autobiografie[242] sein politisches Doppelleben ein. Er schickte mir das Buch mit der handschriftlichen Widmung ins Gefängnis, ich möge ihm nicht böse sein. Das war zynisch! Oder charakterlos. In ihrem ersten Leben nannten sie sich Kommunisten, und als der Wind drehte, wurden sie zu Renegaten.

Doch selbst solche Beobachtungen und Erfahrungen veranlassen mich nicht, das Ende der DDR lediglich auf Verrat zurückzuführen. Was wirklich gelaufen ist, werde ich wahrscheinlich zu meinen Lebzeiten nicht mehr erfahren. Dazu müssten erst die Archive von KGB und CIA geöffnet werden. Millionen Menschen vom Amur bis zur Elbe hatten 1989 auf eine Wende zum Besseren gehofft. Entstanden jedoch ist eine unruhige Welt, in der der Frieden so unsicher geworden ist, wie er es seit Ende des Zweiten Weltkrieges nicht mehr war.

Dass Mitte und Ende der achtziger Jahre viele Bürger glaubten, die DDR müsse nur dem Beispiel der sowjetischen Perestroika folgen und alle Probleme würden positiv gelöst werden, kann ich noch verstehen. Auch ich war nicht frei von solchen Gedanken. Wer diese Vorstellung aber noch heute hat, blendet aus, dass Gorbatschows Politik zur Tragödie Jelzin geführt und von diesem zum Ende einer Großmacht, die Jahrzehnte Garant dafür war, dass in Europa Frieden herrschte.

Wie viel verzeiht die Geschichte?

Die Sowjetarmee hat den deutschen Faschismus zerschlagen. Nicht die deutsche Nation. Das ist die unumstößliche historische Wahrheit. Schon allein diese Tatsache würde rechtfertigen, dass deutsche Regierungen den Beziehungen zu Russland eine Sonderstellung einräumten. Ähnlich wie es die Bundesrepublik beispielsweise wegen des Holocaust mit Israel hält. Unter dessen Opfern befanden sich übrigens auch viele Russen, Ukrainer, Belorussen und andere Nationalitäten der Sowjetunion. Heute, da bestimmte Archive schon offen sind, ist auch dokumentarisch belegt, was die Bundesrepublik immer noch nicht wahrhaben will: Die UdSSR hatte kein strategisches Interesse an der deutschen Spaltung.

Als ein Rotarmist am 30. April 1945 das rote Siegesbanner auf dem Deutschen Reichstag in Berlin hisste, war ich noch zu jung, um die politischen Zusammenhänge verstehen zu können. Alt genug aber war ich, um zu begreifen, wie gut es war, dass der Krieg zu Ende gegangen war. Kindheitserinnerungen prägen sich tief ein. Mein freundschaftliches Verhältnis zu sowjetischen Menschen begann, wenngleich unbewusst, in den ersten Nachkriegsjahren.

Ich lernte sowjetische Soldaten kennen, die anders waren als jene »barbarischen Untermenschen«, von denen die Nazipropaganda berichtete. Einer von ihnen war unweit unserer Wohnung einquartiert. Offizier war er und Dolmetscher der Militärkommandantur. Jeden Abend, wenn er in sein Quartier zurückkam, brachte er mir etwas zu essen mit. Mal war es ein tiefschwarzes und feuchtes Soldatenbrot, mal etwas Würfelzucker und gelegentlich auch in Zeitungspapier eingewickelter Speck. Mittags schickte er mich zur Gulaschkanone der sowjetischen Einheit, die in meiner Heimatstadt stationiert war. Dort erhielt ich ein Kochgeschirr voll Kascha oder Kohlsuppe. Russische Worte für Brot, Zucker, Speck, Kohlsuppe und Grütze habe ich damals gelernt und nie vergessen. An manchen Abenden saß der Russe auf den steinigen Stufen vor dem Haus und drehte sich aus Zeitungspapier und Tabak eine Zigarette. Einmal summte er eine Melodie, die ich noch nie gehört hatte. »Sing mit«, forderte er mich auf.

»Das kann ich nicht«, antwortete ich.

Er rief, als müsste ich mich dafür schämen: »Das ist doch ›Heideröslein‹ von Goethe!«

»Heideröslein« und »Goethe«? Das hörte ich zum ersten Mal. Nicht von einem Deutschen, von einem Russen in sowjetischer Uniform.

Ich weiß, es gibt auch Deutsche, die nicht so gute Erinnerungen an jene Zeit haben. Nicht rechtfertigend, aber erklärend führe ich ihnen gegenüber an: Die Rote Armee kam nicht aus eigenem Antrieb nach Deutschland. Hitlers Krieg hatte sie dazu gezwungen. Angesichts der Verbrechen waren Sowjetsoldaten natürlich wütend darüber, was deutsche Soldaten ihnen, ihren Eltern, Kindern, Verwandten und Freunden angetan hatten, sie hatten Familien und die Heimat zerstört.

Später, als ich Mitte der sechziger Jahre in Moskau studierte, teilte ich mit Wolodja, einem Bauingenieur aus Smolensk, ein Zimmer im Internat. Die Wandschränke waren etwa 70 Zentimeter tief und nicht breiter als einen halben Meter. Wenig Platz also. Als ich meine Sommer- und Winteranzüge, Mäntel, Sportbekleidung und Wäsche auspackte, beobachtete er mich. Dann fragte er: »Kennst du den Unterschied zwischen Sozialismus und Kommunismus?«

Ich vermutete einen Scherz.

Er öffnete seinen Kleiderschrank. Darin hingen eine Hose und eine Jacke.

»Sieh«, sagte er schelmisch, »das ist Kommunismus«.

Dann wies er auf meinen vollen Schrank und meinte: »Das ist euer Sozialismus.«

Natürlich wusste ich, dass das Alltagsleben der Sowjetmenschen noch sehr schwer war. Manche haderten auch damit, dass es uns, den Kriegsverlierern, wirtschaftlich besser ging als ihnen, den Siegern des Zweiten Weltkrieges.

Ich reagierte etwas verlegen.

»Macht nichts«, sagte er. »Wir geben es den Afrikanern, den Vietnamesen, den Arabern, den Lateinamerikanern und auch euch. Wenn einmal die Kapitalisten der ganzen Welt verjagt sind, wird es auch uns besser gehen.«

Diese internationalistische Haltung der Sowjetmenschen war echt. Sie haben sie bewusst gelebt.

Wieder Jahre später war ich dabei, als Breshnew die Bitte Honeckers nach mehr Öl mit dem Satz konterte: »Erich, die Sowjetmenschen möchten auch mal in den fünften Stock ziehen und nicht nur im Keller wohnen.«

Manche meiner Politbürokollegen fanden das deplatziert. Ich habe das wohl auch deshalb besser verstanden, weil ich mich an meinen Zimmergenossen Wolodja und unsere Kleiderschränke erinnerte. Und wohl aus einem ähnlichen Grund habe ich mich geschämt, als die Bundesregierung den sowjetischen Soldaten, die auf dem Territorium Ostdeutschlands gedient hatten, 1994 nur eine Verabschiedungsfeier niedrigster Klasse zugestand.

Wenn ich heute nach Moskau komme, treffe ich meine Freunde aus Jugendzeiten, darunter meine früheren Partner, die wie ich in der DDR in ihrer Heimat 1. Sekretäre des Jugendverbandes Komsomol waren: Jewgenij Tjaschelnikow, Boris Pastuchow und Viktor Mischin. Als Alt-Bundespräsident Roman Herzog 1997 auf Einladung Jelzins vor der Duma sprechen sollte, verhinderte dies die kommunistische Fraktion – aus Protest gegen meine rechtswidrige Verhaftung in Deutschland. Herzog traf sich in einem Nebenraum mit einigen Abgeordneten.

Mein Freund Tjaschelnikow hatte im ganzen Land eine beachtenswerte Solidarität mit den in Deutschland verfolgten Hoheitsträgern der DDR organisiert, die mir viel Kraft gab. Als zu meinem 65. Geburtstag im Frühjahr 2002 ein Glückwunschschreiben des Präsidenten der Duma per Fax in der JVA eintraf, wurde die Gefängnisleitung in Plötzensee unsicher, ob man dem Justizsenator in Berlin vielleicht vorschlagen sollte, mich besser aus der Haft zu entlassen.

Gelegentlich wird hierzulande in Umfragen sichtbar, dass im Osten Deutschlands mehr »Russlandversteher« leben als im Westen. Das zähle ich zum positiven DDR-Erbe. Wenn auch in Medien das Gegenteil behauptet und das Formale der Begegnungen von Ostdeutschen und Russen herausgestellt wird, bleibt in meiner Erinnerung, dass der Gedanke der deutsch-sowjetischen Freundschaft bei nicht wenigen Ostdeutschen tief wurzelt. Der Begriff »Sowjetmensch« war nicht selten identisch mit dem Wort »Freund«. Und die DDR war in den Augen vieler Russen das andere, das neue Deutschland. Für manche sind Werte wie Freundschaft, Solidarität, gegenseitige Achtung und menschliche Nähe, die die Bürger beider Staaten verband, nicht überholt. Ja, es gab Formales und es gab auch nicht selten Streit, aber letztlich waren die Gemeinsamkeiten stärker. Ohne sie hätte es die DDR wohl nicht einundvierzig Jahre gegeben.

Seit langem versuche ich herauszufinden, ab welchem Zeitpunkt – jedenfalls so ungefähr – die sogenannte westliche Wertegemeinschaft einen konzentrierten politischen, ökonomischen und moralischen Kampf gegen Russland und namentlich gegen Putin führte und noch immer führt. Dieser Propaganda-Krieg ist wesentlich älter als der Krimkonflikt und die angeblich deshalb verhängten Sanktionen.

Diese Auseinandersetzungen haben weder etwas mit der Krim noch mit dem Bürgerkrieg in der Ukraine zu tun. Putin hat in zwei strategischen Reden – eine vor dem Deutschen Bundestag am 25. September 2001 und die andere vor der Münchener Sicherheitskonferenz am 14. Februar 2007 – die

Zusammenarbeit seines Landes mit Deutschland zum gegenseitigen Vorteil geradezu erbeten und die Ausdehnung der NATO nach Osten kritisiert. Die zunächst rhetorischen Attacken der NATO gegen Russland begannen, als das Land nach den Jahren der Demütigung in Folge der Zerschlagung der UdSSR wieder berechtigte nationale Interessen anmeldete.

Putin hat den Untergang der UdSSR als globalpolitische Katastrophe bezeichnet. Das ist aus Sicht des Westens seine eigentliche Sünde, denn in diesem Kontext machte er auch klar: Das Land werde weitere Erniedrigungen nicht hinnehmen. Das Wort von der globalpolitischen Katastrophe fiel ungefähr zeitgleich mit der Anklage des Oligarchen Chodorkowski zusammen. Diese Botschaft wiederum hieß: Schluss mit dem Ausverkauf russischen Nationaleigentums an das Ausland.

Russland wehrt sich. Nicht nur Deutschland hat Interessen. Russland auch. Es will gleichberechtigt behandelt werden. Ohne Druck, ohne deutsche Überheblichkeit, ohne oberlehrerhafte Belehrung. In der Propagandasprache der NATO heißt das aber, Russland sei eine Bedrohung. Russland sei aggressiv. Es habe »imperiale Ambitionen«. Doch bevor die Krim wieder zu Russland kam, hatten EU und NATO die Ukraine in antirussische Stellung gebracht. Haben grundlegende russische Sicherheitsinteressen verletzt. Die Rhetorik der NATO ist die gleiche wie sie es vor 1990 war: Von Russland geht Gefahr aus!

Der Westen hatte an Verhandlungen mit Gorbatschow und Jelzin Gefallen gefunden. Das waren bequeme Partner, die es mit russischen Interessen und mit Prinzipien nicht so genau nahmen. Gorbatschow war so vertrauensselig, dass er »vergaß«, vereinbarte Absprachen auch vertraglich zu fixieren, was die NATO skrupellos ausnutzte und in Richtung russische Grenze marschieren ließ.

In diesem Jahr sind 80 Jahre vergangen, seit Nazi-Deutschland den Zweiten Weltkrieg begann. Vor fünf Jahren fuhr der damalige Bundespräsident Gauck zu den entsprechenden

Gedenkveranstaltungen nach Polen, um deutsche Schuld zu relativieren. Denn er versuchte zu vermitteln, dass es zwei Schuldige an jenem Krieg gegeben habe: Hitler und Stalin.

Mich beunruhigt zutiefst, dass es bei den meisten Spitzenpolitikern hierzulande und bei der NATO kein ernsthaftes Nachdenken über Russland und seine Menschen gibt. Mehr noch: Die NATO verschärft ihren Kurs. Sie bestraft, sie sanktioniert, sie diffamiert Russland. Sie zieht, wie zu Zeiten der Sowjetunion, die Russische Föderation ins Wettrüsten. Dass eine deutsche Regierung bei diesem Kriegsgeschrei mitbrüllt, hätte ich mir am 9. November 1989 nicht vorstellen können.

In einem bundesdeutschen Weißbuch über ihre Sicherheitspolitik wird behauptet, Russland sei für Deutschland kein Partner mehr, weil es angeblich die europäische Friedensordnung in Frage stelle. Was ist Russland dann, wenn es kein Partner ist? Ein Feind? Das wäre wirklich der Gipfel der Tatsachenverdrehung. So wird Russland weiter provoziert. So ist eine Zunahme der Spannungen vorprogrammiert. Es steht die Frage im Raum: Wohin soll das noch führen?

Der Sozialismus – wie immer man in verschiedenen politischen Lagern ihn auch nennen mag: ob Früh- oder Staatssozialismus, ob sowjetisch geprägter, realexistierender oder sogenannter – war weltgeschichtlich bisher die einzige reale Gegenmacht zum Imperialismus. Es gibt manch Kritisches über ihn zu sagen. Doch: Was wäre wohl aus Europa und der Welt geworden, wenn die Sowjetunion dem deutschen Faschismus damals nicht den entscheidenden Schlag versetzt hätte? Ohne den Sozialismus hätte es möglicherweise mehr als nur einen Kalten Krieg gegeben.

Als ich im Frühjahr 1990 unter dem frischen Eindruck der Herbstereignisse im Vorjahr an meinem Buch »Wenn Mauern fallen«[243] zu arbeiten begann, fragte ich mich auch: Werden nun neue Mauern errichtet? Mauern gegenüber linken Andersdenkenden? Mauern gegenüber jenen Werten, die aus der DDR in den Prozess der deutschen Vereinigung eingebracht werden könnten? Mauern zwischen den Deutschen und ihren Nachbarvölkern, deren Sicherheitsbedürfnisse zu respektieren sind? Wenn ich mir diese Fragen fast dreißig Jahren später beantworte, komme ich auch beim besten Willen zu keiner anderen Erkenntnis als jener: Die Mauer in Berlin ist weg. Sie wurde nach Osten verschoben – sie steht nicht mehr zwischen NATO und Warschauer Vertrag, sondern zwischen der NATO und Russland. Sie ist folglich dort, wo sie im Prinzip an jenem 22. Juni 1941 verlief, als die Sowjetunion überfallen wurde und für sie der Große Vaterländische Krieg begann.

Das sollte nachdenklich stimmen.

Das war nicht die Wende, die 1989 auf den Straßen der DDR gefordert wurde. Dreißig Jahre nach der Öffnung der Grenzübergänge in Berlin sollte es heißen: Ohne Russland kann es keine europäische Friedensordnung geben. Aus der deutschen Politik muss die Russophobie verbannt werden. Deutsche Politiker müssen gegenüber Russland einen anderen Ton anschlagen, der Freundschaft und Zusammenarbeit, nicht »Sanktionen« und »Bestrafungen« fördert.

Eine solche Politik würde den Lehren der Geschichte und den historischen Erfahrungen der Beziehungen zwischen Russen und Deutschen gerecht werden.

Personenregister

Anmerkungen

1 Telegramm J.W. Stalins anlässlich der Gründung der DDR, in: Geschichte der deutschen Arbeiterbewegung, Dietz Verlag, Berlin 1966, Bd. 7, S. 335
2 Ebenda
3 Revolutionäre deutsche Parteiprogramme, Dietz Verlag, Berlin 1967, S. 191 ff.
4 Dokumente zur Geschichte der FDJ, Das Neue Leben, Berlin 1964, 2. Aufl., S. 85
5 Das Zitat wird meist Konrad Adenauer zugeschrieben. Tatsächlich ist es die Argumentation Eisenhowers in einer Rede, die dieser am 2. April 1952, nach der Stalin-Note, gehalten hatte. Die Rede wurde im »Bulletin des Presse- und Informationsamtes der Bundesregierung«, Bonn 1952, Nr. 39, S. 40, publiziert. Wie die oft zitierte Kurzfassung entstand, wo sie erstmals und von wem verwandt wurde, ist nicht bekannt. Bereits am 22. Februar 1946 hatte der US-Gesandte Kennan aus Moskau telegrafiert: »Die Idee, Deutschland gemeinsam mit den Russen regieren zu wollen, ist ein Wahn. […] Wir haben keine andere Wahl, als unseren Teil Deutschlands […] zu einer Form der Unabhängigkeit zu führen, die so befriedigend, so gesichert, so überlegen ist, dass sie der Osten nicht gefährden kann. […] Besser ein zerstückeltes Deutschland, von dem wenigstens der westliche Teil Deutschlands als Prellbock gegen die Kräfte des Totalitarismus wirkt, als ein geeintes Deutschland, das diese Kräfte wieder bis an die Nordsee vorlässt.« Zitiert in: George F. Kennan: Memoiren eines Diplomaten, München 1982, S. 264
6 Brief des Ministerpräsidenten der DDR, Otto Grotewohl, an den Jungen Pionier Egon Krenz, in der Wochenzeitung »Der Junge Pionier« vom 14. Juni 1952
7 *Rheinischer Merkur* vom 20. Juli 1952
8 Rudolf Augstein: »Konrad Adenauer und seine Epoche«, in: *Der Spiegel* 41/1963
9 Vgl. Pawel A. Sudoplatow: Die Handlanger der Macht. Enthüllungen eines KGB-Generals, Econ Düsseldorf-Wien-New York-Moskau 1994, S. 422 f.
10 Nadja Stulz-Herrnstadt (Hrsg.): Rudolf Herrnstadt. Das Herrnstadt-Dokument. Das Politbüro der SED und die Geschichte des 17. Juni 1953. Rowohlt Verlag, Reinbek 2002, S. 72
11 Viktor Knoll / Lothar Kölm (Hrsg.): Der Fall Berija, Aufbau Verlag, Berlin 1993, S. 66
12 Inge und Michael Pardon: Tulpanow. Stalins Macher und Widersacher. Die Biografie, Verlag edition ost, Berlin 2019
13 Thomas Mann in *New York Times Magazin*, zitiert in: Inge und Michael Pardon, Tulpanow …, a. a. O.
14 »Die Freundschaft zur DDR ist ureigenste Herzenssache des Sowjetvolkes«, in: *Neues Deutschland* vom 7. Oktober 1969
15 Oliver Dürkop / Michael Gehler: In Verantwortung: Hans Modrow und der deutsche Umbruch 1989/90,

StudienVerlag Innsbruck-Wien-Bozen 2018, S. 225

16 »Befehl Nr. 11/89 des Vorsitzenden des Nationalen Verteidigungsrates der Deutschen Demokratischen Republik über Maßnahmen zur Gewährleistung der Sicherheit und Ordnung in den Bezirken der Deutschen Demokratischen Republik vom 03.11.1989«, Dokument im Besitz des Autors

17 a.a.O., S. 189

18 Condoleeza Rice: »Es ging um den Jackpot«, in: *Der Spiegel* 39/2010

19 Egon Krenz: Widerworte. Aus Briefen und Zeugnissen 1990 bis 2005, edition ost, Berlin 2006, S. 179

20 Marx-Engels-Werke (MEW), Dietz Verlag Berlin, Berlin 1960, Bd. 8, S. 6

21 Gregor Gysi: Ein Leben ist zu wenig. Die Autobiografie, Aufbau Verlag, Berlin 2018, S. 295f.

22 Am 29. September 1938 vereinbarten Deutschland, Italien, Frankreich und Großbritannien in München – daher »Münchner Abkommen« – die Abtretung tschechischen Territoriums, das sogenannte Sudetenland, binnen zehn Tagen an Hitlerdeutschland. Die betroffene ČSR war weder konsultiert noch zu Verhandlungen hinzugezogen worden. Mit diesem Diktat glaubten die Westmächte, den Frieden gerettet zu haben

23 Zitiert in: »Verrat an der DDR«, *Der Spiegel* 45/2009

24 Zitiert in: Verfassungskonvent von Herrenchiemsee vom 10. bis 23. August 1948, Protokolle der Sitzungen der Unterausschüsse, hier Unterausschuss I: Grundsatzfragen, s. *https://www.historisches-lexikon-bayerns.de/Lexikon/Verfassungskonvent_von_Herrenchiemsee,_10.-23._August_1948*

25 Arnulf Baring: Deutschland, was nun?, Siedler Verlag, Berlin 1991

26 Die nach dem Staatssekretär im Auswärtigen Amt Walther Hallstein benannte Doktrin galt zwischen 1955 und 1969 als außenpolitische Anweisung, mit der ein Alleinvertretungsanspruch der BRD durchgesetzt wurde. Die Aufnahme diplomatischer Beziehungen zur DDR wurde demnach als »unfreundlicher Akt« betrachtet, der mit Sanktionen bis hin zum Abbruch der Beziehungen durch Bonn geahndet wurde. Ziel dieser Politik war die außenpolitische Isolierung der DDR

27 Zitiert in: Inge und Michael Pardon: Tulpanow. Stalins Macher und Widersacher. Die Biografie, edition ost, Berlin 2019

28 Klaus Gysi (1912–1999) war von 1966 bis 1973 Kulturminister der DDR, danach Botschafter in Italien, im Vatikan und auf Malta, von 1979 bis 1988 Staatssekretär für Kirchenfragen, Vater des nachmaligen SED/PDS-Vorsitzenden Gregor Gysi

29 Bericht der DDR-Delegation über die Reise in die USA vom 19. bis 26. Juni 1985 zur Teilnahme am 11. New Hampshire Symposium über die DDR; im Archiv des Autors

30 Brief von US-Präsident Jimmy Carter an Erich Honecker vom 28. Februar 1985 (Übersetzung aus dem Englischen), im Archiv des Autors

31 Gemeint ist der XI. Parteitag der SED, der vom 17. bis 21. April 1986 stattfand

32 Am 8. Juni 1986 wurde das Parlament der DDR, die Volkskammer, gewählt

33 Brief Gerhard Schröders an Egon Krenz vom 31. Januar 1986, im Archiv des Autors

34 Im Dezember 1981 hatten Bundeskanzler Helmut Schmidt und Erich

Honecker in Schloss Hubertusstock in der Schorfheide (am Werbellinsee) einen 15-stündigen Gedankenaustausch, der mit einem gemeinsamen Besuch des Weihnachtsmarktes in Güstrow endete

35 Notizen des Autors

36 Vgl. Klaus Bölling: Die fernen Nachbarn, Gruner+Jahr Sternbücher, Hamburg 1983, S. 30

37 a.a.O., S. 69

38 Vermerk über ein Gespräch Erich Honeckers mit Alfred Dregger am 8. September 1987, Vorlage für das Politbüro, im Archiv des Autors.

39 Willy Brandt: »Aus dem Kessel«, in: *Der Spiegel* 48/1985

40 In: *Stern* vom 9. August 1984

41 Am 6. März 1983 war ein neuer Bundestag gewählt worden, die CDU/CSU mit 48,8 Prozent stärkste Fraktion geworden, erstmals zogen die Grünen mit 5,6 Prozent ins Parlament ein

42 Zitiert in: »Schlicht verschlafen«, *Der Spiegel* 17/1983

43 Die Geraer Forderungen hatte Honecker am 13. Oktober 1980 auf einer Parteiaktivtagung in der Thüringer Bezirksstadt formuliert. In vier Punkten waren darin die politischen Forderungen an die BRD formuliert worden: Respektierung der DDR-Staatsbürgerschaft, Umwandlung der Ständigen Vertretungen in Botschaften, Auflösung der Erfassungsstelle Salzgitter und Feststellung der Staatsgrenze in der Mitte der Elbe

44 Zitiert in: Gerhard Schürer: Gewagt und verloren. Eine deutsche Biografie, edition ost, Berlin 2014

45 Wehner war zu jener Zeit Kandidat des Politbüros des ZK der KPD. Gemeinsam mit dem Jungkommunisten Honecker organisierte er im Saarland den Widerstand gegen Hitler

46 *Neues Deutschland* vom 21. September 1985

47 Brief von Verteidigungsminister Heinz Hoffmann an Erich Honecker vom 12. Dezember 1984 im Archiv des Autors

48 Gespräch unter vier Augen zwischen Erich Honecker und Franz Josef Strauß am 11. September 1987 in München. Vorlage für das Politbüro im Archiv des Autors

49 Protokoll des Treffens zwischen den Delegationen der KPdSU und der SED im August 1984 im Archiv des Autors

50 Ebenda

51 Ebenda

52 Ebenda

53 Ebenda

54 Ebenda

55 Ebenda

56 *Bild* vom 3. August 1984

57 Im Kalten Krieg wurde der Boykott sportlicher Großveranstaltungen immer wieder als Druckmittel eingesetzt. Spanien, die Niederlande und die Schweiz blieben den Spielen 1956 wegen der Ereignisse in Ungarn fern. Nachdem die Vergabe der Spiele an Moskau durch das IOC nicht revidiert werden konnte, was einige Staaten versucht hatten, suchten vornehmlich die USA nach Gründen, wie die Moskauer Spiele boykottiert werden könnten. Zunächst wollte man die Nichtakkreditierung der von der CIA finanzierten Sender *Radio Free Europe* und *Radio Liberty* zum Anlass nehmen, doch dann musste die Intervention der Sowjetunion in Afghanistan im Dezember 1979 dazu herhalten. Präsident Carter verfügte im Januar 1980 einen Strafkatalog gegen die UdSSR, an deren erster Stelle der Boykott der Olympischen Spiele in Moskau stand. Mit entsprechendem politischen und ökonomischen Druck folgten 42 Nationale Olympische Komitees (NOK) der Boykottforderung der USA, weitere 24 NOK verzichteten aus finanziellen oder sportlichen Gründen auf eine Teilnahme

58 Bundeskanzler Helmut Schmidt reiste drei Wochen vor Beginn der Spiele nach Moskau und unterzeichnete Handels- und Wirtschaftsverträge mit der Sowjetunion

59 Das von allen Staaten des Warschauer Vertrages genutzte abhörsichere Hochfrequenz-Telefonsystem

60 Duplikat des Briefes von Generalsekretär Tschernenko an Georges Marchais vom 17. Mai 1984 im Archiv des Autors

61 US-Präsident Ronald Reagan verwandte die diffamierende Bezeichnung »Reich des Bösen« erstmals am 8. März 1983 in einer Rede vor evangelischen Fundamentalisten in Orlando, Florida

62 Persönliche Aufzeichnungen des Autors. Im Übrigen verwandte Gorbatschow nur in offiziellen Dokumenten das »Sie«, sonst waren er und Honecker per Du

63 Ebenda

64 Der Warschauer Vertrag wurde am 26. April 1985 um 25 Jahre verlängert, danach sollte er sich automatisch alle zehn Jahre um jeweils ein Dezennium verlängern. Tatsächlich wurde er am 1. Juli 1991 offiziell beendet, das Bündnis aufgelöst

65 Franz Jahsnowsky (1930–2018) war Chef des Protokolls im Ministerium für Auswärtige Angelegenheiten der DDR und in dieser Funktion insbesondere für Ulbricht und dann für Honecker tätig

66 Protokollniederschrift über das Treffen Honecker/Kohl am 12. März 1985 in Moskau. Vorlage für das Politbüro im Archiv des Autors

67 Ebenda

68 Ebenda

69 »Gemeinsame Pressemitteilung« über das Treffen Honeckers mit Kohl in Moskau, in: *Neues Deutschland* vom 13. März 1985

70 vgl. Bernd Brückner: An Honeckers Seite: Der Leibwächter des Ersten Mannes, Das Neue Berlin, Berlin 2014. Darin berichtet der ehemalige MfS-Offizier und Kommandoleiter auch über die Begleitung des Bundeskanzlers durch die DDR, der ihm beim Abschied zum Dank ein Taschenmesser schenkte

71 Notizen aus dem Bericht Erich Honeckers für das Politbüro über die interne Beratung der Bruderparteien im November 1986 in Moskau im Archiv des Autors

72 Vgl. *Neues Deutschland* vom 8. Juni 1969

73 Zitiert in: *Die Zeit* vom 14. Mai 2009

74 Persönliche Notizen des Autors

75 Mitteilung des ZK der KPdSU an Erich Honecker, Archiv des Autors.

76 Der Politisch Beratende Ausschuss (PBA) war das höchste Organ des Warschauer Vertrages. Ihm gehörten die Staats- und Parteichefs der Mitgliedsländer, deren Regierungschefs und Außenminister an

77 Der transferable Rubel war eine Rechnungswährung, mit der Ex- und Importe von Waren und Dienstleistungen innerhalb des RGW be- und verrechnet wurden. Der Transferrubel war 1963 eingeführt worden und galt bis Ende 1990

78 Dokument im Archiv des Autors

79 *Bild* vom 14. Juni 1985

80 US-Präsident Ronald Reagan hatte im März 1983 die Absicht erklärt, im Weltraum ein Abwehrsystem gegen sowjetische Raketen zu installieren. Diese Strategic Defense Initiative (SDI), umgangssprachlich bald als »Krieg der Sterne« bezeichnet, fand in Westeuropa zunächst keine Zustimmung, weil die NATO-Verbündeten und deren Rüstungsindustrie nicht davon profitieren würden. Im März 1985 begannen Abrüstungsgespräche zwischen der UdSSR und den USA in Genf, zu denen Reagan bereits im Vorfeld erklärt hatte, dass die USA die SDI-Forschungen fortsetzen würden, selbst wenn es mit der Sowjetunion zu einem Vertrag über die Reduzierung oder gar den vollständigen Abbau der Nuklearwaffen kommen sollte. Inzwischen hatte Bonn, maßgeblich von Außenminister Hans-Dietrich Genscher diktiert, jedoch Zustimmung zu SDI signalisiert. Genscher hatte Kohl und andere mit dem Argument umgestimmt, die SDI-Forschung brächte den USA einen erheblichen technologischen Vorsprung, weshalb sich der Industriestaat Deutschland keine Nichtbeteiligung leisten dürfe (siehe *Spiegel* 8/1985)

81 Brief des Generalssekretärs des ZK der KPdSU, M. S. Gorbatschow, an den Generalsekretär des ZK der SED, E. Honecker, vom 9. Juli 1985 im Archiv des Autors

82 Gesprächsnotiz Erich Honeckers für das Politbüro über sein Gespräch mit Franz-Josef Strauß anlässlich der Leipziger Herbstmesse 1985, im Besitz des Autors

83 Ernst Engelberg (1909–2010), von den Nazis 1934 wegen Vorbereitung zum Hochverrat verurteilt, floh in die Schweiz, lebte als Emigrant in der Türkei und kehrte 1948 nach Ostdeutschland zurück. Von 1960 bis 1980 war er als Akademie-Mitglied auch Präsident der Deutschen Historiker-Gesellschaft. Seine zweibändige Bismarck-Biografie erschien zeitgleich in der DDR und in der BRD und sorgte für Aufsehen. Nach 1990 gehörte er dem Ältestenrat der PDS an

84 Honecker sprach grundsätzlich beim Preußenkönig, der offiziell nur Friedrich II. hieß, von »Friedrich dem Großen«. Warum er die in der DDR-Geschichtsschreibung verpönte Titulierung verwandte, blieb sein Geheimnis

85 Eigenes Wissen des Autors

86 Niederschrift über die Sitzung des Politbüros mit M. S. Gorbatschow am 21. April 1986 im Archiv des Autors

87 Vgl. auch Egon Krenz: China, wie ich es sehe, edition ost, Berlin 2018

88 Das US-Nachrichtenmagazin *Newsweek* hatte im Oktober 1986 ein Interview mit Helmut Kohl veröffentlicht, in dem dieser über Michail Gorbatschow gesagt hatte: »Er ist ein moderner kommunistischer Führer, der sich auf Public Relations versteht. Goebbels, einer von jenen, die für die Verbrechen der Hitler-Ära verantwortlich waren, war auch ein Experte in Public Relations.« Zitiert auf *Spiegel Online* am 22. November 2010

89 Erich Honecker: Moabiter Notizen, edition ost, Berlin 1994

90 *Der Spiegel* 46/2006

91 »Im Politbüro des ZK der KPdSU … Nach Aufzeichnungen Anatolij Tschernjajews, Wadim Medwedews, Georgij Schachnasarows (1985 bis 1991)«. Moskau 2006, 784 Seiten; 555 Rubel; »Michail Gorbatschow und die deutsche Frage. Dokumentensammlung 1986 bis 1991«. Moskau 2006, 672 Seiten, 390 Rubel

92 Zitiert in: »Verrat an der DDR«, *Der Spiegel* 45/2009

93 Zitiert in: »Tagebuch einer Weltmacht«, *Der Spiegel* 46/2006

94 Ebenda
95 Julij Kwizinski: Vor dem Sturm, Siedler Verlag, Berlin 1993
96 Gaijdar Alijewitsch Alijew war in den 70er Jahren 1. Sekretär des ZK der KP Aserbaidshans, in den 80er Jahren Politbüromitglied der KPdSU und von 1993 bis 2003 Präsident Aserbaidshans. Nach seinem Tode wurde sein Sohn Ilham G. Alijew Präsident des Landes
97 Vgl. *Neues Deutschland* vom 23. Oktober 1985
98 Mündliche Information Gorbatschows über sein Treffen mit US-Präsident Ronald Reagan in Genf auf einer Beratung mit den Spitzenvertretern der Staaten des Warschauer Vertrages, Notizen im Besitz des Autors
99 ebenda
100 INF = Intermediate Range Nuclear Forces, die Bezeichnung für nukleare Mittelstreckensysteme. Die bilateralen Verträge zwischen der USA und der UdSSR sahen die Vernichtung aller landgestützten Flugkörper mit Reichweiten von 500 bis 5500 Kilometern vor. Besitz, Produktion und Flugtests wurden verboten. Die Vertragspartner vereinbarten für zehn weitere Jahre nach Beseitigung der Flugkörper eine ständige Kontrolle in je einer Produktionsstätte in den USA und in der Sowjetunion/Russland. Außerdem wurde eine feste Zahl von Verdachtskontrollen festgelegt. Nach etwa 1000 gegenseitigen Inspektionen wurden diese am 31. Mai 2001 einvernehmlich eingestellt. Der Vertrag wurde am 1. Februar 2019 durch die USA mit der vorgesehenen sechsmonatigen Frist aufgekündigt. Am 2. Februar erklärte Moskau, den Vertrag ebenfalls im Juli 2019 zu verlassen
101 Im *Neuen Deutschland* vom 11. Dezember 1987 wurde die Erklärung nicht im Wortlaut veröffentlicht, sondern indirekt zitiert. Der Sprecher des Außenministeriums, so hieß es dort, habe vor der internationalen Presse auf die Erklärung Erich Honeckers verwiesen, »wonach die DDR den Vertrag über die Beseitigung der nuklearen Mittelstreckenraketen, den Michail Gorbatschow und Ronald Reagan in Washington unterzeichneten, uneingeschränkt begrüße und unterstütze und in ihm einen historischen Meilenstein auf dem Wege zu einer kernwaffenfreien Welt sehe. Aus der Einsicht, dass mehr Waffen nicht mehr Sicherheit bedeuten, sei eine erste praktische Konsequenz gezogen worden. Wir zollen allen Dank, die mit Realitätssinn und Kompromissbereitschaft dieses Abkommen in langwierigen, komplizierten Verhandlungen erreichten, betonte der Sprecher. Unsere Wertschätzung gilt insbesondere der konstruktiven Politik der Sowjetunion, die in den Verhandlungen das neue politische Denken beim Herangehen an die Lösung der Grundprobleme unserer Zeit praktizierte.«
102 Notizen des Autors
103 Vernon A. Walters (1917–2002) galt als Schlachtross des Kalten Krieges. Unter acht verschiedenen US-Präsidenten sorgte der eingefleischte Antikommunist ein halbes Jahrhundert lang für Unruhe in Krisenstaaten. Laut seinen Erinnerungen war die Botschafter-Stelle in Bonn nicht als ruhiger Posten gedacht. James Baker, designierte Außenminister, habe ihn nach Deutschland mit den Worten geschickt: »Dort wird es ums Ganze gehen.«
104 Information Manfred Uschners an Hermann Axen nach seinem Gespräch mit Egon Bahr in Bonn. Notizen im Archiv des Autors

105 Ebenda
106 Michail Gorbatschow: Erinnerungen, Siedler Verlag, Berlin 1995, S. 375
107 Aufzeichnungen im Archiv des Autors
108 vgl. *Neues Deutschland* vom 30./31. Mai 1987
109 vgl. *Neues Deutschland* vom 3. Februar 1987
110 Aufzeichnungen im Archiv des Autors
111 Auf Betreiben der USA war 1950 das »Coordinating Committee for East West Trade Policy«, ein Koordinationsausschuss für den Ost-West-Handel, meist kurz CoCom genannt, gegründet worden. Es sollte verhindern, dass die Sowjetunion und ihre Verbündeten Zugang zu westlichen Hochtechnologien erhielten. Die CoCom-Verbotsliste wurde ständig erweitert und zwang die vom wissenschaftlich-technischen Fortschritt auf diese Weise abgehängten sozialistischen Staaten zu Gegenmaßnahmen, so etwa die DDR-Aufklärung zur Industriespionage im Westen. Kapitalistische Unternehmen, die sich nicht an die Vorgaben der CoCom hielten, wurden mit Sanktionen belegt
112 Gesprächsaufzeichnungen des Autors
113 Notizen des Autors
114 Treffen zwischen Erich Honecker und Franz-Josef Strauß am 24. Juli 1983, Notizen des Autors
115 In: *Neues Deutschland* vom 20. Januar 1989
116 Information Gorbatschows an Erich Honecker über seinen Besuch in der Bundesrepublik am 12. Juni 1989. Notizen des Autors
117 Willy Brandt in einem Vortrag am 10. September 1988 in Berlin (West). In: *Neues Deutschland* vom 16. September 1988
118 Ebenda
119 Chruschtschow gab in seinen Memoiren ein Gespräch mit BRD-Botschafter Kroll wieder: »Natürlich hätte die DDR ohne uns die Grenze nicht geschlossen. Wieso sollten wir uns hinter dem Rücken von Genossen Ulbricht verstecken? Der ist doch in diesem Fall gar nicht so breit. Natürlich, *wir* haben diese Grenze geschlossen. Das geschah auf unser Betreiben.« Zitiert in: »Chruschtschow erinnert sich«, Rowohlt Reinbek, Reinbek 1992
120 *Der Stern,* 14. März 2019, S. 44
121 So etwa Kurt Blecha in: »Im Juni 1961 hatte niemand die Absicht, eine Mauer zu errichten« und Wiktor K. Kulikow in: »Die DDR war souverän, aber nicht auf militärisch-politischem Gebiet«, in: »Walter Ulbricht«, herausgegeben von Egon Krenz, Das Neue Berlin, Berlin 2013
122 Zitiert in: *Der Spiegel* 46/2006
123 Protokollniederschrift über das »Treffen führender Repräsentanten der Bruderparteien der sozialistischen Länder am 10. und 11. November 1986 in Moskau«, Vorlage für das Politbüro des ZK der SED, Notizen des Autors
124 Ebenda
125 Notiz vom Gespräch Honeckers mit dem Präsidenten des IOC, Juan Antonio Samaranch, am 14. November 1986 im Gebäude des Staatsrats der DDR. Information für das Politbüro des ZK der SED. Notizen des Autors
126 Ebenda
127 Im Juni 1986 zeigte die Villa Hügel in Essen »Barock in Dresden«. »Noch nie hat es eine solch breite Dresden-Ausstellung außerhalb der DDR gegeben« schrieb die *WAZ* am 7. Juni 1986 über die Eröffnung, zu der auch 180 Journalisten des In- und Auslandes gekommen waren

128 M. S. Gorbatschow vor dem Europarat am 6. Juli 1989, in: *Neues Deutschland* vom 7. Juli 1989
129 Brest im Westen an der französischen Atlantikküste – Brest im Osten an der sowjetischen (belorussischen) Grenze zu Polen
130 Horn war langjähriger Leiter der außenpolitischen Abteilung des Zentralkomitees der Ungarischen Vereinigten Arbeiterpartei, seit Mitte der 80er Jahre Staatssekretär im Außenministerium und Ende 1988 ungarischer Außenminister
131 Zitiert nach Aufzeichnungen des Autors
132 Zitiert nach Aufzeichnungen des Autors
133 Das Zentralkomitee der SED gab zu bestimmten Gelegenheiten parteiinternes Material heraus. Über jede Tagung des Zentralkomitees wurde ein solches Protokoll veröffentlicht. Die Zustellung an die ZK-Mitglieder erfolgte durch den Kurierdienst der Partei. Der Empfang des nummerierten Materials musste persönlich quittiert werden. Das Protokoll von ZK-Tagungen hatte einen roten Umschlag. Es wurde daher verkürzt »Rotes Protokoll« genannt
134 Zitiert nach Aufzeichnungen des Autors
135 Zitiert nach Aufzeichnungen des Autors
136 Wjatscheslaw I. Daschitschew, Historiker, seit Beginn der Perestroika Professor an der Diplomatischen Akademie des sowjetischen Außenministeriums und außenpolitischer Berater Gorbatschows, der im Juni 1988 im Westen bekannt wurde, als er sich zu deutsch-deutschen Fragen äußerte. Später trat er in Deutschland bei Veranstaltungen der NPD auf und publizierte in rechtsextremen Zeitungen
137 Kurz vor dem Gipfel in Bukarest, im Juni 1989, hatte Daschitschew am Bundesinstitut für ostwissenschaftliche Studien in Köln einen Vortrag gehalten. Darin skizzierte er einen möglichen Fahrplan der sowjetischen Politik zur Verbesserung ihrer Beziehungen zu den USA und zur NATO. Der Vortrag war so brisant, dass er damals nicht im Wortlaut veröffentlicht wurde. Honecker erhielt ihn auf Umwegen von einem Teilnehmer aus der Bundesrepublik. Der Plan, wenn er denn realisiert wurde, hatte schwerwiegende Konsequenzen für die DDR
138 Auf der Tagung anlässlich des 500. Geburtstages von Thomas Müntzer hatte Erich Honecker am 19. Januar 1989 in Berlin gesagt: »Die Mauer wird solange bleiben, wie die Bedingungen nicht geändert werden, die zu ihrer Errichtung geführt haben. Sie wird in 50 und auch in 100 Jahren noch bestehen bleiben, wenn die dazu vorhandenen Gründe noch nicht beseitigt sind.« In: *Neues Deutschland* vom 20. Januar 1989
139 *Neues Deutschland* vom 16. Juni 1989
140 Aufzeichnungen des Autors
141 Imre Nagy war von 1953 bis 1955 Ministerpräsident Ungarns, wurde bei parteiinternen Auseinandersetzungen abgesetzt und aus der Partei ausgeschlossen und im Oktober 1956, während des blutigen Konflikts, vom ZK mit der Bildung einer Mehrparteienregierung beauftragt, die jedoch den Austritt aus dem Warschauer Vertrag am 1. November 1956 beschloss, was das Bündnis nicht zuließ und darum militärisch intervenierte. 1958 wurde Nagy von einem ungarischen Gericht wegen Landesverrats und versuchten Sturzes der »volksdemokratischen Ordnung« zum Tode verurteilt und

hingerichtet. Ende der achtziger Jahre wurde er von der ungarischen Führung rehabilitiert, seine Leiche exhumiert und an einem neuen Ort am 16. Juni 1989 feierlich beigesetzt. Einer der Wortführer, der seit 1988 die Umbettung von Nagy forderte, war der Budapester Studentenvertreter Viktor Orbán

142 »Zur Wiederbestattung von Imre Nagy«, in: *Neues Deutschland* vom 21. Juni 1989.

143 Suslow und Mikojan waren langjährige Mitglieder des Präsidiums bzw. des Politbüros des ZK der KPdSU. Andropow war 1956 Botschafter der UdSSR in der Ungarischen Volksrepublik, später Mitglied des Politbüros und von 1982 bis 1984 Generalsekretär des ZK der KPdSU

144 Aufzeichnungen des Autors

145 Ebenda

146 Michail Gorbatschow, Erinnerungen, Siedler Verlag, 1995, S. 703

147 Der XIX. Parteitag im Oktober 1952 strich im Parteinamen Kommunistische Partei der Sowjetunion den Zusatz »Bolschewiki«. Gleichzeitig wurde das »Politbüro« in »Präsidium« umbenannt.

148 Strauß war seit März 1961 Vorsitzender der CSU und in Regierungen von Konrad Adenauer Bundesminister für Sonderaufgaben, für Atomfragen und von 1956 bis 1962 Bundesverteidigungsminister. – Adolf von Thadden war ein rechter westdeutscher Politiker, Vorsitzender der Deutschen Reichspartei 1961 und 1964 Mitbegründer der NPD

149 Siehe Verfassung der DDR vom 6. April 1968, Artikel 8, Verfassungen deutscher Länder und Staaten von 1816 bis zur Gegenwart, Staatsverlag der DDR, Berlin 1989

150 Zitiert im Dokumentenband, den Honecker im Februar 1989 den Mitgliedern und Kandidaten des Politbüros übergab

151 Ebenda

152 Ebenda

153 Zitiert aus einem geheimen Vermerk über die gemeinsame Besprechung der Delegationen des ZK der KPdSU mit der Delegation des ZK der SED am 21. August 1970 in Moskau, im Besitz des Autors

154 Julij A. Kwizinskij, Vor dem Sturm, Erinnerungen eines Diplomaten, a. a. O., S. 256

155 Bericht über die Konsultationen mit dem ZK der KPdSU über das Dokument »Die Entwicklung der nationalen Frage in der deutschen Geschichte«, Vorlage an das Politbüro des ZK der SED vom 22. Februar 1971, im Besitz des Autors

156 Generaloberst a. D. Markus Wolf, von seinen Freunden Mischa genannt, Sohn des Schriftstellers und Arztes Friedrich Wolf. Er lebte mit seinen Eltern im Exil in Moskau und besuchte dort die Karl-Liebknecht-Schule. In der DDR war er Journalist, im diplomatischen Dienst tätig, bis 1986 Stellvertreter des Ministers für Staatssicherheit und Leiter der Hauptverwaltung Aufklärung. Danach widmete er sich dem literarischen Erbe seines Vaters und seines Bruders Konrad Wolf

157 Hausmitteilung von Egon Krenz an Erich Honecker vom 5. Januar 1989, im Archiv des Autors

158 Zum Beispiel Hans Modrow: Die Perestroika. Wie ich sie sehe, edition ost, Berlin 1998, S. 65

159 Brief von Markus Wolf an Erich Honecker vom 26. Juni 1989 im Archiv des Autors

160 Markus Wolf: In eigenem Auftrag, Franz Schneekloths Verlag, München 1991
161 Brief im Archiv des Autors
162 Ebenda
163 Zitiert auf der Homepage der Konrad-Adenauer-Stiftung: *https://www.helmut-kohl.de/Honeckers_besuch_brd.html*
164 Dokument im Archiv des Autors. Die 8. ZK-Tagung hatte am 22./23. Juni 1989 stattgefunden
165 Ebenda
166 *taz* vom 9. September 1989
167 Brief im Besitz des Autors
168 Gründungsaufruf »Demokratie jetzt«, zitiert in: *Neues Deutschland* vom 14. Juni 2014
169 Aufruf zur Gründung der Initiativgruppe Neues Forum, in: *taz* vom 13. September 1989
170 Interview mit Edelbert Richter bei der Bekanntgabe der Gründung der Bürgerbewegung »Demokratischer Aufbruch«, in: *taz* vom 16. September 1989
171 Beschluss der Synode des Evangelischen Kirchenbundes in der DDR vom 19. September 1989 in Eisenach, zitiert auf: *https://archiv.ekd.de/aktuell/66212.html*
172 Zitiert nach: *https://www.jugendopposition.de/node/151137?guid=918*
173 In: *Neues Deutschland* vom 2. Oktober 1989
174 Beschlussprotokoll der Politbürositzung vom 1. Oktober 1989, Dokument im Besitz des Autors
175 Zitiert in: *Junge Welt* vom 9. Oktober 1989
176 »Der Zukunft zugewandt«, zitiert in: *Junge Welt* vom 9. Oktober 1989
177 »Oktober« steht hier als Synonym für die Große Sozialistische Oktoberrevolution 1917
178 Niederschrift des Treffens des Politbüros des ZK der SED mit dem Generalsekretär des ZK der KPdSU und Vorsitzenden des Obersten Sowjets, M. S. Gorbatschow, am 7. Oktober 1989, im Archiv des Autors
179 Zitiert nach Notizen des Autors
180 Michail Gorbatschow: Erinnerungen …, a. a. O., S. 936
181 Im Archiv des Autors
182 Im Archiv des Autors
183 Aufruf im Archiv des Autors
184 Vgl. »Fakten und Gerüchte«, in: *Der Tagesspiegel* vom 11. Oktober 2009
185 Fernschreiben von Erich Honecker an die 1. Sekretäre der SED-Bezirksleitungen vom 22. September 1989, im Archiv des Autors
186 Befehl Nr. 9/89 des Vorsitzenden des Nationalen Verteidigungsrates vom 13. Oktober 1989, im Archiv des Autors
187 »Eindeutig ein Gericht der Sieger«, in: *Der Spiegel* 36/1997
188 Gorbatschow: »Erinnerungen«, a. a. O., S. 712
189 Richard von Weizsäcker: Der Weg zur Einheit, C. H. Beck, München 2009
190 Kopie des Schreibens im Archiv des Autors
191 Der handschriftlicher Brief wurde Anfang 1990 von der Staatsanwaltschaft der DDR mit den Honecker-Akten beschlagnahmt. Honecker hatte ihn mit Datum vom 14. Oktober 1989 und seinem Kürzel E. H. abgelegt. Bei meiner ersten Vernehmung gab mir der Staatsanwalt eine Ablichtung dieses Briefs, die sich in meinem Archiv befindet
192 Siehe Beschluss des Bundesverfassungsgerichtes vom 24. Oktober 1996, S. 57. Dokument im Besitz des Autors
193 Brief von P. A. Abrassimow an Egon Krenz vom 17. Oktober 1995

194 Brief von Marschall Kulikow und Armeegeneral Gribkow an das Berliner Landgericht vom 1. Juni 1996, zitiert in Klaus-Dieter Baumgarten / Peter Freitag: Die Grenzen der DDR. Geschichte, Fakten, Hintergründe, edition ost, Berlin 2004, S. 11

195 Rechtsanwalt Helmut Walter zum Brief Kulikows in der Fanzine *rundi* vom 7. August 1996, im Besitz des Autors

196 Erklärung des Politbüros, in: *Neues Deutschland* vom 12. Oktober 1989

197 Am 19. August 1989 war bei Sopron an der ungarisch-österreichischen Grenze ein sogenanntes Paneuropäisches Picknick auf Initiative des Europaabgeordneten Otto von Habsburg (CSU) abgehalten worden, bei dem drei Stunden lang die Grenze geöffnet wurde. Mehrere Hundert DDR-Bürger hatten dies zur Flucht in den Westen genutzt. Offenkundig wurde getestet, ob und in welcher Weise der Warschauer Vertrag auf dieses »Loch im Eisernen Vorhang« reagieren würde

198 Die Darlegungen Honeckers sind nach Notizen wiedergegeben, die der Autor und Siegfried Lorenz von dieser Tagung des Politbüros angefertigt haben

199 Vorlage des Zentralrates der FDJ für das Politbüro »Einschätzung der politischen Lage unter der Jugend«, im Archiv des Autors

200 In Verantwortung, Hans Modrow und der deutsche Umbruch 1989/90 …, a. a. O., S. 203

201 Rede von Hans Modrow auf dem Sonderparteitag der SED, zitiert in: Außerordentlicher Parteitag der SED/PDS. Protokoll der Beratungen am 8./9. und 16./17. Dezember 1989, herausgegeben von Lothar Hornbogen, Detlef Nakath und Gerd-Rüdiger Stephan, Karl Dietz Verlag, Berlin 1999

202 Zitiert nach Protokoll Nr. 43 der Sitzung des Politbüros vom 17. Oktober 1989. In: Gerhard Schürer: Persönliche Aufzeichnungen über die Sitzung des SED-Politbüros am 17. Oktober 1989, *http://www.chronik-der-mauer.de/material/180 976/gerhard-schuerer-persoenliche-aufzeichnungen-ueber-die-sitzung-des-sed-politbueros-am-17-oktober-1989*

203 Michail Gorbatschow: Gipfelgespräche. Geheime Protokolle aus meiner Amtszeit. Rowohlt Berlin, Berlin 1994

204 »Prof. Arno Peters von der Universität Bremen hatte 1990 berechnet, dass die DDR an Westdeutschland gerechtfertigter Weise kumulierte Ausgleichsforderungen für die Reparationen (72,2 Mrd. DM plus Aufzinsung bis 1989) in Höhe von insgesamt 721,1 Mrd. DM geltend machen könne, um ihre frühen Wachstumsverluste zu kompensieren.« In: Vortrag von Karl Mai auf dem Kolloquium der Rosa-Luxemburg-Stiftung am 18. April 2009 zum Thema Ostdeutschland

205 »Nicht ›Hilfe‹ – sondern ›Treugut zurückgeben‹«, in: *Neues Deutschland* vom 2./3. Dezember 1989

206 SAPMO-BArch NY 4036/736, Bl.342–348

207 Aufzeichnungen des Autors

208 Ebenda. Die Niederschrift des Gesprächs am 1. November 1989 wurde vom Autor sowohl dem Politbüro als auch den ZK-Mitgliedern auf der 10. Tagung zur Kenntnis gegeben

209 Analyse der ökonomischen Lage der DDR mit Schlussfolgerungen. Vorlage für das Politbüro für die Sitzung am 31. Oktober 1989. *https://www.bpb.de/…/w5.grenze.1989_10_30_PB_Vorlage_Schuerers_Krisen_Analyse_BArch_DY_30_J_IV_2_2A_3252.pdf*

210 Gerhard Schürer, Gerhard Beil, Alexander Schalck, Ernst Höfner und Arno Donda

211 Siehe: Deutsche Bundesbank. Die Zahlungsbilanz der ehemaligen DDR 1975 bis 1989. August 1999, in: *https://www.bundesbank.de/de/publikationen/bundesbank/die-zahlungsbilanz-der-ehemaligen-ddr-1975-bis-1989-689284*

212 Zitiert in: Hans-Hermann Hertle, Der Fall der Mauer: Die unbeabsichtige Selbstauflösung des SED-Staates, Westdeutscher Verlag, Opladen 1996, S. 472

213 Ebenda

214 Gespräch Egon Krenz mit Mieczyslaw Rakowski am 2. November 1989, Gesprächsvermerk im Archiv des Autors

215 NVR-Befehl Nr. 11/89: Maßnahmen zur Gewährleistung der Sicherheit und Ordnung in den Bezirken der DDR, 3. 11. 1989, faksimiliert auf: *http://www.chronik-der-mauer.de/system/files/dokument_pdf/102253_1989_11_03_cdm_NVR_Befehl_11_89.pdf*

216 Entwurf des Gesetzes über Reisen von Bürgern der Deutschen Demokratischen Republik in das Ausland, in: *Neues Deutschland* vom 6. November 1989

217. Gemeint war die Protestdemonstration vom 4. November auf dem Berliner Alexanderplatz

218 Vermerk über ein informelles Gespräch von Alexander Schalck mit dem Bundesminister und Chef des Kanzleramts der BRD, Rudolf Seiters, und dem Mitglied des Vorstandes der CDU, Wolfgang Schäuble am 6. November 1989, im Archiv des Autors

219 Ebenda. Auch: Schreiben von Alexander Schalck an Egon Krenz, 6. 11. 1989, mit der Anlage: Vermerk über ein informelles Gespräch des Genossen Alexander Schalck mit dem Bundesminister und Chef des Bundeskanzleramtes der BRD, Rudolf Seiters, und dem Mitglied des Vorstandes der CDU, Wolfgang Schäuble, am 06. 11. 1989, auf: *http://www.chronik-der-mauer.de/system/files/dokument_pdf/102254_1989_11_06_cdm_Schalck_an_Krenz_Gespraech_mit_Schaeuble_Seiters.pdf*

220 Wochen später wurde die Legende verbreitet, Mitarbeiter des Ministeriums des Innern hätten die Parteiführung überlistet. Tatsache ist, dass das Innenministerium ausgearbeitet hat, was vorher im Politbüro beschlossen worden war. Wolfgang Herger hat den Autoren diesen Auftrag klar erläutert

221 Die Ständige Vertretung der BRD hatte am 8. August 1989 unter dem Vorwand der »Renovierung« ihr Gebäude für den Besucherverkehr geschlossen. Zu dieser Zeit befanden sich zwischen 100 und 140 ausreisewillige DDR-Bürger in der Vertretung. Für die Bundesregierung war dieser Schritt die interne Mitteilung an die DDR, die Beziehungen zwischen beiden deutschen Staaten nicht belasten zu wollen und andererseits mit der »Renovierung« ihr Gesicht zu wahren. So konnte sie technische und nicht politische Gründe dafür anführen, dass sie keine weiteren fluchtwilligen DDR-Bürger in die Vertretung ließ. Im November 1989 glaubte Bonn, sich nicht mehr an die Vereinbarung mit der DDR halten zu müssen und kündigte die Öffnung der Vertretung an, ohne dies offiziell der DDR-Regierung mitzuteilen

222 Zitiert in: Egon Krenz, Herbst '89, edition ost, Berlin 2014, S. 319f.

223 Der Beschlusstitel wird heute von einigen Zeithistorikern benutzt, um zu suggerieren, es sei der SED-Führung nicht um Reisen, sondern lediglich um ständige Ausreisen gegangen. Der Titel des Tagesordnungspunktes ergab sich, weil die entstandene Situation, über die ČSSR zu reisen, verändert werden sollte. Die Maßnahmen waren das entscheidende. Sie erfassen – wie der Verordnungstext zeigt – sowohl Reisen als auch ständige Ausreisen

224 Es gehörte zur Praxis des SED-Politbüros, bei wichtigen Beschlüssen gleichzeitig die entsprechenden Pressemitteilungen zu beschließen. Sie wurden in der Regel abends im Fernsehen und am darauf folgenden Tag in den Printmedien veröffentlicht. In der von Krenz am Nachmittag des 9. November 1989 vor dem ZK verlesenen Pressemitteilung, die am 10. November in der Presse veröffentlicht werden sollte, steht, dass die Reiseregelung »ab sofort«, das bedeutet ab 10. November, gelten sollte

225 Darüber gibt es vielfältige Spekulationen, etwa Schabowski habe auf der Pressekonferenz einen Zettel vom KGB erhalten, auf dem der Text für die Grenzöffnung gestanden habe. Das ist Unsinn. Schabowski las am 9. November 1989 um 18.53 Uhr – um die Frage eines Journalisten, wann die neue Reiseregelung in Kraft tritt, zu beantworten: »Sofort, unverzüglich.« – aus meinem Exemplar der Vorlage, die ich auf der Tagung des ZK verlesen hatte. Er hatte »sofort« aus der Mitteilung für die Presse vorgelesen, die erst am 10. November veröffentlicht werden sollte. Hier hätte er korrekt sagen müssen: ab morgen!

226 »Haben Sie nicht gesehen, dass der Fall der Mauer zwangsläufig zum Zusammenbruch der DDR führt?«, wurde ich später unzählige Male gefragt. Politiker, Journalisten und auch Wissenschaftler geben ihre nachträglichen Interpretationen, wunderten sich über die Spontaneität an den Grenzübergängen. Mich bewegten damals keine Philosophie, sondern ganz praktische Fragen, vor allem, dass es nicht dazu kommen durfte, dass die Nacht mit Schüssen an der Grenze endete

227 Die Gefechtsbereitschaft in den Armeen der Staaten des Warschauer Vertrages kannte drei Stufen: die ständige Gefechtsbereitschaft, die erhöhte Gefechtsbereitschaft und die volle Gefechtsbereitschaft

228 Am 3. September 1971 hatten die vier Besatzungs- und Siegermächte nach einjähriger Verhandlung ein vierseitiges Berlin-Abkommen unterzeichnet. Es schrieb die Verantwortung und die Rechte der vier Mächte in Berlin fest, d. h. Änderungen des Status der Viermächte-Stadt waren nur durch alle vier Mächte möglich. Weil aber das Abkommen am einstigen Sitz des Alliierten Kontrollrates in Westberlin unterzeichnet und darin u. a. explizit festgelegt worden war, dass Westberlin weiterhin kein konstitutiver Teil der BRD war, sprach man in der DDR vorwiegend von einem Abkommen über Westberlin

229 SAPMO-BA, DY 30/IV 2/1/704, Bl. 83/84

230 Mündliche Botschaft von Michail Gorbatschow an Helmut Kohl vom 10. November 1989, Text im Archiv des Autors

231 Botschaften Michail Gorbatschows an Präsident François Mitterrand, Premierministerin Margaret Thatcher und Präsident George Bush, Text im Archiv des Autors

232 Fernschreiben von Egon Krenz an die 1. Sekretäre der Bezirksleitungen der SED von Schwerin, Magdeburg, Erfurt, Suhl, Gera, Karl-Marx-Stadt, im Archiv des Autors.
233 Brief im Archiv des Autors
234 Protokoll der Sitzung des Politbüros vom 14. November 1989, zitiert in: Egon Krenz, Herbst '89, a. a. O., S. 363
235 Zitiert in: *Neues Deutschland* vom 24. November 1989
236 Niederschrift des Gesprächs im Archiv des Autors
237 Zitiert in *https://de.wikipedia.org/wiki/Gipfeltreffen_in_Malta*
238 Ebenda
239 Ralf Georg Reuth und Andreas Bönte: Das Komplott. Wie es wirklich zur deutschen Einheit kam. Piper Verlag, München 1993
240 »Es gab kein Komplott«, *Die Zeit* 44/1993
241 »Ende des Scheinriesen«, *Spiegel Special* 5/1993
242 Alexander Jakowlew: Die Abgründe meines Jahrhunderts, Faber & Faber, Leipzig 2003
243 Egon Krenz: Wenn Mauern fallen. Die Friedliche Revolution: Vorgeschichte – Ablauf – Auswirkungen. Paul Neff Verlag, Wien 1990